Anita Dittman

mit Jan Markell

Geborgen im Schatten deiner Flügel

Über die Autorinnen

Anita Dittman lebt seit 1946 in den Vereinigten Staaten von Amerika. Von dem, was sie als junges Mädchen im Krieg erlebt hat, erzählt die 92-Jährige heute noch in vielen Schulen, Kirchen, im Radio und Fernsehen sowie auf Veranstaltungen. Sie ist verheiratet und hat zwei Kinder, die erwachsen sind.

Jan Markell ist Moderatorin, Schriftstellerin und Leiterin von *Olive Tree Ministries*, einer Nachrichtenagentur. Seit über zwanzig Jahren arbeitet sie fürs Radio. Ihr Programm wird von über achthundert US-Radiostationen ausgestrahlt.

Anita Dittman
mit Jan Markell

Geborgen
im Schatten
deiner Flügel

Die wahre Geschichte eines jüdischen Mädchens,
das auf der Suche nach seiner Mutter
durch Hitlers Hölle ging

Aus dem amerikanischen Englisch von Eva-Maria Nietzke

WIDMUNG

Anita Dittman

Seit 1946 und dem Moment meiner Ankunft in Amerika träumte und betete ich, anderen einmal davon erzählen zu können, welche Wunder Gott in meinem Leben während der zwölfeinhalb Jahre andauernden Verfolgung durch das deutsche nationalsozialistische Regime vollbrachte. Doch Gott hatte einen anderen Zeitplan für das Buch. Ich sollte erst während einer Billy-Graham-Evangelisation, die im Fernsehen übertragen wurde, meinen Glauben an Jesus Christus bekräftigen und meine völlige Hingabe an ihn erneuern, ehe die ersten Seiten im Winter 1977 Gestalt annahmen.

Ich widme dieses Buch Gott zur Ehre und in tiefer Dankbarkeit der Erinnerung an meinen Pastor und geliebten Freund, Bischof Ernst Hornig. Er war es, der mich, als ich zwölf Jahre alt war, durch sein beispielhaft christusgleiches Vorbild zu einer lebendigen Beziehung mit meinem Erlöser führte.

Zudem möchte ich meinem lieben Freund Dr. H. Allan Talley von der *Hope Presbyterian Church* in Minneapolis meine Wertschätzung ausdrücken, dessen Fürsorge und Anteilnahme mir stets eine Quelle des Trostes und der Ermutigung waren. Er stellte auch den Kontakt zu der talentierten jungen Autorin dieses Buches, Jan Markell, her. Ihre Freundschaft und ihr geistlicher Tiefgang haben mein Leben bereichert wie geprägt.

Mögen die Zeugnisse, die in diesem Buch stehen, den Leser zutiefst davon überzeugen, dass Jesus Christus heute lebt und dass seine Wundertaten, seine Liebe und seine Vergebung grenzenlos sind.

WIDMUNG
Jan Markell

Dieses Buch ist meinen Eltern, Ben und Helga Markell, gewidmet.

Die jüdische Herkunft meines Vaters gab mir den Ansporn, die Welt des Jüdischen, einschließlich des Holocaust, einmal besser verstehen zu wollen. Er starb 2001 als gläubiger Christ. Und meine Mutter hat in vielen schwierigen Lebensumständen, darunter auch eine Zeit schwerer Krankheit, für mich gebetet. Wie die Frau in Sprüche 31 gab sie die Hoffnung nie auf, dass ihr Mann eines Tages zum Glauben finden und ich von der Krankheit genesen und in den vollzeitlichen Dienst für das Reich Gottes treten werde. 1987 starb sie, viel zu früh, an Krebs.

Wie sehr freue ich mich darauf, beide im Himmel wiederzusehen!

Inhalt

1. „Heil Hitler!" – Der Beginn einer neuen Ära   13

2. Rassenschande   34

3. In der Falle   53

4. „Eine ganz reizende Christin"   58

5. „Aufmachen!"   73

6. Zwangsarbeit   96

7. Gelbsucht   110

8. Auf Wiedersehen, Mutter!   119

9. Zwieback   136

10. Arbeitslager   154

11. Versorgt   173

12. Ein Vorgeschmack der Freiheit   190

13. Die Flucht   208

14. Im Krankenhaus   226

15. Das Ende einer Reise   235

Epilog   251

Erbarme dich meiner, o Gott,

erbarme dich meiner!

Denn bei dir sucht meine Seele Zuflucht,

und im Schatten deiner Flügel

will ich mich bergen,

bis das Verderben vorübergezogen.

PSALM 57,2

1.

„HEIL HITLER!"
DER BEGINN EINER NEUEN ÄRA

Sie sind da!", keuchte ich, als ich durch die Tür platzte. „Die Pässe und Visa sind da."

„O danke, Jesus", stieß Mutter erleichtert hervor. Selbst Hella war sichtlich gerührt, was bei meiner Schwester ganz ungewöhnlich war. Mutter riss den Umschlag auf und nahm die Dokumente heraus. Doch als sie zu lesen begann, verschwand ihre erwartungsvolle Vorfreude zusehends. Schmerzlich erkannte sie, dass nur eine von uns ein Visum und einen Reisepass erhalten hatte.

„Nur Hellas Papiere sind gekommen", seufzte Mutter. „Doch sie schreiben, dass deine und meine Papiere auch noch verschickt werden, bis Ende August. Wenigstens darf Hella nun frei reisen, Anita. Wir sollten uns für sie freuen und Gott weiter vertrauen, dass er sich auch um uns kümmern wird. Wir werden Hella in London wiedersehen."

„Mutter, Jesus wird uns ganz bestimmt nicht im Stich lassen", erwiderte ich. „Pastor Hornig sagt, wir gefallen ihm am meisten, wenn wir ihm vertrauen. Und jetzt haben wir eine großartige Gelegenheit, Jesus zu vertrauen, nicht wahr Mutter?"

Ihre Mundwinkel verzogen sich zu einem schwachen Lächeln, während sie Hellas Papiere beiseitelegte und antwortete: „Ich lerne gerade, ihm zu vertrauen, Anita."

Wir fragten uns, ob Gott Hella als Erste befreite, weil ihr Glaube so schwach war, dass sie eine längere Wartezeit wohl kaum verkraftet hätte. Als dann feststand, dass sie am 31. August abreisen würde, trafen wir hektisch alle dafür notwendigen Vorkehrungen. Und Pastor Hornig schenkte Hella etwas Geld, das er vermutlich von dem Lebensmittelgeld seiner Familie abgezwackt hatte.

Nur schwach hörten wir im Radio einen Untergrundsender berichten, dass Truppen der Deutschen Wehrmacht Richtung Polen verlegt wurden und Hitler dort wohl jederzeit einfallen könnte. Im Laufe der Woche gab es dann gelegentlich erste Stromausfälle. Vorgetäuschte, die auf einen Krieg hindeuteten, meinte Mutter. Und wir ahnten: Sicherlich würde, bevor der Krieg ausbrach, unsere Freiheit weiter eingeschränkt. Letztlich half uns nur unser Glaube an Jesus, die Ruhe zu bewahren.

Der August verging schnell, ohne neue Nachrichten. Täglich brachte die Post nur eine Enttäuschung mit sich. Und der Tag, an dem Hella abreiste, löste ein Wirrwarr an Gefühlen aus: Wir freuten uns für sie, waren uns aber schmerzlich bewusst, dass unsere eigenen Papiere immer noch nicht angekommen waren. Als wir uns dann von Hella verabschiedeten, vermischten sich unsere Freudentränen mit denen der Angst und Verzweiflung.

„Hella, du musst Jesus für deine Freiheit danken", drängte ich sie. „Er hat dir ein Wunder geschenkt." Hella nickte, doch sie hatte sich noch nicht völlig für ein Leben mit Jesus geöffnet.

„Wir werden dich in London wiedersehen, sehr bald schon", versicherte Mutter, während sie Hella umarmte, „und wir werden jeden Tag für dich beten. Auf die Freunde von Pastor Hornig in London kannst du dich verlassen. Tu, was sie dir sagen, aber schick uns bloß keine Post nach Deutschland. Wahrscheinlich werden wir dich in einem Monat wiedersehen."

Plötzlich gab die Dampflok ein lautes Pfeifen von sich. Wir hatten uns vorgenommen, die Verabschiedung bewusst kurz zu halten, denn wir nahmen ja an, bald wieder vereint zu sein. Wir sahen, wie Hunderte verängstigter Menschen vorwärtsstoben, um auf den Zug zu steigen. Sie waren auf der Flucht und dankbar für diesen Weg in die Freiheit, doch gleichzeitig voller Sorge um ihre Lieben, die sie zurücklassen mussten. Wohin ihre Flucht letztlich führen würde, wussten viele nicht.

Wir umarmten uns ein letztes Mal, dann drehte Hella sich um und bestieg den Zug. Sie winkte zum Abschied überschwänglich. Ich griff nach Mutters Hand, während wir zusahen, wie die anderen Reisenden einstiegen. Ein paar Minuten später ruckelte der Zug an und fuhr davon, bis er nicht mehr zu sehen war. Irgendwann war nur noch der dicke, schwarze Rauch am Horizont auszumachen.

Am nächsten Tag fiel Deutschland in Polen ein und die Grenzen wurden geschlossen, was bedeutete, dass Deutschland keine Post aus England mehr ins Land ließ. Also auch nicht unsere Visa und Reisepässe, die von dort kommen sollten. Sie befanden sich zwar auf dem Postweg zu uns, sollten jedoch nie bei uns eintreffen.

Zwei Tage später, am 3. September 1939, erklärten England und Frankreich Deutschland den Krieg – und Mutter und ich waren auf einmal gefangen in Hitlers Hölle.

Im Grunde hatte schon sechs Jahre zuvor die Falle begonnen, sich um uns herum zu schließen. Damals war ich noch ein kleines Kind und träumte davon, eine gute Balletttänzerin zu werden.

„Die Darbietung des Balletttanzes der sechsjährigen Anita Ditt-mann wurde wundervoll vorgeführt. Ihre Fähigkeiten und ihre Anmut übertreffen weit ihr Alter. Dennoch: Wir Deutsche wollen uns nicht länger von Juden unterhalten lassen."

Mutter las mir diese Zeilen aus einer Zeitung vor, die sie auf der Straße gefunden hatte. Ihre Worte, obgleich leise gesprochen, hallten durch das ganze Haus. Sie drangen in meine ungläubigen Ohren und ließen mich sofort weinen. Es waren die Tränen eines Kindes, das noch zu klein war, um die Bedeutung des Wortes *Antisemitismus* zu begreifen. Ich verstand nur, dass mein Traum, die beste Balletttänzerin der Welt zu werden, zerbrochen worden war. Und dass es keine Rolle spielte, warum man uns verfolgte. Juden wie Kommunisten und andere Gegner der Nationalsozialisten durften keine Fragen stellen. Schon bald blieb uns nur noch eine Freiheit: zu sterben.

1933 lebten wir in Breslau[1], als die ersten Funken des beginnenden Flächenbrandes durch die Nationalsozialisten zu fliegen begannen. Ihr Tun sollte mit der Zeit zu einem Holocaust führen, der wie ein wütendes Feuer Millionen Menschen durch geschürten Hass, Lüge und unbegründete Vorurteile verschlingen sollte. Mir als Erstklässlerin gelang es schon längst nicht mehr, von der Schule nach Hause zu gehen, ohne von anderen Schülern mit Steinen beworfen oder verhauen zu werden. Vor allem die kleinen deutschen Jungen, deren Brust durch arischen Stolz und die Propaganda Schwächere auszumerzen geschwollen war, hatten Spaß daran, sich gegen mich zu verbünden. Und das war nur der Anfang eines Albtraums, der zwölf Jahre andauern sollte. Ein Dutzend Jahre der Angst und des Schreckens, dass nach dem Klopfen der Gestapo an der Haustür ein geliebter Mensch an den Haaren oder am Bart fortgezogen werden könnte. Keiner wüsste, wohin. Vielleicht in einen Güterwaggon, zusammengepfercht mit Hunderten eingeschüchterter Menschen, um in ein Todeslager gebracht zu werden, oder an einen unbekannten Ort, wo ihm eine Kugel gnädig ein Ende bereitete.

Doch unter all diesen unglücklichen und flüchtenden Juden war ich eine der wenigen, die ein wahres Zuhause besaß. Denn ich lernte Jesus kennen, der inmitten dieses ganzen schrecklichen Chaos' seinen Frieden bot. Nicht umsonst wird er auch der „Friedefürst" genannt.

1 Breslau gehörte damals zu Deutschland. Heute heißt die Stadt Wroclaw und gehört seit Ende des Zweiten Weltkriegs wieder zu Polen.

Meine Mutter Hilde wuchs mit zwölf anderen Geschwistern in einer jüdisch-orthodoxen Familie in Deutschland auf. Die Familie lebte in ärmlichen Verhältnissen. Ihre Eltern konnten es sich nicht leisten, sie auf eine jüdische Schule zu schicken. Sie besuchte daher eine staatliche, in der christliche Religionslehre unterrichtet wurde, und so hörte meine Mutter wie viele andere arme jüdische Kinder von Jesus von Nazareth.

Für die meisten Juden war der Name Jesu ein Ärgernis. Schließlich hatten im Laufe der Geschichte Millionen Juden ihr Leben durch die Hand von Christen verloren. Doch irgendwie war meine Mutter jedes Mal zutiefst berührt, wenn sie im Schulbuch etwas über Jesus las. Sie konnte nicht verleugnen, dass sie sich geradezu angesprochen fühlte, als sie sich mit seinem Leben beschäftigte. Irgendwie spürte sie, dass das Judentum in ihrem Herzen eine geistliche Leere hinterlassen hatte, und sie traute dem Mann aus Galiläa zu, diese zu füllen. Allerdings wagte sie es nicht, ihre Gedanken laut zu äußern, doch im Stillen sagte sie sich: „Vielleicht ist Jesus der Gott, nach dem ich schon so lange suche."

Mit neunzehn Jahren gab sie dann – so wie viele andere junge, suchende Menschen – den Verlockungen der modernen theosophischen Bewegung nach, die dem Hinduismus ähnelt und die Reinkarnation lehrt. Sie setzt Christus auf eine Stufe mit Buddha und Mohammed und bietet die Möglichkeit, eine Vielzahl von Göttern anzubeten. Meine Mutter brach mit der jüdischen Religion und entfernte sich auch von Jesus. Was sie damals allerdings noch nicht wusste, war, dass der Tag noch kommen sollte, an dem sie *Yeshua* (hebräisch: Jesus) um Gnade, Schutz, Befreiung und vor allem um Erlösung anrief.

Vater hingegen war überzeugter Atheist und arischer Deutscher. Er war in der sozialdemokratischen Partei Deutschlands (SPD) aktiv, Hitlers Erzfeind, und Herausgeber der sozialdemokratischen und somit nazifeindlichen Zeitung *Die Volkswacht* in Breslau. Finanziell gesehen ging es uns als Familie gut. Wir wohnten in einem Reihenhaus zur Miete. Nur wirklich wohlhabende Leute konnten sich damals ein eigenes Haus auf eigenem Grundstück leisten.

Letztlich erwirkten die Nazis die Schließung der Zeitungsredaktion der *Volkswacht* und alle Angestellten verloren ihre Arbeit. Vater wurde daraufhin gezwungen, neues Personal einzustellen, das den Nazis treu ergeben war, sodass die Zeitung künftig ungehindert Nazipropaganda in Breslau und der Region, der zu diesem Zeitpunkt vielleicht größten Hochburg der Swastika[1]-Anhänger, verbreiten konnte.

Gleichzeitig übten die Nationalsozialisten ungeheuren Druck auf meinen Vater aus, er solle meine Mutter, meine Schwester und mich verlassen, da die Ehe zwischen Juden und Deutschen als besonders verwerflich galt. Viele solcher Mischehen wurden damals geschieden oder vom Staat annulliert. Es galt als Rassenschande, das deutsche Blut und die deutsche Ehre durch eine Ehe mit Juden zu beschmutzen.

Zuneigung empfand Vater hauptsächlich nur für meine Schwester Hella. Dass er für mich und meine Mutter nur lauwarme Gefühle hegte, konnte er kaum verbergen. Oft ließ er mich auch wissen, wie enttäuscht er darüber war, dass ich kein Junge war. Das verletzte mich sehr. Ich zog mich aus Selbstschutz emotional von meinem Vater zurück. Und als er dann unsere Familie verließ,

---

1 Ein Kreuz mit vier etwa gleich langen, einheitlich abgewinkelten Armen. Das Hakenkreuz ähnelt der Swastika.

vergoss ich keine Träne. Vielleicht trieb mich die Sehnsucht nach einem liebenden Vater daher schon so früh in die Arme meines himmlischen Vaters.

1933 verließ uns mein Vater, um sich der zunehmenden Bedrohung durch die Nazis zu entziehen, die nun alle Anhänger der sozialdemokratischen Partei verfolgten. Für uns bedeutete das, dass wir künftig von der Sozialhilfe leben und in eine kleine Einzimmerwohnung in der Nähe unseres ehemaligen Hauses ziehen mussten. Doch wir waren dankbar dafür. Die Wohnung war zwar klein und eng, aber relativ sauber und in einem anständigen Wohnviertel gelegen. Wirklich Sorge bereitete uns unsere angespannte finanzielle Situation; die Probleme nahmen ständig zu. Wir hatten gerade genug für die Wohnungsmiete und die nötigsten Lebensmittel – damals etwa zwanzig Pfennig pro Mahlzeit. Auch meine geliebten Ballettstunden konnten wir nicht mehr bezahlen. Sie waren für mich stets wie ein Moment der Flucht aus dem ganzen Denken an Nazideutschland gewesen. Denn jedes Mal, wenn ich tanzte, konnte ich alle meine Sorgen und Ängste verdrängen. Ich schlüpfte dann in eine Scheinwelt, in der ich mich frei und glücklich fühlte und die alle Bedürfnisse einer Sechsjährigen erfüllte.

In der Wohnung über uns wohnte eine katholische Familie, die mich einlud, sonntags mit ihr den Gottesdienst zu besuchen. Und da Mutter erkannte, dass ich denselben geistlichen Hunger verspürte wie sie damals als Kind, erlaubte sie mir, mit der Familie zu gehen. Hinzu kam, dass ich im Religionsunterricht in der Schule mit dem Leben Jesu konfrontiert wurde. Paradoxerweise hatte Hitler, der selbst Gott verachtete, diesen nicht aufgehoben.

Eines Sonntagmorgens saß ich dann in der Messe und spürte, wie Gottes Geist mein junges Herz anrührte. Vor Ehrfurcht hielt ich beim Anblick der überwältigenden Buntglasfenster, die das Leben Jesu anschaulich darstellten, für einen Moment den Atem an. Ich sah seine Geburt, sein Leben, seinen Tod und seine Auferstehung buchstäblich vor mir und mir wurde klar: Jesus musste mehr sein als bloß ein Zimmermann, der sich als König verkleidete. Angesichts der Vielfalt der religiösen Möglichkeiten, von der ich als Sechsjährige in meinem direkten Umfeld umgeben war, war nicht anzunehmen, dass ich damals schon hätte begreifen können, dass Jesus wirklich Gott ist. Weder glaubte ich an die jüdische Tradition noch an den Katholizismus, geschweige denn an Vaters Atheismus oder Mutters schwankende Begeisterung für die Theosophie. In diesem Moment in der Kirche hatte einfach der Geist Gottes ein kleines sechsjähriges Mädchen berührt, das wenige Jahre später sein Kreuz aufnehmen und Jesus nachfolgen sollte. Und Mutter, die es zugelassen hatte, dass sophistisch moderne Gedanken sie vom Gott des Alten und Neuen Testaments fortgezogen hatten, sah ihr eigenes Scheitern darin ein, und sie gewährte mir die Freiheit, selbst nach Gott zu suchen.

Möglicherweise war Jesus für mich nur ein Vaterersatz oder die Fantasterei eines Kindes, das sich in dieser von Hass und Angst durchdrungenen Welt nur nach Sicherheit und Liebe sehnte. Ich weiß es nicht. Damals zählte für mich, dass ich mich bei Jesus sicher fühlte. Ich wusste, dass er mich verstand, und ich war überzeugt, dass er mich hörte, wenn ich zu ihm sprach. Und so wurde er zu meinem besten Freund, noch bevor er mein Herr und Erlöser wurde.

1933 gelangte Adolf Hitler an die Macht. Gemeinhin wird diese Entscheidung dem Reichspräsidenten Paul von Hindenburg zugeschrieben und als Zeichen seiner Alterssenilität angesehen. Sie steht aber auch im Kontext voriger Ereignisse, denn zu Beginn der 1930er-Jahre litt Deutschland unter der Wirtschaftsdepression, die im Oktober 1929 mit dem Börsencrash an der New Yorker *Wall Street* (Schwarzer Donnerstag) ihren Ursprung hatte. Die schwere Wirtschaftskrise („Große Depression") wirkte sich unmittelbar auf Deutschland aus; 1933 war fast ein Drittel der Deutschen arbeitslos.

Während der Wahlen 1930 hatte die Nationalsozialistische Deutsche Arbeiterpartei (NSDAP) für großes Aufsehen gesorgt, denn sie stellte sich entschieden gegen die Kommunisten und wurde sehr von reichen deutschen Industriellen unterstützt. Die NSDAP erzielte ein überwältigendes Wahlergebnis und wurde im Reichstag hinter der SPD zweitstärkste Partei.

1932 vergrößerten die Nationalsozialisten ihre Macht, indem sie sich geeint um Adolf Hitler scharten. Dieser hatte mit seinen Getreuen jedes Dorf und jeden Weiler in Deutschland besucht, um weitere Anhänger zu gewinnen. Seine Erfolg versprechenden Pläne gegen die Arbeitslosigkeit brachten ihm so viele Stimmen ein, dass die NSDAP 1932 ihre Sitze im Reichstag verdoppeln konnte.

In dem Versuch Hitler zu zähmen, bot man ihm legal und friedlich die deutsche Vizekanzlerschaft an. Doch Hitler lehnte ab. Er wollte sich mit nicht weniger als der Reichskanzlerschaft zufriedengeben, denn als Reichskanzler hätte er fast so viel Macht wie Reichspräsident Hindenburg. Später im Jahr 1932 bot man ihm dann die Kanzlerschaft an, allerdings nur mit gewissen Einschränkungen. Erneut lehnte er ab, weil er diese nicht akzeptieren wollte.

Auf Deutschlands Straßen tobten zu dieser Zeit viele Unruhen. Die „Braunhemden", eine paramilitärische Sturmabteilung (SA) der NSDAP, bekämpften alle politischen Gegner – insbesondere die des linken Flügels – öffentlich mit Gewalt. Politische Auseinandersetzungen fanden mitten auf der Straße wie auch in dunklen Gassen statt.

Am 30. Januar 1933 kam dann Hitler an die Macht. Man übertrug ihm auf Basis einer Regierungskoalition die Kanzlerschaft[1]; Hindenburg, der bereits fünfundachtzig war und nicht mehr lesen konnte, blieb Präsident. Noch am selben Abend hielt die SA in Berlin einen großen Fackelzug ab. Damit wurde eine neue Ära eingeläutet – die Ära des Dritten Reiches.[2] Die deutsche Demokratie war tot. Doch mit beinahe sechs Millionen Arbeitslosen waren die Deutschen ohnehin nur noch halbherzig der Demokratie verbunden.

Die Ansprachen der Nationalsozialisten hingegen enthielten viele Versprechen und jede Menge Idealismus. Sich ein starkes, solides Land vorzustellen, klang für jeden attraktiv, besonders für junge Menschen. Und so waren die meisten offen für die Verheißungen der Propaganda, die einen Wirtschaftsaufschwung, das Ende vieler großer Schwierigkeiten sowie einen „sozialen Volksstaat" versprachen.

Hitler wurde von seinen politischen Gegnern völlig unterschätzt. Die Kommunisten und Sozialdemokraten waren davon überzeugt, dass sich schon bald zeigen würde, wie inkompetent Hitler tatsächlich war. Sie rechneten damit, dass die Nationalsozialisten so gut

1 Später bezeichnet als Machtergreifung durch die Nationalsozialisten.
2 Als erstes Deutsches Reich galt das „Heilige Römische Reich deutscher Nation", als zweites das von 1871 bis 1919 dauernde Deutsche Reich.

wie keinen bleibenden Einfluss erwirken könnten. Niemand rechnete damit, dass das Dritte Reich ganz Europa sein Hakenkreuz aufdrücken würde.

Von 1933 an fanden große öffentliche Bücherverbrennungen statt, die ein für alle Mal sämtliche Literatur vernichten sollten, die nazifeindliche Ideologien und Philosophien beinhalteten. Alles Freie und Fröhliche wurde verbannt. Nur eine einzige Begeisterung war erlaubt: die für Hitler.

Misstrauen stand fortan auf der Tagesordnung. Später stellte sich heraus, dass Hitler selbst seine engsten Vertrauten stets verdächtigte. Und dass er derjenige war, der mithilfe von Fäusten und Waffen seiner Sturmabteilungen (SA) die politische Macht an sich gerissen hatte. Hitler und das Gesetz waren fortan eins.

Nur ein halbes Jahr später wurde die Politik Deutschlands gleichgeschaltet. Mit Ausnahme der Nationalsozialistischen Deutschen Arbeiterpartei wurden alle anderen Parteien verboten. Und die neu eingesetzte Geheime Staatspolizei, kurz Gestapo, bekam alle Vollmachten, um skrupellos Hitlers Interessen durchzusetzen, was sie während der folgenden zwölf Jahre ausgiebig tat. Letztlich waren alle Lebensbereiche der Bevölkerung davon betroffen: Religion, Erziehung, Industrie, Wirtschaft und vor allem die Menschenrechte.

Hitler hatte geschworen, er würde zeit seines Lebens den Posten des Reichskanzlers behalten. Um dies sicherzustellen, stellte er vierzigtausend Mann als Leibgarde ein. Bei ihr, der sogenannten Schutzstaffel, abgekürzt SS, handelte es sich um eine Gruppe besonders sadistischer Männer, die sich selbst Gesetz war. Viele der SS-Kräfte gehörten zum Abschaum der Gesellschaft: Arbeitslose, Landstreicher, Perverse und ehemalige Häftlinge. Eine Anstellung als SS-Handlanger bot ihnen jedoch einen Weg zu erreichbarem

Wohlstand ohne anständige Arbeit. Über Nacht wurden so Trunkenbolde zu einflussreichen Männern, denen diese Macht alsbald zu Kopf stieg. Doch das war so gewollt, denn Hitler und seine SS-Schergen verlangten nach nichts anderem als der Macht, ohne das Gesetz achten zu müssen, und sie erreichten diesen Status schon sehr bald.

Die Gestapo war die politische Polizei während des Nationalsozialismus und zu ihren Angehörigen zählten hauptsächlich SS-Männer. Ihre Aufgaben glichen denen der SS; sie waren genauso korrupt und machthungrig. Beide Einheiten erzwangen sich ihre Ziele durch Gewalt und sorgten dafür, dass an allen Regierungsgebäuden die Hakenkreuzfahne hing. Auch verhafteten sie alle Regierungsbeamten, die sich gegen Hitler stellten. Präsident Hindenburg ließ das alles geschehen, er unterzeichnete 1933 sogar einen Erlass, der allen inhaftierten Nazianhängern die Freiheit schenkte. Nur hinsichtlich der *Judenfrage* vertrat Hindenburg eine andere Position.

Nach und nach wurden alle Nazigegner sowie jedwede verdächtige Person ausgelöscht oder des Landes verwiesen. Hitler ging sogar so weit, 1933 das Reichstagsgebäude niederzubrennen, um die hemmungslose Verfolgung von Regimegegnern, vor allem Kommunisten, zu verschärfen. Einige wenige Glückliche konnten sich in Sicherheit bringen. Doch alles, was irgendwie mit dem Jüdischen zu tun hatte, wurde auf besonders bösartige Weise bekämpft. Das begann 1933 schleichend mit dem Aufruf zum Boykott jüdischer Geschäfte und Berufsstände, um die Juden wirtschaftlich zu ruinieren, und gipfelte schließlich in dem versuchten Völkermord, dem Auslöschen der jüdischen Rasse.

Noch im gleichen Jahr bekam ein bis dahin unbekannter Begriff zusehends Bedeutung: *Konzentrationslager*. Anfangs handelte es sich bei diesen Lagern um kleine Inhaftierungsstätten, relativ primitiv und kaum ausgestattet, doch mit der Zeit entwickelten sich diese zu perfekt organisierten Anstalten, in die Millionen Juden, Christen und politische Gegner ebenso wie Kranke, Geistesgestörte und ältere Menschen gepfercht wurden – auch viele Menschen deutscher Herkunft. Hitler war überzeugt, diese Menschen seien eine Bedrohung für ihn und die Reinheit der arischen Rasse. Und eines Tages sollte eines dieser Lager auch mich und meine Mutter aufnehmen. Nur durch das feste Vertrauen auf Jesus konnten wir diese jahrelange Reise in die Hölle ertragen.

„Wir kriegen dich nach der Schule, du kleines Judenbalg", drohte eine Stimme hinter mir. Ich tat so, als hätte ich nichts gehört. Als fleißige Erstklässlerin konzentrierte ich mich weiter ganz auf meine Lehrerin – obwohl auch sie mich zuvor gedemütigt hatte. Selbst durch mein fast ganz blondes Haar ließ sich meine jüdische Abstammung einfach nicht verbergen, denn meine Mutter, Hella und ich mussten unsere Rassenzugehörigkeit bei einer nahe gelegenen Behörde registrieren lassen. Alle Namen der Nichtarier waren dann an die Schulen und andere Einrichtungen übermittelt worden, mit dem Ergebnis, dass wir sorgfältig überwacht und unterschiedlichen Graden der Verfolgung ausgesetzt waren. Zudem waren Hella und ich die einzigen Kinder, die von unserer Schule kein Mitglied der Hitlerjugend waren. Diese Organisation war nichts anderes als ein Haufen junger Uniformierter, die stolz ihre graubraune Kluft mit Hakenkreuz trugen und ständig und überall „Heil Hitler!" riefen. Viele von ihnen machten sich einen besonderen Spaß daraus, einem jüdischen Kind das Leben schwer zu machen. Aus irgendeinem Grund war ich mehr Zielscheibe ihrer

Angriffe als Hella – vielleicht, weil ich so klein und hilflos war. Doch Mutter hatte uns streng verboten, zurückzuschlagen, denn sie hatte Angst davor, die Gestapo könnte uns als Vergeltung dafür ins Gefängnis werfen.

Als Kind fiel es mir schwer, Hitler zu verstehen. Diesen Demagogen, dessen Bild überall prangte: in unserem Klassenzimmer, auf Straßenplakaten und später sogar in der Kirche. Jeden Morgen betete unsere Lehrerin, Fräulein Kinzel, in Richtung seines Bildnisses. Ihre Worte klingen noch immer in meinen Ohren nach: „Lieber Gott, schütze unseren Führer. Mach ihn stark. Lehre uns, ihn zu lieben. Möge er viele Jahre siegreich regieren." Dabei mussten wir alle unsere Hände falten und unseren Kopf beugen und anschließend den Arm zum Hitlergruß heben und mit Inbrunst die deutsche Nationalhymne singen. Wer sich diesem Ritual widersetzte, wurde geschlagen oder der Gestapo ausgeliefert. Immer, wenn ich Fräulein Kinzel traf, hob ich den Arm zum Hitlergruß und brabbelte ein paar Worte in mich hinein, doch ich habe nie deutlich „Heil Hitler!" ausgesprochen.

An meinem siebten Geburtstag steckte eine Glückwunschkarte von Vater im Briefkasten, nachdem wir über ein Jahr lang nichts von ihm gehört hatten. Er schrieb, er sei aufgrund seiner Verstrickungen mit den Sozialdemokraten ins Gefängnis gekommen, konnte aber von dort fliehen und nach Prag entkommen. Dort war er erneut verhaftet worden und beschuldigte nun Mutter, seinen Aufenthaltsort preisgegeben zu haben. Doch wir drei hatten keine Ahnung davon gehabt. Er schrieb, er sei nun frei, doch die Nazis hätten ihm befohlen, sich von Mutter scheiden zu lassen, weil sie Jüdin war.

„Mutter, hier steht noch, dass Vater Hella und mich recht bald im Haus seiner Mutter im Süden von Breslau treffen möchte!"

Meine Stimme enthielt eine zurückhaltend vorsichtige Freude, denn zugleich ärgerte ich mich über seine Anschuldigungen.

„Du kannst ihm nicht vertrauen, Anita", erwiderte Mutter. „Wahrscheinlich haben die Nazis ihn einer Gehirnwäsche unterzogen, wie so viele andere. Wenn du aber möchtest, kannst du dorthin gehen. Doch du musst auf jedes Wort, das du sagst, achtgeben, denn vielleicht ist Vater nun unser Feind. Jeden Tag werden Juden unter Scheinanschuldigungen oder aufgrund ihres Widerstandes gegen die Nazis verhaftet. Sag deinem Vater, dass du trotz allem nicht gegen die Nazis bist. Hast du verstanden?"

Einige Juden und andere Personen, die verdächtigt wurden, gegen Hitlers Regime zu sein, waren bereits in Konzentrationslager oder Gefängnisse geschickt worden. Doch 1934 ließ man viele dieser Menschen wieder frei; sie durften nach Hause zurückkehren.

Mir fiel es schwer, Vater gegenüber Zuneigung zu empfinden. Er hatte uns verlassen und uns gesagt, er könne uns nicht finanziell unterstützen. Tatsächlich aber wusste er, dass ein deutsches Gericht ihn niemals zwingen würde, an uns Unterhalt zu zahlen, weil Mutter eben eine Jüdin war. Das Gesetz war auf seiner Seite und er nutzte das voll aus. Doch Hella und ich willigten in seinen Vorschlag ein. Wir begannen trotz alledem, zweimal im Monat mit der Straßenbahn ans andere Ende Breslaus zu fahren, um unseren Vater zu sehen.

Gelegentlich steckte er uns ein wenig Geld zu. Er behauptete beharrlich, die Nazis zu hassen und noch immer den nun nicht mehr existierenden Sozialdemokraten anzuhängen. Er redete während unseres Besuchs die meiste Zeit, und zwar ganz monoton. Und ein Dutzend Mal erzählte er uns Geschichten vom Ersten Weltkrieg, wobei er seine leuchtend blauen, arischen Augen auf Hella richtete und durch mich hindurchzublicken schien, so als ob ich nicht existierte. Um meinen Schmerz darüber zu lindern, zog ich mich in meine eigene Welt zurück und malte die ganze Zeit. Immerhin ließen die Besuche die Sommerferien etwas schneller vergehen.

Was mich motivierte, eine Stunde mit der Straßenbahn zu fahren und danach noch anderthalb Kilometer zu Fuß zu gehen, um Vater zu sehen, weiß ich nicht genau. War es mein Wunsch, seine Aufmerksamkeit doch mal zu bekommen, oder weil diese kleine Reise einfach vorübergehend ablenkte von all den Nazirepressalien, denen ich ausgesetzt war – von fliegenden Steinen und Beschimpfungen durch deutsche Kinder?

Meine kostbarste Zeit war aber die Zeit, die ich mit Mutter verbrachte. Sie war gezwungen worden, harte körperliche Arbeit zu verrichten. Über viele Stunden und in der Mittagshitze musste sie Dünger schleppen, bevor sie abends mit schmerzendem Körper nach Hause kam. Doch Deutschland stand erst am Anfang seiner Herrschaft durch die Nazis, und die teuflischen Köpfe der Anführer planten bereits weitaus Schlimmeres für die Zukunft. Die Judenverfolgung war zwar präsent, aber noch erträglich.

Unser kleines Radio war damals unser kostbarster Besitz, denn es half uns, den Plänen Hitlers und der Gestapo immer einen Schritt voraus zu sein. Doch an einem heißen, stickigen Morgen im August 1934 weckte Mutter uns ungewöhnlich früh.

„Anita! Hella!", rief sie mit angsterfüllter Stimme. „Präsident Hindenburg ist gestorben. Das ist nicht gut für uns. Er war stets gegen die Judenverfolgung."

Noch mit Schlaf in den Augen setzten wir uns im Bett auf und starrten Mutter an. Obwohl Hella erst elf und ich sieben Jahre alt waren, sprach Mutter zu uns wie mit Erwachsenen. Sie ging davon aus, dass wir die Situation verstanden, und vielleicht hatte Gott uns tatsächlich ein Verständnis gegeben, das weit über unser Alter hinausging.

„Ihr müsst von jetzt an ganz vorsichtig sein", fuhr Mutter fort. „Haltet euch zurück und sagt nie irgendetwas gegen die Nazis. Vertraut niemandem! Habt ihr gehört?" Wir nickten zustimmend. Sie ging in unserer kleinen Einzimmerwohnung auf und ab. „Hitler spricht von nichts anderem als von der reinen deutschen Rasse. Er ist völlig besessen davon. Er schreit und sein Gesicht ist von Gewalt und Ergriffenheit verzerrt. Überall brüllen ihm die Massen Zustimmung entgegen, aber er sieht auf die Menschen bloß geringschätzig herab."

Nach dem Gesetz hätte es eine neue Präsidentenwahl geben müssen. Doch Hitler war nicht in der Stimmung dafür, also schaffte er kurzerhand das Amt und den Titel des Präsidenten ab und ernannte sich selbst zum *Führer* sowie zum Oberbefehlshaber der Wehrmacht.

Dennoch rief man das deutsche Volk dazu auf, Hitler offiziell zu bestätigen. Fast 88 Prozent der Bevölkerung erklärten sich einverstanden und damit hatte Hitler die absolute Kontrolle.

Wenig später, als 1935 das „Gesetz zum Schutze des deutschen Blutes und der deutschen Ehre" erlassen wurde, verloren alle Juden ihre Bürgerrechte. Den Ariern wurde damit eingeschärft, dass sie die Reinheit des deutschen Blutes erhalten und beschützen mussten. Ehen zwischen Juden und Deutschen waren von nun an verboten und etliche bestehende Ehen wurden annulliert. Juden durften auch nicht mehr die Reichsflagge zeigen.

In Winter 1935 erklärten uns dann auch die meisten unserer nicht-jüdischen Freunde, dass sie sich nicht länger mit uns öffentlich zeigen konnten. Manche besuchten uns aber trotzdem in der Nacht.

Einmal bekam ich mit, wie eine gute Freundin zu meiner Mutter sagte: „Hilde, du weißt, dass wir dich immer noch gernhaben. Du musst uns verstehen. Wir sind nicht einverstanden mit dem, was die Nazis tun, aber sie bedrohen unser Leben, wenn wir Umgang mit Juden haben. Du musst Anita klarmachen, dass unser kleiner Gunther nicht mehr mit ihr spielen kann. Ich weiß, sie wird sehr enttäuscht sein."

Auch Mutter wusste das. Und nichts vermochte mich über den Verlust meiner Freundschaft mit Gunther hinwegzutrösten. Auch nicht die mitternächtlichen Besuche unserer Freunde, die uns Lebensmittelkörbe mitbrachten, um unsere armseligen Rationen aufzubessern.

Fräulein Kinzel war nach wie vor meine Lehrerin, und sie machte weiter damit, dass die Schule für mich unerträglich war. Sie hasste mich ganz offen dafür, dass ich nicht zur Hitlerjugend gehörte, und sie genoss es, mir mit einem Lineal auf den Hinterkopf oder auf die Hände zu schlagen. Damals war es Lehrern erlaubt, Kinder, die sich undiszipliniert verhielten oder mit den Aufgaben nicht nachkamen, körperlich zu bestrafen. Sie nutzte das bei mir voll aus, indem sie meine Fehler überbewertete.

Dreimal pro Woche hatten wir als Klasse in einem anderen Raum Religionsunterricht. Dort erfuhr ich mehr über Jesus. Mitten in dem tobenden Sturm vieler Enttäuschungen war dieser Unterricht wie eine wohltuende Frühlingsbrise für mich. Jesus nahm in meinen Gedanken immer mehr Raum ein. Und ich lernte, dass sein Leben einem Paradox glich, da sein Tod nicht endgültig war. Er selbst war es, der lehrte, dass wer stirbt, wirklich anfängt zu leben, und dass einem etwas zuteilwird, wenn man etwa weggibt. Jahre später hörte ich durch ein christliches Gedicht von Francis Thompson „The hound of heaven" die Bezeichnung

„Himmelhund". Und tatsächlich schien mir, als folge mir Jesus wie ein treuer Hund – nicht aus Eigennutz, sondern auf liebevolle und beschützende Weise, weil er mich beschenken wollte.

Schließlich rief man Mutter in die Zwangsarbeit. Nur dadurch könne sie ihr armseliges Fürsorgegeld bekommen. Den ganzen Tag lang musste sie harte körperliche Arbeit verrichten und Hella und ich waren bis zum Abend allein. Wir bekamen in einem nahe gelegenen katholischen Wohlfahrtszentrum, das es noch wagte, sich um Juden zu kümmern, täglich eine warme Mahlzeit, doch ich konnte aus Sorge um meine Mutter kaum etwas essen. Ich sehnte mich nach Mutters Nähe, während Hella begann, sich in die Welt der Bücher und der Philosophie zu vertiefen. Abends schleppte Mutter sich dann müde nach Hause und verbrachte die restlichen Stunden damit, unsere abgetragene Kleidung zu flicken. Bei der Gelegenheit sprachen Mutter und ich viel über Gott, während Hella sich wieder in ein Buch vergrub.

„Zu welchem Gott betest du, Mutter?", fragte ich Mutter neugierig.

„Oh, zu irgendeinem Gott. Wer auch immer mir da zuhört. Ich weiß nicht, welcher Gott das ist – der Gott der Juden oder der Heiden? Ich weiß nicht, ob es Jesus ist oder Buddha oder Mohammed. Bete du nur weiter zu Jesus, wenn dir das hilft."

„Oh, Mutter, das tut es! Ich weiß einfach, dass er mich hört. Hast du je zu Jesus gebetet, Mutter?"

„Ich glaube, früher habe ich das getan. Aber weißt du, viele Juden sind von Menschen getötet worden, um seines Namens willen."

Trotz unserer Armut sorgte Mutter stets dafür, dass unsere Geburtstage und Weihnachtsfeste etwas Besonderes waren. Hella und ich bekamen immer ein Geschenk, auch wenn es nur ein paar Pfennig gekostet hatte. Und in diesem Jahr bemühte ich mich besonders, die Weihnachtslieder vom Kirchturm der einige Häuserblocks entfernten Kirche zu hören. Die Geburt von Jesus hatte für mich eine entscheidende Bedeutung bekommen. Und ich dachte, was für eine ungewöhnliche Freundschaft ich doch mit ihm habe: Ich bin Jesus zwar nie begegnet, doch ich spüre seine unverkennbare Nähe.

„Die Weihnachtslieder vom Kirchturm erzählen die Geschichte von Jesus, Mutter!", rief ich überschwänglich. „Ich kenne den Text. Ich habe ihn im katholischen Wohlfahrtszentrum gelernt. Darf ich das Lied mitsingen?"

Mutter lächelte, während ich anfing, mit festlicher Fröhlichkeit einzustimmen. Es war eine kleine, wohltuende Pause mitten in der Absurdität des Lebens in Nazideutschland.

Und dann ging unser Leben wieder weiter. Manchmal schien die Zeit sich unbarmherzig dahinzuziehen, vor allem weil ich keinen Kontakt mehr zu meinen Freunden hatte und Mutter bis zum späten Abend fort war. Und bis auf den Religionsunterricht war Schule eine Qual.

2.

RASSENSCHANDE

Im Frühjahr 1937 erblühte der Wald bei Breslau mit Farben und Düften. Jeden Morgen genoss ich die fast zwei Kilometer lange Strecke zur lutherischen Bethanien-Schule. Ich war mittlerweile zehn Jahre alt und in der fünften Klasse. Nur weil ich zuvor eine schwere Prüfung bestanden hatte, war ich überhaupt an dieser Schule aufgenommen worden. Hella war dort bereits Schülerin, deswegen mussten wir für mich und aufgrund meiner bestandenen Prüfung keinen zusätzlichen Beitrag zahlen. Vater hatte sich damals bereit erklärt, für Hellas Schulgeld aufzukommen. Für mich aber hätte er das nie getan. Er wäre damit zufrieden gewesen, hätte ich nach der Grundschule aufgehört. Daher hatte ich viel gebetet, Jesus möge mir helfen, die Aufnahmeprüfung ja zu bestehen.

Die Lehrerinnen an dieser Schule waren lutherische Diakonissen, die alle ganz wunderbar und sehr freundlich zu uns waren. Und da ich mich nun geliebt und nicht mehr bedroht und eingeschüchtert fühlte, wurde ich zu einer hervorragenden Schülerin, die alle überraschte, einschließlich Mutter und Hella.

An der Bethanien-Schule erklang weder die Nationalhymne noch wurde die rechte Hand zum Hitlergruß gereckt. Auch die Morgenandacht enthielt keinerlei Huldigungen gegenüber dem Führer. Man fand auch nirgends ein finster dreinblickendes Porträt von ihm und keins der Kinder gehörte der Hitlerjugend an. Für mich war diese Schule eine Oase in der Wüste des Antisemitismus, die es mir erlaubte, ein wenig mehr Selbstwertgefühl zu entwickeln und das Leben Jesu näher kennenzulernen.

Doch noch aufregender als die Bethanien-Schule war es, von der lutherischen St.-Barbara-Kirche in Breslau zu hören. Ihr Pastor, Ernst Hornig[1], und seine Vikarin Katharina „Käte" Staritz, waren besonders bemüht, jüdischen Gläubigen zu helfen. Sie versuchten auch, sie für ein Leben mit Jesus Christus zu gewinnen und ihnen zu helfen, Deutschland zu verlassen. Durch eine zum christlichen Glauben konvertierte jüdische Familie in unserem Haus hatten wir von dieser Kirche erfahren. Und selbst Mutter war einverstanden, diese Kirche einmal zu besuchen, da sie eine winzige Hoffnung auf Freiheit bot.

---

1 Anmerk. des Verlags : Pastor Ernst Hornig hatte eine Pfarrstelle an St. Barbara in Breslau (1928–1946).
Zusammen mit Pfarrer Martin Niemöller gründete er in Berlin am 21. September 1933 den Pfarrernotbund, eine Verteidigungs- und Widerstandsorganisation gegen den deutschchristlichen und nationalsozialistischen Einfluss in der Evangelischen Kirche Deutschlands. […]
Hornig trug maßgeblich zum Druck und der Verbreitung einer an Adolf Hitler gerichteten Denkschrift bei, die 1936 veröffentlicht wurde und in der internationalen Presse große Beachtung fand, weil sie die Unvereinbarkeit des christlichen Glaubens mit der nationalsozialistischen Rassenlehre feststellte und die widerrechtlichen Verhaftungen von politischen Gegnern und ihre Verbringung in Konzentrationslager anprangerte. Im gleichen Jahr wurde Hornig als stellvertretender Präses in das Leitungsgremium der Naumburger Synode gewählt. Die Staatskritik der Bekennenden Kirche, wie sie von Hornig vertreten wurde, richtete sich gegen die Außerkraftsetzung von sittlichen Normen, gegen die von staatlichen Behörden angeordnete Tötung der Geisteskranken und gegen die aus rassischen Gründen vollzogene Vernichtung der Juden, die nunmehr Holocaust genannt wird.
[Quelle: wikipedia.org/wiki/Ernst_Hornig]

Um zur St.-Barbara-Kirche zu gelangen, die sich in einem ärmeren Viertel Breslaus befand, mussten wir eine lange Straßenbahnfahrt in Kauf nehmen. Doch die Aussicht auf ein wenig Freiheit lohnte jeden Aufwand und so machten sich Mutter, Hella und ich eines Sonntags auf den Weg. Und ich staunte über Gottes Güte, dass ich nach einer Woche in der Schule nun auch noch am Sonntag in der Kirche mehr über Jesus erfuhr.

Pastor Hornig war ein ergrauender Mann in den Vierzigern, der von seinem mageren Gehalt sechs Kinder ernähren musste. Jedes Mal, wenn er über die Juden sprach, traten ihm Tränen in die Augen. Dass seine Sicht der Dinge die meine bei Weitem überstieg, war mir als Kind natürlich nicht bewusst.

Mutter und Hella waren damit einverstanden, jede Woche zur Kirche zu gehen und mehr über Jesus zu erfahren. Vielleicht auch deswegen, weil meine Mutter die Kirche als Mittel zum Zweck sah, dass sie uns alle eines Tages außer Landes bringen würde. Wie dem auch sei, Jesus fand trotzdem Gelegenheit, ihr Leben zu berühren.

Pastor Hornig wurde für mich zum Ersatzvater. Wann immer ich ihm begegnete, sah er mich mit seinen sanften grauen Augen liebevoll an. Doch in seinen Augen erkannte man auch Furcht, denn er ahnte, dass seine Heimat in Blut baden würde. Dennoch sprach er auch über Hitler, dessen SS-Männer und die Gestapo mit Mitgefühl. Er hielt uns dazu an, dafür zu beten, dass Gottes Geist ihr Leben berühren möge.

Es dauerte nicht lange und in Zivil gekleidete Gestapo-Männer besuchten den Gottesdienst. Pastor Hornig wusste, wer sie waren. Wir hatten gehört, dass einer der führenden protestantischen Kirchenmänner Deutschlands eine Bewegung ins Leben gerufen hatte, um den christlichen Glauben mit der Naziideologie in Einklang zu bringen, auch den Antisemitismus. Er ging sogar so weit, das Alte Testament aufgrund seiner jüdischen Herkunft aus der christlichen Lehre auszuschließen. Pastor Hornig erklärte uns, diese neue Nazikirche sollte „Deutsche Christen" heißen. Einige deutsche protestantische Pastoren schlossen sich ihr an, doch die meisten weigerten sich und formierten sich zur „Bekennenden Kirche", die weiterhin die gesamte Bibel lehrte, einschließlich der frohen Botschaft von Jesus und der wichtigen Rolle des jüdischen Volkes im ewigen Plan Gottes. Die Bekennende Kirche weigerte sich auch, Hitlers Porträt auf dem Altar aufzustellen.

Mein Leben hatte eine Kehrtwendung erlebt und eine ganz neue Dimension bekommen: Ich fühlte mich von meinen Lehrerinnen, Klassenkameraden, Pastor Hornig und Vikar Staritz angenommen und geliebt; sogar mein geistlicher Hunger wurde gestillt. Und wir sahen einen Hoffnungsschimmer, denn wir spürten, Pastor Hornig würde einen Weg finden, der uns aus dem Albtraum entkommen ließe, der vor Nazideutschland lag.

„Vergiss nicht, auch über die kleinsten Bedürfnisse mit Jesus zu reden, Anita", erinnerte mich Pastor Hornig eines Morgens nach dem Kirchgang. „Er ist nie zu beschäftigt, um dir zuzuhören. Er sorgt sich um *all* unsere Probleme, nicht nur um die großen."

An diesem Tag schien die Mittagsonne besonders hell, und ich musste blinzeln, als ich zu Pastor Hornig aufsah.

„Ich rede mit Jesus, seit ich sechs Jahre alt bin, Herr Pastor", erwiderte ich.

Mutter und Hella gingen ein Stück voraus, doch ich blieb zurück, denn ich liebte jede Sekunde, in der ich die Warmherzigkeit und Aufmerksamkeit dieses Mannes genießen konnte.

„Jesus ist mein bester Freund."

„Aber ist er auch dein Erlöser, Anita?", fragte Pastor Hornig, während er sich leicht zu mir herabbeugte und mir in die Augen sah. „Hast du ihn wirklich gebeten, in dein Leben zu kommen, um dein himmlischer Erlöser und dein Retter von deinen Sünden zu sein?"

„Ich weiß es nicht", gab ich verlegen zu, sagte allerdings weiter mit voller Begeisterung: „Aber wenn nicht, dann möchte ich das tun."

„Dann bitte ihn einfach darum, Anita. Es ist ganz einfach. Bitte Jesus heute darum, dein Retter zu sein. Morgen ist es vielleicht zu spät. Er hat allen, die ihn in ihr Leben aufnehmen, ewiges Leben versprochen. Dann wird er dich nie mehr verlassen oder aufgeben. Er wird immer dein Tröster und Beschützer sein, egal wie schlimm die Dinge werden. Denk daran, Anita, selbst wenn sich die Lage hier in Deutschland verschlimmert, wenn alles dunkel und unsicher ist und du dich ganz allein fühlst, ist er da. Wenn du Jesus im Herzen hast, wird er dich durch alles hindurchtragen."

Mutter signalisierte mir, dass wir die Straßenbahn verpassen würden, wenn ich jetzt nicht kommen würde. Also verabschiedete ich mich von Pastor Hornig, den ich so lieb gewonnen hatte. Ich lief die Straße hinunter, sah mich aber noch mehrmals um. Pastor Hornig winkte mir nach – mit einem ganz besonderen Lächeln, von dem ich überzeugt war, dass es nur mir galt. Es war der glücklichste Tag meines jungen Lebens, denn auf dem Heimweg bat ich Jesus, auf neue und besondere Weise in mein Leben zu kommen. Und ich wusste, dass er es tat. Er war mir von da an näher als je zuvor. Und dass er nun immer bei mir sein würde, war mir sonnenklar.

Auf meinen bislang schönsten Tag im Leben folgte am nächsten wieder eine erschreckende Nachricht. Meine wundervollen Tage an der Bethanien-Schule schienen vor einem jähen Ende zu stehen. Wir hörten nämlich im Radio von den Planungen Hitlers, sämtliche Konfessionsschulen aufzuheben, da sie die Naziideologie außen vor ließen und auch Juden aufnahmen. Zwar wurde kein Datum für die Schließung genannt, aber es wurde erneut streng davor gewarnt, Juden in irgendeiner Weise zu helfen. Christen, die Juden halfen, liefen Gefahr, besondere Repressalien zu erleiden, darunter auch die Inhaftierung in einem Konzentrationslager.

An einem grauen Morgen im März 1938 riss mich plötzlich störendes Rauschen, das aus dem Radio dröhnte, aus dem Tiefschlaf. Dann erklärte der Sprecher mit überschwänglichen Lobesworten für den Führer, Österreich sei nun Teil des Deutschen Reiches. Hitler hatte immer den Wunsch gehegt, sein Heimatland dem Deutschen Reich hinzuzufügen, und so hatte er der Wehrmacht befohlen mit 65 000 Soldaten in Österreich einzumarschieren, um den „Anschluss" zu vollziehen. Nun konnten etwa sieben Millionen weitere deutsche Bürger die Wehrmacht unterstützen.

„Deutschland wird sich bald im Krieg befinden", sagte Mutter, während ich noch im Bett lag. Es war an diesem Morgen so kalt, dass ich am liebsten gar nicht aufgestanden wäre. Unser kleiner Kohleofen wärmte die Wohnung nur mäßig, zudem mussten wir mit unserem Vorrat sorgfältig haushalten, da wir kein Geld mehr für weitere Kohlen hatten.

Meine lutherische Schule war zum Glück noch immer nicht geschlossen worden, doch letztlich war das nur eine Frage der Zeit. Vielleicht war Hitler einfach zu sehr mit seinen Kriegsvorbereitungen beschäftigt, als dass er sich hätte um Schulen kümmern können, die Juden aufnahmen und diese freundlich behandelten – obwohl ihm das letztlich nicht ähnlich sah. Ich jedenfalls genoss es, mich jeden Tag in Gottes Güte zu sonnen. Ich mochte meine Lehrerinnen, die Kirche und Pastor Hornig.

Mutter wurde immer stiller. Sie schien zu spüren, dass wir unmittelbar in Gefahr waren. Natürlich hätte man sie leichtfertig als Schwarzmalerin bezeichnen können, doch sie war bei allem sehr realistisch und hatte meistens recht. Auch stellte ich an ihr täglich Zeichen geistlichen Wachstums fest. Nie versäumte sie Pastor Hornigs Bibelabend unter der Woche, obwohl sie dafür spätabends ein ganzes Stück mit der Straßenbahn fahren musste, um daran teilzunehmen.

Der Pastor hatte jedem von uns eine Bibel gegeben, und ich beobachtete, wie Mutter ihre Bibel stolz jede Woche mit sich trug. Wenn es schneite, wickelte sie sie sogar sorgfältig ein, damit die dünnen Seiten nicht feucht wurden. Und für viele Stunden, nachdem Hella und ich bereits im Bett waren, saß sie still in ihrem Schaukelstuhl und las in der Bibel. Trotz meiner abgetragenen Kleidung, unserer kargen Lebensmittelrationen und all der Absurditäten des Lebens in Nazideutschland war ich sehr glücklich. War dies der Friede, von dem Pastor Hornig mir erzählt hatte? Also ein Ergebnis davon, dass Jesus in meinem Herzen lebte?

Noch immer hofften wir, Deutschland verlassen zu können. Pastor Hornig bemühte sich täglich, einen Ort zu finden, an den Mutter, Hella und ich flüchten könnten. Er war sich sicher, dass dies nur eine Frage der Zeit sei. Tausende Juden waren dabei das Land zu verlassen, warum nicht auch wir? 300 000 Menschen hatten bereits Freiheit in anderen Ländern gefunden, bevor die Ausreise gestoppt wurde. Deutschland hatte diesen Menschen erlaubt auszureisen, weil die Nazis der Welt zeigen wollten, dass Juden keine Deutschen sein konnten. Und damit entstand ein neuer Begriff, der nur einem alten Problem einen neuen Namen gab: *Rassenschande*.

Im Herbst hatte Hitler noch immer nicht die Bethanien-Schule schließen lassen und so eilte ich eines Nachmittags wie gewöhnlich von der Schule nach Hause. Hella war bereits vor mir aufgebrochen und würde schon zu Hause sein. Ich hatte mir einen besonderen Weg ausgeguckt, auf dem mich kaum andere Kinder sehen und verhauen konnten. Es war schön, diese Strecke im warmen Sonnenschein nach Hause zu gehen, und ich fand so Zeit und Gelegenheit, mit Gott zu sprechen und ihm für seine Gaben für mich und meine Familie zu danken.

Unterwegs sah ich Deutsche ganz stolz durch Breslau eilen. Zweifellos träumten sie davon, der Führer würde ein ruhmreiches Deutschland wiedererrichten; eines, das sie bereits kannten oder über das sie gelesen hatten. Überall, wo ich auch hinsah, waren Porträts von Hitler sowie Hakenkreuze und die im Wind wehende Reichsflagge zu sehen. Und jedes Mal, wenn ich all diese Dinge sah, beschlich mich ein Gefühl des Unheils.

Dann plötzlich sah ich Hella die Straße hinunterrennen, sie kam auf mich zu. Ihr Gesicht war durch Panik und Schrecken verzerrt. Sie zitterte am ganzen Körper, und es schien, als ob sie jeden Moment in Tränen ausbrechen würde. Neugierige Passanten starrten sie an, gingen jedoch weiter, da sie in nichts verwickelt werden wollten. Noch bevor Hella ein Wort sagte, war mir klar: Etwas Schreckliches war passiert.

„Sie haben Mutter geholt!", keuchte sie. „Man hat sie von der Arbeit nach Hause geschickt, und die Gestapo war da, als ich von der Schule heimkam."

Obwohl Hella kaum Luft bekam, versuchte ich sie zu schnellerem Reden zu bewegen. Wir rannten gemeinsam unseren Wohnblock hinunter. Ich hatte so viele Fragen, die ich ihr gar nicht schnell genug stellen konnte.

„Die Gestapo hat jede Schublade geleert und nach irgendwelchen Hinweisen gesucht, um Mutter zu belasten", fuhr Hella fort, während ihr Tränen über ihre Wangen liefen. „Sie konnten nichts finden, trotzdem haben sie Mutter an den Armen gepackt und in ein Polizeiauto gestoßen. Hast du die Sirene gehört? Das waren sie."

Vorsichtig betraten wir unsere Wohnung. Sie war ein einziges Durcheinander. Alle Schubladen waren herausgezogen und geleert worden. Unser ganzer Besitz lag verstreut und durchwühlt auf dem Boden.

„Sie haben nicht das gefunden, wonach sie gesucht haben", sagte Hella, „also haben sie einfach eine Anklage erfunden. Sie sagten, man habe sie informiert, dass Vater letzte Nacht hier gewesen war und *Rassenschande* verübt hätte. Kaum zu fassen, oder? Anita, sie haben Mutter ins Gefängnis gebracht!"

Ich suchte nach Worten, um meine ältere, fünfzehnjährige Schwester zu trösten, und betete im Stillen, dass Jesus uns Kraft und Trost schenken möge. Hatte Pastor Hornig nicht gesagt, Jesus würde uns immer die Kraft geben, die wir brauchten?

„Gott wird sie zurückbringen, Hella. Ich weiß es. Lass uns ihm gemeinsam vertrauen."

„Ich glaube, Gott ist bloß ein Teil deiner Fantasie!", entgegnete Hella wütend.

„Hella!", protestierte ich. „Gott ist alles, was wir haben."

„Er ist eine Illusion", bekräftigte sie. „Weder Gott noch sonst jemand wird uns je aus Deutschland herausbringen. Betrüg dich nicht selbst, Anita. Selbst wenn es einen Gott gäbe, scheint er den Juden nicht wohlgesonnen zu sein."

Wir gingen in der Wohnung auf und ab und grübelten. Mutter war um zwei Uhr nachmittags abgeholt worden. Wenn es sich nur um eine kurze Befragung handelte, wäre sie vielleicht bis zum Abendessen zurück. Doch sollte man sie unter falscher Anklage festhalten, könnte es Wochen oder Monate dauern, bevor wir sie wiedersahen. Ich fragte mich, ob ich es wagen sollte, das Telefon eines Nachbarn zu benutzen, um Pastor Hornig anzurufen? Doch dann wurde mir klar, er würde auch nichts ausrichten können und müsste dafür den langen Weg mit der Straßenbahn zu uns auf sich nehmen.

Die Zeit verstrich nur langsam. Als es dunkel wurde, nahm die Verzweiflung bei Hella wieder überhand. Sie vergrub ihr schluchzendes Gesicht in einem Kissen. Ich wollte nichts sagen, was in ihren Ohren dumm klang, also blieb ich einfach still neben ihr sitzen und wünschte mir die Weisheit eines Erwachsenen. Wir lauschten, ob wir Mutters Schritte im Treppenhaus oder das Geräusch ihres Schlüssels im Schloss hörten, doch das Ticken der Uhr war alles, was wir vernahmen. Wir vergaßen zu essen wie auch unsere Hausaufgaben zu machen. Hella zog sich irgendwann wieder in ihre eigene Welt zurück, in der sie immer mehr Zeit verbrachte. Auch ich hatte meine eigene Welt: In ihr bat ich Jesus, uns aus dieser Situation zu retten.

Kurz nach Mitternacht hörten wir vertraute Schritte. Mutter kam zurück! Ganz bleich, aus lauter Furcht und Müdigkeit, trat sie schwankend über die Türschwelle. Sie war gezwungen worden, während des zehn Stunden langen Verhörs zu stehen, ohne Pause und ohne Essen. Doch Jesus hatte sie aus der Höhle des Löwen befreit!

„Ich stehe jetzt auf ihrer schwarzen Liste", sagte sie ruhig. „Ich werde von nun an fast täglich beobachtet. Sollte mir der leiseste Fehler unterlaufen, kann ich ins Gefängnis kommen. Auch ihr beiden werdet vermutlich mit beobachtet." Ein verletzter Ausdruck erschien in ihren Augen, als sie sich erschöpft in unseren Sessel fallen ließ. „Ihr müsst eurem Vater sagen, dass er auf keinen Fall in die Nähe unserer Wohnung kommen darf. Es ist eine Schande für einen Deutschen, mit einer Jüdin zusammen zu sein. Habt ihr verstanden?" Allerdings war Vater nie auch nur in die Nähe unserer Wohnung gekommen. Die Anklage der Nazis war vollkommen aus der Luft gegriffen. Doch wir nickten, denn wir hatten Mutter absolut verstanden.

Einen Monat später, Anfang November 1938, erschoss ein polnischer Jude einen Beamten der deutschen Botschaft in Paris. Das war Öl auf Hitlers Feuer des Antisemitismus. Schon kurz darauf sollten die Juden dafür sühnen.

Am 9. November 1938 klopfte es heftig an unserer Tür. Es war unsere Nachbarin, eine ältere Dame und wunderbare Christin, die unserer Familie besondere Zuneigung entgegenbrachte.

„Hilde! Hilde!", flüsterte ihre Stimme verzweifelt.

Mutter öffnete die Tür einen Spaltbreit und sah in das verängstigte Gesicht von Frau Schmidt.

„Hilde! Die Synagogen brennen! Sie sagen, es sei die Vergeltung für die Ermordung des deutschen Legationsrats in Paris. Ihr dürft nirgendwohin gehen. Wenn ihr etwas braucht, ich werde es euch besorgen."

„Jetzt ist es also geschehen", erwiderte Mutter, ohne Frau Schmidt hereinzubitten. Es war zu gefährlich, sie in unsere Wohnung zu lassen, denn Frau Schmidt könnte sonst beschuldigt werden, Juden zu helfen.

„Ja, Hilde. Sogar Juden in unserem Häuserblock werden aus ihren Wohnungen verschleppt. Im Moment holen sie nur die Männer, doch die Frauen werden sicher bald folgen. Jetzt, da du auf der schwarzen Liste stehst, musst du besonders vorsichtig sein. Ich bete für dich und die Kinder, Hilde. Wenn es sein muss, werde ich euch verstecken."

„Du bist verrückt! Sie werden dich dafür töten."

„Gott kann noch immer ein Wunder tun, Hilde. Jeder Tag, den man in Deutschland überlebt, ist ein Wunder. Ich muss jetzt gehen", sagte Frau Schmidt und verschwand.

Die Sirenen waren den ganzen Tag und die ganze Nacht zu hören. Wir saßen neben dem Radio und hofften, der Gestapo durch irgendeine Information voraus sein zu können. Die meisten der Synagogen brannten bis auf die Grundmauer nieder, ohne dass deutsche Zivilisten oder Nazis einschritten. Sie fanden, die Juden bekamen das, was sie verdienten.

Vier Tage lang wurden Tausende jüdischer Männer abgeholt und an unbekannte Orte gebracht. Ihre Familien blieben fassungslos und allein zurück. Einige wurden ein paar Wochen lang verhört oder gefoltert; sie durften anschließend nach Hause zurück. Andere hingegen wurden ins Konzentrationslager nach Buchenwald oder in andere Arbeitslager gebracht, um schwere Zwangsarbeit zu verrichten. Offenbar waren die Auswahl und Bestrafung willkürlich. Nichts ergab irgendwie einen Sinn, insbesondere nicht die falschen Anklagen gegen unschuldige Opfer und ihre Familien. Von unserem Fenster aus beobachteten wir einen Teil des Chaos' auf der Straße vor unserem Wohnhaus. Alte Männer wurden am Bart gepackt, fortgezogen und in Lastwagen gestoßen, die so überfüllt waren, dass die Leute kaum atmen konnten. Ihre Angehörigen sahen entsetzt zu. Manchmal wurde auch nur ein einzelner Sohn, meist im Jugendalter, der Familie entrissen. Mutter und ich sahen all das und wir beteten leise für die Opfer und ihre Angehörigen.

Fünf Tage lang kauerten wir in unserer Wohnung, bis die Sirenen nicht mehr zu hören waren und nur noch leichter Rauch über den Ruinen der Synagogen lag. Über den Rundfunk hörten wir jedoch weiter die Hasspropaganda der Nazis, in der es hieß, die Juden hätten endlich ihre gerechte Strafe bekommen, und sie müssten mit weiteren Strafen rechnen. Letztendlich sollte ganz Deutschland *judenrein* werden.

„Den Juden ist es strengstens verboten, Konzerte oder andere Unterhaltungen zu besuchen", ertönte schroff die Stimme im Radio. „Eine vollständige Liste aller Einschränkungen wird später bekannt gegeben, wenn der Führer darüber entschieden hat. Jeder Jude, der gegen diese verstößt, muss mit schwerer Strafe rechnen."

Nach und nach erhielten wir Neuigkeiten von Freunden und Verwandten. Viele von ihnen sorgten sich um einen Sohn, einen Bruder, einen Ehemann oder einen Vater, der von den Nazis abgeholt worden war. Quälende Wochen der Ungewissheit lagen vor ihnen. Und einige der geliebten Menschen sollten nie mehr zurückkehren. Andere, die nach Wochen oder Monaten zurückkamen, litten unter erheblichen psychischen Belastungsstörungen infolge der mentalen und körperlichen Anspannung.

Häufig handelte es sich bei denen, die verschleppt wurden, um Intellektuelle oder Gelehrte. Da die SS diese gelistet hatte, wurden diese Männer Opfer der ersten Angriffswelle. Gegen sie schürten Hitlers SS-Schergen und die Gestapo einen besonderen Hass. Und da Hitlers Handlanger in der Regel oft ungebildet und nur unterdurchschnittlich intelligent waren, verachteten sie oft sogar einfach Männer, bloß weil sie eine Brille trugen. Die Verantwortung für die SS hatten Heinrich Himmler, Reinhard Heydrich und Adolf Eichmann. Drei Namen, die später einmal synonym stehen sollten für kaltblütigen Terror.

Hella wurde immer verzweifelter, denn sie schaffte es nicht, Gott zu vertrauen. Selbst Mutter versuchte nun, sie mit Bibeltexten zu trösten, die sie durch Pastor Hornig kennengelernt hatte.

„Hella, Pastor Hornig steht mit einer Vereinigung in Kontakt, die uns helfen will. Sie nennt sich *Paulusbund* (früher: *Reichsverband für nichtarische Christen und Judenchristen*). Er sagt, sie hoffen, uns alle bald nach England schicken zu können. Die Kirche will uns dabei finanziell unterstützen. Wir müssen beten, dass dies schnell geschieht. Es bleibt nicht mehr viel Zeit."

Und so beteten wir jeden Tag, dass der Prozess beschleunigt würde und dass Gott einen Weg für unsere Ausreise finden würde. Gott hatte sein Volk schon einmal befreit – aus den Fängen des Pharaos – , er könnte also auch uns befreien. Solange wir diese Hoffnung hatten, würden wir alles ertragen können.

Sehr geehrte Frau Dittmann,
wir bedauern Ihnen mitteilen zu müssen, dass Sie im Zuge der Säu-
berung des Wohnviertels aus Ihrer Wohnung ausgewiesen werden.
Für Sie wird ein Raum in einer jüdischen Siedlung bereitgehalten.
Sie haben zwanzig Tage Zeit, sich bei der Adresse: van Düsenstraße
1298 zu melden.
Sollten Sie innerhalb dieser Frist der Aufforderung nicht nach-
kommen, müssen Sie mit schwerwiegenden Konsequenzen rech-
nen …

Mutters Stimme klang sehr ernst, als sie uns den Brief vorlas. „Jüdische Siedlung ist ein netter Ausdruck für *Getto*", sagte sie. „Es
liegt mitten in der Stadt. Ich kenne die Adresse. Es ist voller Ratten und sehr heruntergekommen. Wenigstens werden wir näher
bei Pastor Hornig und der Kirche sein. Ihr werdet allerdings von
dort einen längeren Schulweg haben, aber was soll's, die Schule
wird ohnehin bald geschlossen werden."

„Das geht schon in Ordnung, Mutter", erwiderte ich, nach weiteren Worten suchend.

„Ich glaube, dass Eric Sandbergs Familie sich dort um die Ver-
waltung kümmert", sagte Mutter. Sie bemühte sich, dem Ganzen
etwas Gutes abzugewinnen. „Ich habe die Familie vor Jahren kennengelernt. Es ist eine nette jüdische Familie und die Söhne Rudi
und Ernst sind in eurem Alter. Vielleicht habt ihr dann wieder
Spielkameraden."

Ich betrachtete Mutters Gesicht. Sie schien in den letzten Jahren um zehn Jahre gealtert zu sein.

„Wir können es uns nicht leisten, unsere Möbel dorthin transportieren zu lassen", ergänzte sie. „Wir werden alles verkaufen,
sogar deine Stofftiere, Anita. Es tut mir leid."

Ich zuckte zusammen, ließ mir jedoch Mutter gegenüber nichts anmerken. Sie machte sich schon genug Sorgen, die ihr das Herz brachen.

„Auch deine Bücher werden wir hierlassen müssen, Hella. Jeder hat Opfer zu bringen."

Am schwersten fiel es uns jedoch, uns von unseren Freunden im Wohnhaus zu verabschieden. Einige von ihnen hatten nach wie vor keine Nachricht von ihren Lieben, die abgeholt worden waren.

Es klopfte erneut an unserer Tür. Mutter öffnete und sah sich einer verhärmten älteren Frau gegenüber, die kleinwüchsig war. Sie stützte sich unbeholfen auf einen Stock und zitterte vor Kälte in dem ungeheizten Treppenhaus.

„Kann ich Ihnen Nähgarn verkaufen?", bat sie mit ihrer Stimme und mit ihren Augen.

Ohne zu zögern forderte Mutter die Frau auf hereinzukommen. Wir sahen, dass sie sich drei löchrige Schals umgeschlungen hatte und einen abgetragenen, zerschlissenen Mantel trug. Sie trug keine Überschuhe und ihre dünnen Schuhe waren vom Schnee bedeckt. Auch hatte sie keine Handschuhe, sodass ihre Hände rot und rissig waren.

„Möchten Sie nicht hereinkommen?", fragte Mutter. „Ich werde Ihnen eine Tasse heiße Schokolade machen."

Das Gesicht der alten Frau leuchtete auf. Sie humpelte durch den Flur und zog einen kleinen Ranzen hinter sich her, worin sich all der Kleinkram befand, mit dem sie hausierte.

„Darf ich Ihnen etwas zu essen anbieten?", fragte Mutter. Wir wussten, dass unsere Lebensmittelration für den nächsten Tag darunter leiden würde. Natürlich fiel es schwer, christliche Nächstenliebe zu praktizieren, wenn man über so begrenzte Vorräte verfügte, aber Mutter wartete nicht einmal auf die Antwort der Frau. Sie gab ihr einfach eine Scheibe Brot und ein Schälchen Gemüse, und Hella und ich sahen zu, wie die alte Frau hungrig unser Essen verschlang. Dann holte Mutter ein paar Pfennige hervor, um das Nähgarn zu bezahlen, und schenkte der Frau obendrein ihre eigenen Handschuhe, bevor sie ging.

„Was werden wir morgen essen?", fragte ich sie verzagt.

„Gott wird es uns vergelten", antwortete Mutter. „Pastor Hornig sagt, Gott verdoppelt, was wir anderen geben."

Am nächsten Tag kam Frau Schmidt wieder zu uns, um nach uns zu sehen. „Hilde", sagte sie, während sie mit einem Paket auf dem Arm unsere Wohnung betrat. „Gott hat mir aufs Herz gelegt, euch heute dieses Essenspaket zu bringen." Der Duft hausgemachter Suppe, frisch gebackenen Brotes und von Obst löste einen Freudentaumel bei uns aus. Sie hatte uns genug für mehrere Mahlzeiten gebracht. Gott hatte das, was Mutter der alten Frau gegeben hatte, tatsächlich verdoppelt, sogar mehr als das. Und Mutters Glaube machte an diesem Tag einen gewaltigen Satz nach vorn.

Zwei Tage nach Weihnachten zogen wir in unsere neue Bleibe. Wir hatten fast alles, was wir besaßen, weggegeben. Ich ließ buchstäblich meine Kindheit hinter mir, aber im Grunde genommen hatte ich in diesem Nazideutschland ohnehin kaum mehr die Möglichkeit, Kind zu sein. Ich versteckte meine Tränen vor Mutter. Wir versuchten alle, hoffnungsvoll gegenüber einander zu bleiben.

„Wenn wir nach England reisen, müssen wir sowieso alles zurücklassen", sagte ich und wischte schnell eine Träne fort.

Eric und Rosa Sandberg begrüßten uns an der Tür unserer neuen vier Wände. Ihre Söhne Rudi und Ernst waren fünfzehn und siebzehn. Die Sandbergs waren orthodoxe Juden und alte Freunde von Mutter. Sie fürchtete, sie würden uns nun, da wir an Jesus glaubten, nicht mehr akzeptieren. Doch es zeigte sich, dass sie ganz offene und liebevolle Menschen waren. Sie feierten das Passahfest und andere jüdische Feste mit uns. Wir sprachen ein wenig Jiddisch miteinander und fügten uns recht gut ein. Die Sandbergs machten uns das Eingewöhnen in die neue Umgebung leicht. Hella und Ernst wurden sogar unzertrennlich und Rudi und ich gute Freunde, auch wenn er vier Jahre älter war als ich.

Unsere neue Wohnung befand sich in einem zweihundert Jahre alten Haus aus braunem Sandstein. Kalte Luft zog durch die zerbrochenen Fenster ins Innere. Wir wohnten in einem einzigen Zimmer ohne Kühlschrank und so mussten wir jeden Tag einkaufen und in einer langen Warteschlange anstehen.

Aus dem Keller schleppten wir Kohlen hinauf, um den unzulänglich funktionierenden Ofen zu füttern, und hängten unsere Wäsche an einer Wäscheleine quer durch das Zimmer auf. Wir hatten einen Spülstein, in dem wir unser Geschirr, unsere Kleider und auch uns selbst wuschen. Mit anderen Familien teilten wir uns ein winziges Badezimmer und wir wechselten uns mit einer Familie an einem kleinen Herd mit zwei Kochplatten ab. Sie durften ihr Essen stets zuerst kochen und so aßen wir oft erst spät am Abend. Das Schlimmste waren jedoch die lästigen Wanzen, die einen ungestörten Schlaf unmöglich machten.

Im Winter gingen die Nazis dann noch einen Schritt weiter, die Juden zu demütigen. Hitler war der Auffassung, die gefährlichsten Juden wären diejenigen, denen man ihre jüdische Abstammung nicht ansah. Sie könnten sich unbemerkt mit der deutschen Gesellschaft vermischen. Und so wurden alle Juden gezwungen, den gelben *Davidsstern* sichtbar auf ihrer Kleidung zu tragen, um einfach identifizierbar zu sein. Mutter protestierte laut gegenüber der Gestapo und erklärte, ihr Mann sei Nichtjude und wir alle seien gläubige Christen. Wie durch ein Wunder gewährte die Gestapo uns einen Aufschub, bestand aber darauf, dass wir immer noch als Juden galten und denselben Einschränkungen unterlagen wie die anderen Juden.

In der Sandberg-Familie trugen nun alle einen gelben sechszackigen Stern, der auf ihre Kleidung genäht war. Sie verließen nur noch selten das Haus, denn der stigmatisierende Stern setzte sie zunehmender Verfolgung aus.

Wir versuchten weiter optimistisch zu bleiben und waren überzeugt, es wäre nur eine Frage der Zeit, bevor wir nach England ausreisen konnten. In die Freiheit.

3.

IN DER FALLE

In Deutschland kündigte sich im Frühjahr 1939 der Krieg an, und wir beteten um ein baldiges Wunder der Befreiung. Mittlerweile wussten wir, dass die Nazis nicht nur Juden verfolgten, sondern dass Hitler auch Kranke, gebrechliche Menschen, Geistesgestörte und andere Behinderte langsam auslöschte, um seinen Plan umzusetzen, eine perfekte arische Rasse zu schaffen.

In der Zeitung war der Begriff „judenrein" nun immer öfter zu lesen, denn eine Stadt nach der anderen entledigte sich ihrer jüdischen Bevölkerung. Wenn dann der letzte „dreckige Jude" endlich verschwunden oder in ein Lager gebracht worden war, wusch sich jede Stadt die Hände. Millionen von Juden pferchte man in schmuddeligen Gettos zusammen.

Schließlich kam der Führer seiner Ankündigung nach und schloss alle Konfessionsschulen. Mein Mut verließ mich, denn das bedeutete, dass Hella und ich wieder eine öffentliche Schule besuchen mussten, sofern wir das Schulgeld dafür überhaupt aufbringen konnten. Und ich wäre den Angriffen meiner Mitschüler wieder ausgesetzt. Selbst mein Glaube an Jesus konnte nicht verhindern, dass ich mich tagelang verzweifelt und niedergeschlagen fühlte. Letztlich wusste ich ja, dass der Missbrauch nun noch hundertmal schlimmer sein würde als noch vor ein paar Jahren.

Weitere schlimme Neuigkeiten ereilten uns: Die Nazis hatten das Büro des *Paulusbunds (Vereinigung 1937)* niedergebrannt. Sämtliche Akten wurden dabei zerstört. Wir mussten daher ein ganz neues Dossier schreiben, was weitere Monate des Wartens mit sich brachte.

Das Leben im Getto, die schlechten Nachrichten und nun auch noch das sich wiederholende Drangsaliertwerden in der neuen Schule waren ein einziger Albtraum. Selbst die Schulbücher waren nun neu geschrieben und mit Propaganda vollgestopft worden; meine Lehrer waren nichts anderes als Instrumente der Nazis. Ihnen gegenüber mussten wir stets Haltung einnehmen und begeistert „Heil Hitler!" rufen.

Zwar kam Pastor Hornig für mein Schulgeld auf, doch wir konnten uns keine Schulbücher leisten, und die Schule gab mir keine. So konnte ich dem Unterricht kaum folgen und meine Noten stürzten rapide ab. Die Lehrer wiederum nutzten das ständig aus, um mich vor der ganzen Klasse zu demütigen. Mein Leben war ein einziges Durcheinander von Höhen und Tiefen, so wie auch das Leben in Deutschland seit Beginn der Naziherrschaft.

Als dann Rudi und Ernst Sandberg nach England ausreisen konnten, freuten wir uns mit ihnen am Tag ihrer Abreise. Mutter, Hella, die Sandbergs und ich hofften, in wenigen Monaten nachzukommen. Doch die Sandbergs sollten nie über das Konzentrationslager Theresienstadt hinauskommen.

Kurz darauf erhielten wir die Nachricht, dass nun auch unsere Papiere beinahe fertig seien; schon bald würden wir ausreisen können. Aus lauter Vorfreude bekamen wir Lampenfieber, denn wir rechneten damit, bereits im Juli unsere Visa und Pässe zu erhalten. So fingen wir an, intensiv Englisch zu lernen, und auf einmal ertrugen wir alle Schwierigkeiten mit Gelassenheit, da wir nun wussten, dass das Ende in Aussicht stand.

Ab Anfang Juli kauerte ich täglich stundenlang unten auf dem Treppenabsatz und wartete auf den Postboten. Vielleicht würde er uns heute die Pässe für unsere Freiheit bringen, dachte ich. Das Warten war unerträglich, doch schließlich traf am letzten Julitag ein amtlich aussehender Umschlag ein. Das musste er sein! Ich riss dem Postboten den Umschlag aus der Hand und brach mir fast das Genick, als ich die Treppen zu Mutter hochspurtete.

Doch darin stand, dass nur Hella nach England ausreisen durfte. *Mutter und ich saßen in der Falle!*

Im September 1939 begann der Krieg. Voller Optimismus nach dem schnellen Sieg über Polen preschte Deutschland weiter nach vorn. Und das furchterregend diabolische Trio, bestehend aus Adolf Eichmann, Reinhard Heydrich und Heinrich Himmler, wurde beauftragt, eine *Endlösung* für die Judenfrage zu finden; mit *Endlösung* war die völlige Vernichtung gemeint.

Auschwitz und Dachau, zwei der Konzentrationslager, aus denen es kein Zurück gab, versetzten die Juden Europas in Angst und Schrecken. Der SS-Obersturmbannführer Rudolf Höß wurde zum befehlshabenden Kommandanten über die Judenvernichtung in Auschwitz. Auf seinen ausdrücklichen Befehl hin wurden bis zu 2000 Juden auf einmal vergast, indem man dazu Männer, Frauen und Kinder in große „Duschräume" drängte. Diejenigen, die Goldzähne besaßen, wurden zuvor mit einer Codenummer auf der Brust versehen. Als dann die Opfer begriffen, dass sie nicht duschten, sondern vergast wurden, schrien und weinten sie um Gnade, was jedoch auf taube Ohren stieß. Viele Wachmänner beobachteten amüsiert durch Gucklöcher, wie die Menschen litten und starben. Und abscheuliche Horrorgeschichten bahnten sich ihren Weg aus den verschiedenen Lagern und setzten jeden Juden in Europa unter erheblichen Druck, denn sie alle begriffen, dass sie potenzielle Gaskammeropfer waren.

Im Laufe des Jahres 1939 bekamen aber auch die Deutschen die Kriegsangst zu spüren, denn das Land beeilte sich allerorts, Luftschutzbunker zu errichten. Zwar fielen noch keine Bomben auf Deutschland, doch entsprechende Übungen fanden bereits statt. Private Haushalte und Firmengebäude kamen mehr und mehr den Verdunklungsvorschriften nach, und ab dem Herbst flogen häufig Kampfgeschwader über Deutschland, ohne jedoch Bomben abzuwerfen.

Die steigenden Kosten für das Schulgeld und die Schulbücher sowie der zunehmende Antisemitismus machten mir das Leben in der Schule extrem schwer. Wie meine Ausbildung weitergehen sollte, war ungewiss. Letztlich endete das Jahr für mich mit dem Verlassen der Schule. Denn da ich nun schon länger ohne Schulbücher auskommen musste, hinkte ich in diesem Winter hoffnungslos hinterher.

Auch zu Hause hatte sich die Situation weiter verschärft. Zwei von Mutters Schwestern waren zu uns gestoßen und lebten nun mit uns in der Einzimmerwohnung. Zudem mussten wir Küche und Bad jetzt mit weiteren Familien teilen.

Mutters Schwestern – Tante Friede und Tante Elsbeth – waren sichtlich verärgert über meinen festen Glauben an Jesus und Mutters zunehmendes Interesse am Christentum. Ihr ständiges Nörgeln und die unerträglichen Wanzen des Nachts machten uns das Leben in der beengten Wohnung zusätzlich zur Last. Irgendwann trat ich mein Bett an Tante Elsbeth ab. Nach ein paar Nächten darin war sie überzeugt davon, ich hätte die Wanzen in ihr Bett getan, um sie zu quälen. Jedenfalls schlief ich von da an auf einem klumpigen, ebenfalls von Wanzen nur so wimmelnden Sofa – meist in einer Atmosphäre von Streitgesprächen, die durch den Raum hallten.

Ich war mittlerweile zwölf Jahre alt und stand am Beginn meiner Pubertät. Und das eingeschränkte Leben als junge Jüdin in Nazideutschland verstärkte nur die üblichen Pubertätsprobleme. Oft, wenn die Lichter nachts ausgingen, vergrub ich mich in Selbstmitleid und weinte mich in den Schlaf. Ich wusste, dass wir einen langen Winter mit kargen Lebensmittelrationen vor uns hatten, in einer beengten, armseligen Behausung und mit der allgegenwärtigen Angst vor dem Klopfen der Gestapo an der Tür. Immer mehr Juden fürchteten sich davor, sich auf der Straße blicken zu lassen. Mutter und mir war es zwar gelungen, das Tragen des schrecklichen gelben Davidssterns, der unsere Herkunft verriet, zu umgehen, doch trotzdem blieb es dabei, dass die Gestapo jeden Juden in der Hitlerhochburg Breslau, einem Zentrum des Antisemitismus, kannte.

Wir wagten es kaum noch, Pastor Hornigs Kirche zu besuchen. Die makabren Szenen, die wir auf dem Weg dorthin sahen, bescherten uns nur Albträume: Juden, die zu Hunderten in Lastwagen gepfercht wurden, während sie mit starrem, angsterfülltem Blick die Trennung von ihren Angehörigen über sich ergehen ließen. Da wir in einem jüdischen Getto lebten, konnten wir fast täglich beim Blick aus dem Fenster solche Szenen beobachten. Wir wussten zwar, je mehr wir als jüdische Christen gesehen wurden, die eine protestantische Kirche besuchten, desto mehr freie Zeit wurde uns zugestanden; doch nun, da zwei „gläubige Juden" – Tante Friede und Tante Elsbeth – bei uns lebten, verschwand dieser Schutz zunehmend.

4.

„Eine ganz reizende Christin"

Pastor Hornig, unser einzig wahrer Freund und Kontakt zu einer gesunden Welt, brachte mir im Frühling 1940 ermutigende Neuigkeiten:

„Anita", sagte er in seiner väterlichen Art, „ich habe mit einer Frau Michaelis in Berlin gesprochen. Sie ist mit einem jüdisch-christlichen Anwalt verheiratet, der kürzlich nach Shanghai geflohen ist. Ihre beiden Söhne konnten nach London entkommen. Sie ist einsam und sehnt sich nach einem Kind in ihrem Haus. Wenn du willst, kannst du bei ihr leben. Sie würde dann die Kosten für deine Schulausbildung in Berlin übernehmen. In Berlin ist es bestimmt etwas sicherer für dich als hier. Denk darüber nach."

Ich sah zu Mutter hinüber, doch sie ließ mich nicht wissen, was sie fühlte oder dachte. Offenbar wollte sie, dass ich meine eigene Entscheidung treffen sollte, obgleich eine Trennung für uns beide noch mehr Schwermut mit sich bringen würde. Meine Tanten allerdings erwarteten nervös meine Entscheidung, denn sollte ich das Angebot annehmen, hätten sie mehr Platz in unserem beengten Zuhause.

„Frau Michaelis ist sehr wohlhabend", fuhr Pastor Hornig fort. „Du würdest gutes Essen bekommen. Sie besitzt eine schöne Wohnung in Berlin und du könntest deine Mutter regelmäßig besuchen. Ich glaube, sie ist eine ganz reizende Christin, Anita. Du solltest versuchen, das Beste aus dem Leben in Deutschland zu machen, bis wir dich außer Landes bekommen."

Später sollte sich herausstellen, dass diese Worte eine der wenigen Fehleinschätzungen von Pastor Hornig waren.

Zurückhaltend nickte ich zustimmend und eine Flut von Ängsten kroch in mir hoch: Angst vor dem Unbekannten, davor, Mutter zu verlassen, und auch die Angst, eine von uns könnte von der Gestapo abgeholt werden, ohne dass die andere Bescheid wusste. Es waren Ängste, die nur Jesus allein verstehen konnte; Tränen, die keine Zwölfjährige weinen sollte.

„Ich werde gehen", sagte ich leise, fast flüsternd.

„Gut", erwiderte Pastor Hornig. „Ich werde mich sofort um alles kümmern. Bereite dich schon mal innerlich darauf vor, Anfang nächster Woche zu reisen, Anita. Frau Michaelis wird dir die Zugfahrkarte nach Berlin zuschicken. Sie freut sich sehr darauf, dich kennenzulernen. Sie sagte bereits, sie habe sich schon immer eine Tochter gewünscht."

Skepsis machte sich tief in mir breit. Wer würde tatsächlich in dieser prekären Lage die möglichen Probleme auf sich nehmen wollen, die damit verbunden waren, sich um Juden zu kümmern?

„Sie werden sich um Mutter kümmern, nicht wahr?", fragte ich den Pastor.

„Natürlich", antwortete er bestimmt. Er konnte mir ansehen, dass ich nicht völlig von meiner Entscheidung überzeugt war und versuchte mich zu beruhigen.

„Anita", sagte er anteilnehmend, „ich werde weiterhin alles tun, was ich kann, damit ihr aus Deutschland ausreisen könnt. Hitler macht in diesem Krieg nicht viele Fehler, doch wenn er Fehler macht, lässt er die Juden dafür büßen. Immer wieder klagt er die Juden dafür an, diesen Krieg begonnen zu haben. Breslau ist eine der Hochburgen Hitlers, aber er lässt noch immer einige wenige Juden außer Landes reisen. Wenn es eine Möglichkeit für dich und deine Mutter gibt, werde ich sie finden."

Mit diesen tröstenden Worten der Hoffnung auf Freiheit verließ Pastor Hornig unsere Wohnung.

Die ganze Nacht über wälzte ich mich auf dem klumpigen Sofa hin und her. Warme Wolldecken, saubere Laken, gutes Essen und eine Ausbildung konnten meine Mutter nicht ersetzen. Dass sie auf einmal nicht mehr da sein sollte, war für mich beinahe undenkbar. Wir würden viele Kilometer voneinander getrennt sein – was, wenn sie verhaftet wurde? Und wie viel sicherer war Berlin im Vergleich zu Breslau? Berlin war dreimal so groß wie Breslau, das bedeutete dreimal so viele Gestapo-Männer, die mich abholen und nach Auschwitz bringen konnten. Ich entschied mich daher, alle meine Ängste und Unsicherheiten einfach in Jesu Hände zu legen. Er musste mir helfen, meinen Tränen Einhalt zu gebieten. Und er musste mein Herz trösten, das beim Gedanken an die Trennung von Mutter beinahe zerbrach.

Schon bald wunderte ich mich, wie Pastor Hornig sich so sehr hatte irren können. Frau Michaelis' gemütliche Wohnung mit den Teppichen und all dem Luxus, den sich ein deutscher Anwalt leisten konnte, konnte in keiner Weise ihre Herzenskälte aufwiegen.

Sogar die Tatsache, dass ich ein eigenes Zimmer für mich hatte und ein Dienstmädchen zu meiner Verfügung stand, konnte meine Sehnsucht nach Wärme und Zuneigung nicht ausgleichen. Beides fehlte mir in dieser sterilen Atmosphäre ihrer Berliner Wohnung.

Ich nahm an, Frau Michaelis versuchte die Einsamkeit ihres unglücklichen Lebens dadurch zu verdrängen, dass sie in dem wenigen Luxus schwelgte, den man in Nazideutschland noch finden konnte. Sie stellte beispielsweise einen Schneider ein, der den ganzen Tag über ihre Garderobe nähte und änderte. Er war immerzu beschäftigt, denn Frau Michaelis' üppige Figur nahm ständig weiter zu, weil sie vor lauter Einsamkeit ungezügelt Essen in sich hineinstopfte.

Sie war eine kalte, unaufrichtige Frau, die ein Wohlstandschristentum zur Schau stellte. Ihre Leibesfülle entstellte auch ihr Gesicht, sie sah dadurch zehn Jahre älter aus als fünfundvierzig. Nie lächelte oder lachte sie, und ich war davon überzeugt, dass sie mich nur um sich haben wollte, um ihre Aggressionen an jemandem auslassen zu können. In ihrer strengen, autoritären Art knurrte sie mich regelrecht an, wenn ich auch nur die leiseste Bitte äußerte. Schon nach kurzer Zeit wurde mir klar, dass ich für sie eine furchtbare Last war, dass sie mich jedoch gewissermaßen als Gefangene behalten würde, um eine Art diabolische Befriedigung zu finden.

Es schien, als sei ganz Nazideutschland verrückt geworden. Die ganzen Absurditäten und ständigen Belastungen des Alltags hatten viele Seelen zerbrochen. Doch meine Schulausbildung bedeutete mir sehr viel, und das Leben bei Frau Michaelis zu ertragen, gab mir immerhin die Möglichkeit, eine Berliner Schule zu besuchen. Ich betete Tag und Nacht darum, Frau Michaelis möge endlich beginnen, als die gute Christin zu handeln, für die sie sich ausgab.

Bereits am ersten Tag meines Aufenthalts wurde mir bewusst, meine Lebensmittelrationen würden nur wenig reichhaltiger sein als in Breslau. Das Dienstmädchen bereitete mir jeden Morgen lediglich ein Gurkenbrot für die Schule zu. Dass Frau Michaelis meine Lebensmittelkarte also dafür benutzte, um für sich selbst mehr Essen zu haben, war mir schnell klar. Das meiste von dem Essen, das eigentlich mir zustand, habe ich nicht einmal kosten können. Und meine kleinen Fleischrationen gingen wohl aus Gefälligkeit direkt an den Schneider.

In dieser Zeit erlebte ich aber auch das stets gegenwärtige Wunder meines Lebens: die Hand Gottes über mir, die mich beschützte und für mich sorgte. In der Schule lernte ich beispielsweise eine christliche Freundin kennen: Ruth Conrad. Sie teilte regelmäßig die Lebensmittelrationen ihrer Familie mit mir. Doch da die Conrads selbst nur das Allernötigste hatten, vermochten selbst diese wenigen Krümel, die sie mir brachte, es nicht, meine drohende Unterernährung aufzuhalten.

Frau Michaelis hielt ihr Versprechen, mich regelmäßig nach Hause zu schicken, um meine Mutter zu besuchen, nicht ein. Ich sehnte mich verzweifelt nach meiner Mutter; gleichzeitig dachte ich, es sei vielleicht besser, sie nicht zu besuchen, um ihr nicht zusätzlichen Kummer wegen meiner schwierigen Situation zu bereiten. Auch wollte ich nicht, dass sie sah, wie ich immer dünner wurde. Ich schrieb ihr fröhliche Briefe, um bei ihr keine Sorgen aufkommen zu lassen. Im Gegenzug verzehrte ich mich nach ihren Briefen, in denen sie mir erzählte, dass sie in der Bibel las und über die Worte Jesu nachdachte. Mit solch guten Neuigkeiten konnte ich beinahe alles ertragen.

In dem Frühjahr desselben Jahres beschenkte Gott mich mit einer Lehrerin, die es wagte, mich zu mögen. Sie war zwar Mitglied der NSDAP, weil alle Lehrer dazu gezwungen waren, Parteimitglied zu sein, um gewissermaßen Aushängeschilder für die Nazis zu sein. Dr. Streit glaubte nicht an einen Gott, der persönlich erfahrbar war, doch sie hörte mir höflich zu, wenn ich ihr davon erzählte, wie viel Kraft mir der Glaube an Jesus gab.

An dem Tag, als ich ihr von meiner jüdischen Abstammung beichten musste, zitterte ich. Unbeholfen teilte ich es ihr nach dem Unterricht mit. Sie aber lächelte nur und sagte: „Ich weiß es schon, Anita. Es spielt keine Rolle. Ich möchte weiterhin deine Freundin sein.“

Für mich waren ihre Worte ein weiterer Beweis dafür, dass Jesus sowohl im Chaos des Dritten Reiches als auch in dem meines Lebens die Kontrolle hatte. Es schien, als habe Gott seine besondere Liebe zu mir dadurch bekräftigt, dass ich eine Lehrerin hatte, die mich trotz allem mochte. Sie riskierte viel, wenn sie nach dem Unterricht dabei gesehen wurde, wie ich sie zur Straßenbahn begleitete. Auch morgens, wenn ich früher zur Schule kam, um mich mit ihr zu unterhalten. Wir versuchten, nicht über Politik zu reden, und sie war nicht sonderlich am christlichen Glauben interessiert, sodass unsere Gespräche oft banal waren. Doch das spielte keine Rolle. Für mich war es entscheidend, dass sie mir bei allem zuhörte, selbst wenn ich ihr von albernen, pubertären Träumen erzählte, die in Nazideutschland niemals Wirklichkeit werden würden.

Im Sommer war Adolf Hitler zum Herrscher über Westeuropa geworden – noch vor Jahresende hatte er Dänemark, Norwegen, Belgien, Holland, Luxemburg und Frankreich besetzt. Und dann sah es danach aus, als ob Italien als Verbündeter Deutschlands in den Krieg eintreten würde. Doch solange England unbesiegt blieb, war im Westen kein vollständiger deutscher Sieg möglich. Der britische Widerstand hatte unter der starken Führung Winston Churchills im Frühjahr und Sommer zugenommen. Die Briten schickten immer mehr Kampfflugzeuge über den deutschen Himmel. Und da die Deutschen Städte der Alliierten angriffen sowie deren Schiffe versenkten, begannen die Briten zurückzuschlagen, indem sie Bomben über Deutschland abwarfen. Und auf einmal begann das starke Deutsche Reich angesichts der brennenden Städte ins Wanken zu geraten.

Im August hörten wir schreckliche Nachrichten: Die Deutschen hatten ein Wohngebiet Londons bombardiert, und man ging davon aus, die britische *Royal Airforce* werde als Vergeltung Berlin angreifen. So wurde der Krieg nach Deutschland hineingetragen und die Luftschutzbunker Berlins wurden zu meinem neuen Zuhause – fern von meinem eigentlichen. War das Leben zuvor für das deutsche Volk schwierig gewesen, war es nun ein höllischer Albtraum. Schon bald sollten weite Teile des Landes in Schutt und Trümmern liegen.

Als die ersten Bomben zu fallen begannen, glaubten wir Kinder, die nächtlichen Luftangriffe seien bloß tosende Orkane, vor denen sich jedermann in die Bunker flüchtete – in Wirklichkeit waren es oft nur einfache Keller. Anfangs bombardierten die Briten nur Berliner Regierungsgebäude, manchmal ertönten die schrillen Sirenen aber auch des Nachts in Wohngebieten – bis zu dreimal pro Nacht. Jedes Mal hasteten wir dann in den Luftschutzkeller unter unserem Haus.

Viele Kinder blieben trotz der Luftangriffe fröhlich, denn gab es mehr als einen in der Nacht, fiel am nächsten Tag der Unterricht aus. Oft hörte der Bombenalarm gegen drei Uhr morgens auf und wir konnten in unsere Wohnung zurückkehren. Am nächsten Tag sammelten wir dann die Bombensplitter auf und machten ein Spiel daraus, wer die meisten fand. Zwar hielten viele Häuser den Angriffen stand, doch die Wände zitterten bei jedem einzelnen und überall lag Staub.

Die Luftangriffe forderten ihren Tribut. Die Deutschen waren zunehmend erschöpft vom Schlafmangel; die Bunker waren feucht und kalt. Als der Krieg immer heftiger tobte, verschlimmerten sich auch die Lebensumstände. Doch kein wahrer Deutscher wagte es, über eine Niederlage nachzudenken. Noch war diese undenkbar. Hatte Hitler nicht ein tausendjähriges Reich versprochen? Sicher hatte er die Dinge unter Kontrolle, dachten viele. Dies alles waren wohl nur vorübergehende Schwierigkeiten und ein geringer Preis für das Vaterland und die glorreichen Tage, die für das Reich noch kommen würden.

Ich hatte gehofft, dass die Gemeindemitglieder von Frau Michaelis' Kirche mir die wundervolle Schar der gläubigen Menschen in der St.-Barbara-Kirche in Breslau ersetzen würden. Doch leider war der Charakter von Frau Michaelis repräsentativ für diese Kirche. Bislang war meine einzige Erfahrung mit Christen die in Pastor Hornigs Kirche gewesen, daher hatte ich angenommen, alle Christen hätten diesen liebevollen Geist. Doch nun war ich mit einer Sorte Christen konfrontiert, die vor allem den sozialen Zusammenhalt suchten und eine überaus fromme Sprache pflegten.

In jenem Sommer begann mein unterernährter Körper zu rebellieren. Ich betrachtete mich im mannshohen Spiegel des Schneiders und sah, was mir meine Kleider schon verraten hatten: Ich war gefährlich dünn geworden und durch die Mangelernährung fielen mir zunehmend die Haare aus. Frau Michaelis tat dies nur lässig ab und meinte, ich sei eben ein rasch wachsendes, schlaksiges Mädchen. Doch tatsächlich erhielt ich nur ein Drittel der Vitamine und Kalorien, die ich für mein Alter täglich brauchte. Meine Freundin Ruth versuchte mir zu helfen, indem sie mir jeden Tag etwas von ihrer Familienration mitbrachte. Sie ging damit ein großes Risiko ein, sich so offen als meine Freundin zu zeigen, nahm aber mögliche Strafen in Kauf.

„Ich will nicht zusehen, wie du verhungerst", sagte sie fast täglich. „Meine Familie wird mit etwas weniger auskommen."

Meine Unterernährung wäre schon viel früher eingetreten und viel schwerwiegender geworden, hätte ich keine Unterstützung durch die Conrads gehabt.

Frau Michaelis verringerte nicht nur meine Rationen, sondern erwies sich auch zunehmend feindselig mir gegenüber. Eines Morgens sagte sie: „Anita, ich möchte, dass du auf jeglichen Genuss verzichtest. Weißt du, ich werde dir beibringen, wie das geht. Am Ende wird das gut für dich sein."

„Aber, Frau Michaelis", protestierte ich, „Sie brauchen mir nicht etwas beizubringen, was ich bereits kenne. Wie soll ich mir etwas versagen, was ich nie gehabt habe? Wegen Hitler habe ich nie irdische Freuden kennengelernt."

„Nun, ich werde trotzdem damit fortfahren, dir Entsagung beizubringen", sagte sie. „Es ist gut für uns alle."

„Aber Sie selbst verzichten doch auf nichts", erwiderte ich.

„Natürlich tue ich das! Du solltest wissen, dass ich große Trauer empfinde, Anita. Sie nagt Tag und Nacht an mir. Ich bin Arierin, aber ich habe den Fehler begangen, einen Juden zu heiraten, und ich werde für den Rest meines Lebens dafür bezahlen."

„Ich habe mir meine Eltern nicht ausgesucht, Frau Michaelis, und ich werde für meine Herkunft bezahlen müssen, solange ich in Deutschland lebe", sagte ich.

Während wir miteinander sprachen, fühlte ich einen Anflug von Schwäche und mir wurde klar, dass ich Fieber hatte. Schlafmangel, unzureichende Ernährung und emotionaler Stress hatten meine Kräfte aufgezehrt, und ich hatte mir einen schlimmen Grippevirus eingefangen. Frau Michaelis schickte mich ins Bett: „Bleib im Bett, Anita, und schalte das Licht aus. Komm nicht zum Abendessen. Wir wollen uns nicht bei dir anstecken."

Die ganze Woche über stellte das Dienstmädchen täglich eine Schale mit Haferflocken über die Schwelle meines Zimmers und schloss dann rasch die Tür. „Ruf mich, wenn du gegessen hast", sagte sie. „Stell das Geschirr nachher einfach vor die Tür."

Ich musste fast würgen angesichts der immer gleichen Haferflocken in lauwarmer Milch. Zwar spürte ich Jesus ganz nah bei mir, aber trotzdem fühlte ich mich schrecklich allein. Ich brauchte Mutter. Wenn ich früher krank war, hatte sie mir immer Papier und Buntstifte gebracht, damit ich malen konnte. Sie hatte regelmäßig nach mir gesehen und ihre kühle Hand auf meine Stirn gelegt. Ich hungerte mehr nach emotionaler Wärme als nach Nahrung, und mehrere Stunden lang hatte ich das Gefühl, Gott habe mich verlassen, um irgendwo an anderer Stelle zu kämpfen.

Meine Lebensmittelrationen wurden weiter reduziert, sodass ich schließlich gegenüber Frau Michaelis protestierte.

„Sind diese Hungerrationen Teil Ihres Plans, mir Entsagung beizubringen?", fragte ich sie kühn. Ihr Gesicht verfärbte sich aus Ärger rot und ihre Augen blitzten mich wütend an. Sie glich einem Vulkan kurz vor dem Ausbruch. Ein Vulkan, der lang schon verbittert brodelte wegen einer gescheiterten Ehe und dem Verlust der Söhne.

„Anita Dittmann, wofür hältst du mich? Meinst du, ich bin eine wohltätige Christin, die bedürftigen Kindern hilft, oder meinst du, ich bin eine kaltherzige Person, die ihren Frust an hilflosen Kindern auslässt?"

„Sie sind Letzteres", antwortete ich ruhig.

Sie sah mich sekundenlang an und war wie erstarrt angesichts meiner Offenheit. Ihre Gesichtsmuskeln spannten sich, und sie schien vor Wut derart anzuschwellen, dass ihr aufgedunsener Körper beinahe die Nähte ihrer Kleidung gesprengt hätte.

„Wie kannst du es wagen!", sagte sie mit finsterem Blick. „Ich gebe dir eine Woche, um mich um Verzeihung zu bitten, ansonsten werde ich dich hinauswerfen, du dumme Göre. Dann musst du nach Breslau zurück, wo euresgleichen jeden Tag zu Hunderten abgeholt werden. Die hervorragende Schulbildung, die ich dir ermögliche, hat dann ein Ende. Du hast eine Woche, verstanden?"

Ich änderte meine Meinung nicht, doch ich entschuldigte mich und ging weiter zur Schule.

Im Herbst 1940 nahmen die Luftangriffe zu. Berlin bekam die meisten Bombenabwürfe der Alliierten zu spüren. Als die Bomben immer näher kamen, war es kein Spiel mehr; die Neugier und die Fantasie der Kinder wurde nun von Angstschreien und Panik abgelöst, während die Bomben Wohnungen und Häuser erschütterten. Die Luftschutzkeller waren bei einem Direkteinschlag nahezu nutzlos, denn das Geschoss fiel durch zehn Etagen bis in den Keller und begrub Hunderte Opfer unter sich. Hitler verstärkte den Kampf an der Front, und die Alliierten verstärkten entsprechend ihre Schreckensherrschaft am Himmel.

Einige Bewohner weigerten sich, in die Luftschutzkeller hinunterzugehen, weil sie diese für nichts anderes als riesige Gräber hielten. Sie blieben in ihren Wohnungen und verbargen sich unter ihren Möbeln. Es gab solche, über die Gott seine Hand hielt und die auf wundersame Weise mitten in explodierenden Trümmern und Flammen überlebten, doch letztlich kamen etwa eine halbe Millionen Menschen durch den Bombenkrieg auf Deutschland ums Leben.

Im Luftschutzkeller ging es nervenaufreibend zu. Wir wagten es nicht, uns zu bewegen, um nicht zu viel Sauerstoff zu verbrauchen. Selbst wenn rund um uns herum Bomben explodierten, wagten wir es nicht, etwas gegen die Nazis zu äußern, denn es gab in jedem Luftschutzkeller nach wie vor streng überzeugte Nazis.

Ich sehnte mich nach den Briefen von Mutter, in denen sie mir schrieb, dass es ihr, Tante Friede und Tante Elsbeth gut ging. Eine weitere Schwester, Tante Käthe, war zu ihnen gezogen, und ich stellte mir vor, wie die drei egozentrischen Schwestern den ganzen Tag aufeinander einhackten. Sie waren ungeduldig und intolerant und kritisierten Mutters Interesse an Jesus Christus. Mittlerweile hatte ich beschlossen, dass es auch die beste Ausbildung nicht wert war, in Berlin zu bleiben. Ich war sogar bereit, die schrecklichen Bettwanzen zu ertragen, wenn ich nur Mutters Liebe und Pastor Hornigs Zuneigung genießen und den erbarmungslosen Bombardierungen entfliehen konnte.

Kalte Winterwinde hatten eingesetzt und ich vermisste Mutter und mein Zuhause mehr denn je. Weihnachten stand vor der Tür, und obwohl Frau Michaelis mir zusicherte, sie würde mich für die Weihnachtsferien nach Hause fahren lassen, wusste ich, dass sie von dem einen auf den anderen Moment ihre Meinung ändern konnte.

Anfang Dezember erhielt ich einen schriftlichen Bescheid von meiner Schuldirektorin: „Aufgrund Ihres nichtarischen Hintergrundes ist es Ihnen nicht länger erlaubt, diese Schule zu besuchen."

„Jesus, was habe ich nur falsch gemacht, dass du mir alles nimmst?", fragte ich, als ich an jenem Nachmittag nach Hause ging. Ich konnte noch nicht einmal Ruth Conrad oder Dr. Streit finden, um ein wenig Trost bei ihnen zu finden. Es schien, als müsste ich die ganze Last ganz allein tragen. Meine Augen tränten vom kalten Wind und von der Enttäuschung; meine Wangen waren ganz nass und fast zu Eis gefroren. Ich beschloss, Pastor Hornig anzurufen und ihm meine Probleme zu schildern, denn ich war davon überzeugt, dass er meiner Mutter nichts sagen und sie damit nicht belasten würde.

Frau Michaelis war nicht zu Hause, als ich die Wohnung betrat. Ich hatte noch den Mantel an und das Schreiben von der Schule in der Hand und rief sofort die St.-Barbara-Kirche an, in der Hoffnung, Pastor Hornig ans Telefon zu bekommen. Meine Gefühle standen kurz vor der Explosion – ich war dreizehneinhalb Jahre alt und musste ganz auf mich allein gestellt versuchen, die Verwirrungen des Lebens im damaligen Deutschland und die Turbulenzen meiner Pubertät zu bewältigen. Ich sehnte mich nach einem mitfühlenden, erwachsenen Christen, der meinen Kummer begriff.

Es klingelte mehrmals, bevor ich die vertraute Stimme des einen Mannes hörte, der sich wirklich um mich kümmerte. Beim Klang seiner freundlichen Stimme brach der Damm.

„Ich will nach Hause!", sagte ich flehend, während Tränen über meine Wangen kullerten. „Pastor Hornig, helfen Sie mir, nach Hause zu kommen."

„Anita, bist du das?"

„Ja, und mir ist die Schule egal und alles andere auch, ich will nur zu Mutter! Sie ist alles, was ich in dieser schlimmen Welt habe. Wir brauchen einander."

„Was ist passiert? Warum weinst du?"

„Ich kann hier nicht mehr zur Schule gehen", erwiderte ich. „Ich habe heute ein Schreiben erhalten, dass ich nicht mehr kommen darf, weil ich Nichtarierin bin."

„Das tut mir leid, Anita, das tut mir sehr leid. Aber weißt du, in Deutschland leiden derzeit alle, nicht nur du. Christen, Juden, sogar die Nazianhänger leiden."

„Pastor Hornig, Frau Michaelis ist grausam zu mir. Meine Freundin Ruth Conrad sagt, dass ich an Unterernährung leide; ich bin ständig müde und schwach und meine Haare fallen aus."

„Warum hast du nicht schon früher etwas gesagt?", fragte Pastor Hornig. Er klang alarmiert. „Ich hätte einschreiten können, Anita."

„Ich wollte nicht, dass sich Mutter Sorgen macht. Sie hat schon genug Probleme mit ihren Schwestern. Aber wenn sie mich sieht, wird sie außer sich sein. Ich habe viel an Gewicht verloren. Sie müssen es ihr schonend beibringen."

„Anita, pack deine Sachen zusammen und komm heim. Frau Michaelis soll dich heute Abend zum Bahnhof bringen. Sag ihr, dass die Kirche deine Fahrkarte bezahlen wird. Ich kenne jemanden in der Kirche, der deine Schulkosten hier in Breslau übernehmen könnte. Breslau wird übrigens nicht bombardiert. Schon allein deshalb wollte ich auch, dass du zurückkehrst. Ich werde dich heute Abend am Zug abholen, Anita. Mach dir keine Sorgen, hörst du? Alles wird klappen. Wir lieben dich und werden alles für dich tun."

Ich hörte die Zauberworte: „Komm nach Hause!" Der Albtraum der letzten Monate verlor an Bedeutung beim Gedanken an die Rückkehr und daran, Weihnachten zu Hause zu verbringen. Die Wanzen spielten keine Rolle. Die quengelige Tante Käthe spielte keine Rolle. Selbst wenn ich den gelben Davidsstern tragen musste, um mich als Jüdin zu erkennen zu geben und zu einer Klasse von Menschen zu gehören, die mit mehr Verachtung als Kriminelle betrachtet wurden – auch das spielte keine Rolle. Selbst wenn die Alliierten Bomben über Breslau abwerfen sollten – wenigstens wären Mutter und ich zusammen. Sollte ich nie über die siebte Klasse hinauskommen, auch das war mir egal.

Alles, was zählte, war zu leben und mit denen zusammen zu sein, die ich liebte. Ich war dankbar, dass Gott sich zu mir herabneigte und mich durch Mutter und Pastor Hornig mit seiner Liebe berührte.

5.

„AUFMACHEN!"

Wieder zu Kräften zu kommen, war für mich nicht einfach, obwohl ich nun wieder zu Hause war. Der Grund: Die Lebensmittelrationen wurden von Woche zu Woche weniger; schließlich aßen wir nur noch eine Mahlzeit am Tag. Jeder musste den Gürtel jetzt enger schnallen, weil viele der verfügbaren Lebensmittel zu den Soldaten der Wehrmacht an die Front geschickt wurden.

Auf den Straßen wiederholte sich das Bild: SA-Männer in braunen Hemden marschierten durch die Stadt. Sie terrorisierten die Bevölkerung ganz ungehindert und machten sich einen Spaß daraus, den Juden das Leben unerträglich zu machen – durch Spott und Hänseleien, aber oftmals auch durch körperliche Brutalität. Sie verspotteten und schlugen die Juden mitten auf der Straße, in dunklen Gassen und verschleppten willkürlich Menschen – ob Einzelne oder auch ganze Familien – ins Gefängnis. Täglich fuhren mehrere Viehlastwagen mit verängstigten Juden auf der Pritsche zu geheimen Orten, irgendwohin in die einsame Landschaft.

Pastor Hornig teilte mir mit, dass ein Kirchenmitglied, das anonym bleiben wollte, für mein Schulgeld und meine Bücher aufgekommen sei, sodass ich nun das König-Wilhelm-Gymnasium in Breslau besuchen konnte. Doch Mutter und ich waren davon überzeugt, dass die Familie Hornig selbst dieses finanzielle Opfer aufbrachte.

Mittlerweile herrschte überall eine Anspannung, die mit Händen zu greifen war – sogar in der Schule und zu Hause, wo meine Tanten und Mutter unermüdlich aufeinander einhackten.

Auf meinem Schulweg sah ich große Schilder mit der Aufschrift „Juden verboten" in beinahe jedem Schaufenster. Andere Schilder warnten Deutsche davor, sich Juden zu nähern, die weder im Theater noch in Parks, geschweige denn an sonstigen öffentlichen Plätzen der Erholung in Erscheinung treten durften. Wo ich auch hinsah, überall waren judenfeindliche Parolen zu sehen. Auf vielen Plakaten war ein Jude abgebildet, der gerade wegen irgendeines „Verbrechens" verhaftet worden war. Und in starkem Kontrast dazu wurde Hitlers Konterfei von Neonlicht angestrahlt.

Hakenkreuzfahnen wehten an beinahe allen Häusern in Breslau stolz im Wind. Und dass ein Bild des Führers in jedem deutschen Haushalt an der Wand hing, wurde schlicht erwartet. Hitler drängte sogar die Geistlichen, sein Porträt vor dem Kirchenaltar aufzustellen.

Da viele deutsche Männer an der Front waren, hatten mittlerweile die Frauen ihre Arbeit übernommen. Man sah kaum Autos auf den Straßen, da fast alle verfügbaren Fahrzeuge für militärische Zwecke genutzt wurden. Entsprechend waren die Straßenbahnen genauso überfüllt wie die Eisenbahnwaggons auf dem Weg ins Konzentrationslager.

Hitlers verzerrt gepresste Stimme schmetterte fast täglich Hass-propaganda über den Rundfunk. Fieberhaft machte er das *inter-nationale Finanzjudentum* für den Krieg verantwortlich und trich-terte den Deutschen ein, jeder lebende Jude sei ein Erzfeind des Reichs. Juden in Deutschland hatten nun keinerlei Rechte mehr und durften keinen Besitz haben.

Immer mehr Juden verbrachten von nun an die Tage zitternd vor Angst hinter verschlossenen Türen. Wir erfuhren, dass ein Bruder und eine Schwester von Mutter verhaftet und in ein KZ gebracht worden waren. Und ein weiterer Bruder und dessen Frau hatten sich selbst das Leben genommen, um der Tortur eines KZs zu entgehen. Es war absehbar, dass die willkürliche Deportation von Juden in jenem Winter auch unser Haus treffen würde.

Mutter bemühte sich, zwischen ihren drei zankenden Schwes-tern Frieden zu stiften. Doch bei jedem ihrer Schlichtungsversu-che taten sich die drei gegen Mutter zusammen, weil sie sich im-mer mehr Jesus zuwandte, von dem Pastor Hornig gesagt hatte, er sei der jüdische Messias. Mutter konnte nicht länger die Kraft Christi in ihrem Leben leugnen. Sie musste einfach von ihm er-zählen; es war ein ganz natürliches Überfließen ihrer Liebe zu ihm. Doch ihre Schwestern beharrten darauf, dass die Nachfolger Jesu seit dem ersten Jahrhundert die Juden verfolgten. Sie behaup-teten, die Nazis seien alle Christen, weil sie zur katholischen oder lutherischen Kirche gehörten. Viele Kirchen hatten sich dem Füh-rer gebeugt und stellten sein Bild vor dem Altar auf. Für meine Tanten ergab es einfach keinen Sinn, diesen Jesus anzubeten – einen falschen, toten Mann, in dessen Namen Millionen von Ju-den verfolgt, gefoltert und getötet worden waren.

„Aber diese Leute sind keine wahren Christen!", behauptete ich beharrlich, wobei ich die Richtigkeit meiner Worte nicht vollständig erfasste. „Sie ziehen den Namen echter Christen in den Schmutz."

„Unsinn", erwiderte Tante Elsbeth. „Alle Nichtjuden sind Christen."

Entweder wollten oder konnten sie es nicht verstehen. Sie glaubten auch den Worten Pastor Hornigs nicht, der uns erzählte, dass in ganz Europa viele Christen den Juden unter Gefahr für ihr eigenes Leben halfen. Dass viele gläubige Christen bereits in Konzentrationslager transportiert wurden, eben weil sie Juden geholfen hatten.

„Du und deine Mutter, ihr seid Verräter unseres Volkes!", ließ Tante Friede uns mindestens einmal am Tag wissen. „Ihr solltet euch schämen."

Mutter erwiderte darauf irgendwann nichts mehr, doch ihre Schwestern sahen sie jeden Abend ihr Neues Testament öffnen und darin lesen. Dann gingen sie nervös im Zimmer auf und ab und murmelten etwas über die „Tragödie der Blindheit" ihrer Schwester vor sich hin.

Da wir die Küche mit vielen anderen Bewohnern teilen mussten, aßen wir meistens gegen neun Uhr abends. Als wir in jenem Frühjahr eines Abends am Tisch saßen, hörten wir plötzlich ein heftiges Klopfen an der Tür, gefolgt von dem mittlerweile bekannten „Aufmachen!", das wir schon mehrmals in unserem Haus gehört hatten. Kurz darauf wurde zwei weitere Male heftig geklopft.

Mutter ging zur Tür und öffnete sie schicksalsergeben, um den Nazis gegenüberzutreten. Sie sah in die kalten Augen zweier Gestapo-Männer, die mit erhobenem Arm und „Heil Hitler!" grüßten.

Mutter antwortete nicht, öffnete jedoch die Tür weiter, um sie hereinzulassen. Meine Tanten und ich saßen wie festgefroren auf unseren Stühlen, als die beiden Männer, die stolz ihre Uniform trugen, hereintraten.

„Wir sind hier, um Käthe Süßman zu verhaften. Wer von Ihnen ist das?"

„Ich bin das", sagte Tante Käthe. „Was habe ich getan?"

Auf Mutters Gesicht waren Schrecken und Erleichterung zugleich zu sehen. Wenigstens wollten sie nicht mich oder ihre beiden anderen Schwestern, die gesundheitlich angeschlagen waren.

„Das spielt keine Rolle", erwiderte der Redende der beiden Gestapo-Männer. „Juden müssen nichts verbrechen, ihre Existenz allein reicht, um sie zu verhaften. Sie haben fünf Minuten, um eine Tasche zu packen. Beeilen Sie sich."

Ich schob meinen Teller mit Salat zur Seite. *„Lieber Herr Jesus"*, betete ich still, *„Tante Käthe wird das Gefängnisleben nicht verkraften. Nimm sie rasch zu dir, bitte."* Dann erinnerte ich mich, dass Tante Käthe Jesus noch nicht kannte, und innere Konflikte kamen in mir hoch.

„Ich bestehe darauf, dass Sie mir sagen, warum sie verhaftet wird", sagte Mutter. „Warum nehmen Sie sie und nicht mich?"

„Ich hole die Leute nur ab", erwiderte der Gestapo-Mann kalt und verschränkte ungeduldig die Arme vor der Brust. „Ich befolge nur meine Befehle. Ich stelle keine Fragen und Sie sollten das auch nicht tun. Ihre Nachbarn, die Ephraims, werden auch heute abgeholt. Sie können sich morgen bei der Polizeidienststelle erkundigen, wohin sie gebracht wurden."

Tante Käthe packte eine braune Tasche mit wenigen Sachen und zog sich warm an, um mit den beiden Männern zu einem unbekannten Zielort aufzubrechen. Wir versuchten krampfhaft, unsere Tränen zurückzuhalten. Tante Käthe hielt sich tapfer. Wir drückten sie, eine nach der anderen, bevor die Gestapo-Männer sie in den Hausflur schoben. Gegenüber von unserem Zimmer sahen wir die gesamte Familie Ephraim schweigend ein paar Habseligkeiten zusammenpacken. Für uns ergab es einfach keinen Sinn, dass manche Juden abgeholt wurden und andere nicht. Warum wurden einige Mitglieder einer Familie geholt und andere zurückgelassen? Die Auswahl schien willkürlich getroffen zu werden, vermutlich nach Lust und Laune des jeweils zuständigen Gestapo-Offiziers.

Tante Käthe wurde die Treppe hinuntergeführt und in einen Gestapo-Wagen geschoben, während Tante Friede, Tante Elsbeth, Mutter und ich wie benommen am Fenster standen und das unerträgliche Leid verfolgten. Tante Käthe war normalerweise eine extrem nervöse Person, zeigte sich aber nun außerordentlich gefasst. Wir starrten dem davonfahrenden Wagen hinterher, bis er aus unserem Blickfeld verschwand. Nun hatten der Krieg und Hitlers persönliche Rache am jüdischen Volk meine eigene engste Familie erreicht.

Im Frühjahr 1941 verbündete sich Bulgarien mit Deutschland. Anschließend begann Hitler den *Balkanfeldzug*, die Wehrmacht fiel in Jugoslawien ein und schon bald rollten Panzer auf Griechenland zu. Hitler hatte Befehl gegeben, mit unbarmherziger Härte vorzugehen. Zuvor hatte der deutsche Kodex die Zivilbevölkerung und ihr Eigentum verschont, doch nun wurde alles von den deutschen Soldaten zerstört. Jeder Akt der Brutalität wiederum verstärkte den Angriff der Alliierten auf Deutschland, sodass am Ende jeder Deutsche für den Wahnsinn des Führers bezahlen musste.

Sämtliche innere Angelegenheiten wurden in die Hände von Martin Bormann gelegt, der begann, einen gnadenlosen Feldzug gegen die christlichen Kirchen in Deutschland zu führen. Mehr denn je sorgten wir uns um die Hornigs und die Gläubigen unserer Kirche, die für Bormanns Männer aufgrund ihres Interesses und ihrer Liebe zum jüdischen Volk erklärte Zielscheiben waren. Gestapo-Männer waren nun in jedem Gottesdienst zugegen.

Das Frühjahr 1941 brachte nur wenig Erleichterung in unserem Überlebenskampf. Ich dachte ernsthaft darüber nach, die Schule wegen des dort grassierenden ungezügelten Antisemitismus aufzugeben. Meine Lehrer befolgten strikt die Befehle der Nazis, nach denen nichtarische Schülerinnen hart angefasst werden sollten, und die anderen Schülerinnen wollten nicht das Risiko eingehen, mit mir befreundet zu sein. Ich fühlte mich schrecklich einsam – eine Vierzehnjährige ohne Freunde ist wie eine Geige ohne Bogen.

In unserem jüdischen Haus leerte sich durch zunehmende Verhaftungen eine Wohnung nach der anderen. Im Juni hörten wir das gefürchtete Klopfen erneut an unserer Tür. Diesmal traf es Tante Friede, die dreiundsiebzig Jahre alt war. Erneut versuchten wir krampfhaft nicht zu weinen, da wir wussten, Tante Friede würde durch unsere Tränen nur noch aufgeregter sein. Erneut gab die Gestapo keine Auskunft über die Verhaftung und den Zielort.

Kamen die Gefangenen in ein Gefängnis oder ein Konzentrationslager? In ein Arbeitslager oder in eine Gaskammer oder in einen Wald zu einem Erschießungskommando? Da man nicht wusste, wohin, war die Angst in Verbindung mit den Verhaftungen geradezu lähmend. Nur selten bekam man Nachricht – entweder in Form einer Postkarte aus dem Gefängnis oder über eine Mitteilung, die von einer Person herausgeschmuggelt wurde, dass der geliebte Mensch umgebracht worden oder gestorben war. Trotzdem: Das Schicksal von Millionen Menschen würde für immer ungeklärt bleiben. Diese Opfer blieben nur Zahlen in Statistiken.

Wir saßen still da, als Tante Friede eine Handvoll Dinge zusammenpackte. Mutter lächelte mir durch den Raum tapfer zu, um mich zu trösten.

„Sie ist eine alte, kranke Frau", protestierte sie gegenüber den Gestapo-Männern. „Sie sollten lieber mich mitnehmen. Ich bin stark und gesund."

„Mein Befehl lautet, Friede Markuse abzuholen", erwiderte einer der Männer.

„In einer Woche bin ich zurück", sagte Tante Friede stur.

Plötzlich spielten Wanzen, überfüllte Gettos und magere Lebensmittelrationen keine Rolle mehr. Das Einzige, was zählte, war zusammenzubleiben, zu Gott zu beten und darauf zu vertrauen, dass er alles unter Kontrolle hatte. Und mein Herz trauerte um die Juden, die nicht an Jesus glaubten. Sie würden mit erhobener Faust gegen Gott, den Erlöser sterben.

Wir küssten Tante Friede und sahen dieser alten, weißhaarigen Frau hinterher, wie sie die Straße auf ihren arthritischen Füßen entlanghumpelte. Sie stützte sich auf ihren Stock und man half ihr auf den Polizeiwagen aufzusteigen – ein herzergreifender, unvergesslicher Anblick, der sich tief in meine Erinnerung eingebrannt hat.

Zwei Wochen später wiederholte sich die gleiche hässliche Szene, als Tante Elsbeth abgeholt wurde. Die Gestapo schlug fast unsere Tür ein und schrie uns an:

„Wer von Ihnen ist Elsbeth Süßman?"

Tante Elsbeths schwaches Herz blieb beinahe stehen, als man ihr befahl, ihre Sachen zusammenzusuchen. Dann etikettierten die Gestapo-Männer einige ihrer wenigen Besitztümer, die übrig blieben.

„Das gehört nun dem Staat", sagten sie. „Wir werden alles später abholen. Sie dürfen diese Dinge nicht berühren, verstanden?"

„Die Frau hat ein schwaches Herz", sagte Mutter zu den Männern, während diese auf Tante Elsbeth warteten. „Sie ist in medizinischer Behandlung und muss ständig überwacht werden. Wird das dort, wohin Sie sie bringen, gewährleistet sein?"

„Halten Sie den Mund!", ertönte als Antwort. Ungeduldig schritten die Männer auf und ab, während Tante Elsbeth ihre Tasche packte.

„Das reicht!", sagte einer von ihnen. „Kommen Sie jetzt!"

Tante Elsbeth war vor Angst ganz blass, doch jeglicher Widerstand wäre zwecklos gewesen.

Einer nach dem anderen oder alle auf einmal, ganze Familien verschwanden und wurden getrennt im Martyrium des Nazideutschlands 1941. So sollten auch wir Tante Käthe, Tante Friede und Tante Elsbeth nie wiedersehen.

Hitlers Hunger nach Macht und Blut kannte keine Grenzen. Als Nächstes fiel er in Russland ein, um die bolschewistische Gefahr aus dem Osten auszumerzen. Hitler war da allerdings nicht bewusst, dass diese Entscheidung eine folgenschwere Fehleinschätzung sein sollte. Der Weltkrieg war nun nicht mehr zu umgehen. Amerika sagte wirtschaftliche Hilfe zu und die Alliierten schlugen noch härter zurück als zuvor.

Hitler war überzeugt, der *Russlandfeldzug* würde nur kurz dauern; er nannte ihn ein „Sandkastenspiel". Doch der russische

Winter wurde ebenso wie der russische Soldat ein grimmiger Feind. Mehr als 750 000 deutsche Soldaten kamen im Frost um, als sie beim Vorrücken auf Moskau stecken blieben. Aufgrund dieser verheerenden Verluste mussten die Juden noch mehr leiden und für Hitlers Fehler bezahlen.

Im Sommer 1941 vertiefte sich die Beziehung zwischen Mutter und mir noch einmal, denn unsere Sicherheit stand auf Messers Schneide. Mindestens einmal pro Tag sagten wir uns, wie froh wir darüber waren, dass Hella noch vor Kriegsbeginn sicher in England angekommen war. Fast alle unsere Freunde waren mittlerweile abgeholt worden, nur die Sandbergs lebten noch immer mit in unserem Wohnhaus, und auch zwei jüdisch-christliche Freundinnen von Mutter, Frau Czech und Frau Wolf, waren noch auf freiem Fuß.

Hin und wieder musste Mutter Zwangsarbeit leisten. In der Regel ging es um harte körperliche Arbeit, die sonst Männer verrichteten. Nur so war es ihr erlaubt, an das kümmerliche Wohlfahrtsgeld zu kommen. Die Zeit, die uns zu zweit blieb, genossen wir umso mehr. Wir träumten von besseren Tagen, wenn wir wieder zu den Aktivitäten in der Kirche zurückkehren könnten. Sehnsuchtsvoll malten wir uns aus, wie Mutter eines Tages mit ihren Enkeln spielen würde.

„Mutter, es gibt keinen schlimmeren Schrecken als den, der mitten in der Nacht vom Himmel kommt", sagte ich, als wir an einem kühlen Sommerabend Tee schlürften. „In Berlin bedeutete das Dröhnen eines Motors, dass ein Flugzeug Bomben über uns abwerfen würde. Am Anfang fanden wir das lustig; wir machten ein Spiel daraus, weil wir wussten, dass wir am nächsten Tag nicht zur Schule mussten. Doch dann begann Putz von den Decken im Luftschutzkeller zu fallen und auch Bombensplitter drangen herein. Schließlich explodierten einige Bomben direkt über Luftschutzkellern, aber meiner wurde nie getroffen, obwohl nur einen Block weiter mehrere Häuser dem Erdboden gleichgemacht wurden. Ich glaube, Gott beschützt Breslau. Mutter, zweifelst du noch daran, dass Jesus dich und mich beschützt?"

„Nein, ich habe keine Zweifel mehr", sagte sie nachdenklich. „Es war sehr schwierig für mich, damit klarzukommen, als Friede, Käthe und Elsbeth hier waren, aber Jesus weiß, dass ich meine Liebe zu ihm auch still und im Inneren zum Ausdruck bringen kann. Du besitzt noch das Überschwängliche eines Kindes, Anita. Du bist so temperament- und hoffnungsvoll. Das musst du dir unbedingt bewahren, auch wenn die Umstände noch schlimmer werden."

„Wann wird das sein?"

„Ich weiß es nicht. Aber ich glaube, Hitler hat einen Fehler begangen, als er Russland den Krieg erklärte. Eines Tages werden die Amerikaner in den Krieg eintreten, und dann ist es vorbei mit Deutschland – aber zuerst werden die Nazis bekommen, was sie verdienen, weil sie all dies Elend über Europa gebracht haben. Pastor Hornig sagt, Gott wird die Deutschen für all das Furchtbare an den Juden strafen, denn in der Bibel steht, dass Gott diejenigen bestraft, die sein Volk misshandeln. Ich glaube das. Nur leiden meist auch die Unschuldigen unter dem Wahnsinn der Schuldigen."

„Hauptsache, wir bleiben zusammen." Das war meine größte Hoffnung.

„Darauf können wir nicht bauen. Jeden Tag werden Familien getrennt; du weißt, wie willkürlich sie diese Verhaftungen durchführen."

Mutter schwieg einen Moment, bevor sie fortfuhr: „Anita, ich habe von deinem Vater gehört. Es tut ihm sehr leid, wie die Dinge sich entwickelt haben. Er hat mir seine Telefonnummer gegeben, für den Fall, dass er etwas tun kann, wenn einer von uns verhaftet wird. Ich glaube nicht, dass er versucht, uns hereinzulegen, sondern dass er es wirklich bereut, uns verlassen zu haben. Vielleicht kann er dir helfen, solltest du allein zurückbleiben."

Ich spürte, wie Bitterkeit in mir hochstieg. Wäre Vater bei uns geblieben, hätten wir viel weniger Not durchgemacht. Doch mittlerweile hatte ich begriffen, dass der starke Druck der Nazis ihn dazu getrieben hatte, dass er nachgegeben hatte, um sein eigenes Leben zu schonen.

Mutter griff in ihre Tasche und holte ein Blatt Papier hervor. Sie gab es mir mit den Worten: „Dein Vater wird bald wieder heiraten, Anita. Hier ist seine Telefonnummer, unter der du ihn erreichen kannst."

Zögernd nahm ich das Blatt in die Hand. Und sagte leise zu mir selbst: „Ich bete, dass ich es nie werde benutzen müssen."

In dieser Woche zog eine neue Familie, Herr und Frau Rosen mit ihrem Sohn Joachim, in die ehemalige Wohnung der Ephraims. Joachim war in meinem Alter, und er und seine Eltern waren gläubige Juden, wie die Sandbergs.

Joachim wurde bald zu einem Licht in der Dunkelheit um mein Leben. Wir befanden uns an der Schwelle zwischen Kindheit und Erwachsensein. Unsere Spiele waren eher kindlich, doch unsere Gefühle füreinander befanden sich an der Grenze dessen, was Erwachsene füreinander empfinden. Mit vierzehn Jahren kämpften wir beide darum, unsere kindliche Welt hinter uns zu lassen, doch es war nur die Welt in unserer Fantasie, die das Leben in Nazideutschland erträglich machte. Und so hingen wir an unserer

Kindheit, während wir gleichzeitig erwachsen werden und verstehen wollten, was mit uns geschah.

Ich hatte Angst, Joachim zu verlieren, wenn ich ihm zu viel über Jesus erzählte. Jedes Mal, wenn ich etwas über Jesus sagen wollte, biss ich mir auf die Zunge. Ich hatte schließlich schon so viele Freunde verloren. Ich gehörte nicht zur arischen Welt der Nazis und meine jüdischen Freunde, die nicht an Jesus Christus glaubten, akzeptierten mich nur teilweise. Ging es dann noch um meinen Glauben, kamen Angst, Misstrauen und Vorurteile ins Spiel und machten eine echte, tiefe Freundschaft unmöglich. Ich wusste, dass ich eine gute Freundin sein konnte; ich wollte nur die Chance bekommen, es zu beweisen.

Ich betete, Jesus möge meine feige Haltung verstehen, doch anstelle seines Friedens spürte ich ein nagendes Gefühl in meinem Herzen, das mir zu sagen schien, dass ich jeden – sogar Mutter – aufgeben musste, wenn ich Christus nachfolgen wollte. Die Bibelstunden bei Pastor Hornig hatten das bestätigt. Jesus würde nicht zulassen, erst an zweiter oder dritter Stelle in meinem Leben zu stehen.

Joachim wusste, dass ich an Jesus glaubte, doch solange ich nicht über ihn sprach, war es ihm egal. Er war davon überzeugt, dass es sich um eine vorübergehende Fantasterei handelte, und dass der Krieg mich davon überzeugen würde, dass der Messias noch nicht erschienen war.

„Wenn Jesus der Messias sein sollte", sagte Joachim eines Nachmittags im Sommer, „wo ist dann der Frieden, den er bringt? Die ganze Welt befindet sich im Krieg. Dein Jesus war bloß ein Hochstapler. Und überhaupt ist es lächerlich zu behaupten, Gott habe einen Sohn." Mit zitternder, wütender Stimme versuchte Joachim das Thema zu wechseln.

Jede Woche stellte ich Pastor Hornig Hunderte Fragen, denn sooft es mir die chaotischen Verhältnisse auf den Straßen Breslaus ermöglichten, besuchte ich den Konfirmandenunterricht bei ihm zu Hause. Anschließend blieb ich meist sogar noch etwas länger bei ihm, um Antworten auf einige von Joachims Fragen zu finden.

„Der Frieden, den der Messias bringt", erklärte Pastor Hornig, „ist der Frieden im Herzen. Die Bibel verspricht, dass Jesus eines Tages sein Königreich auf der Erde errichten wird, und dann wird es auch äußeren Frieden geben; der Löwe wird dann neben dem Lamm liegen. Und Jesus wird auf dem Thron Davids in Jerusalem sitzen und ganz Israel wird ihn als Retter und Messias anerkennen. Was für ein herrlicher Tag wird das!"

„Es fällt mir schwer, meinen Glauben verborgen zu halten", sagte ich.

„Viele Christen begehen den Fehler, ihren jüdischen Freunden zu viel von Jesus zu erzählen", antwortete er darauf. „Manchmal gewinnen wir sie vor allem dadurch, dass wie sie lieben und für sie beten. Wir müssen es Gott überlassen, in ihnen das Bedürfnis zu wecken, Jesus kennenzulernen, statt ihnen unseren Glauben aufzudrängen und sie damit zu kränken. Wenn sie sehen, dass unser Leben wirklich anders ist, dann werden sie beginnen, sich Fragen zu stellen. So wird es auch mit Joachim sein. Ich glaube, dass du aus dem Grund in Deutschland bleiben solltest, Anita: Du sollst hier durch dein vorbildhaftes Leben ein Zeugnis für Jesus ablegen. Hella hätte das nicht tun können. Du musst anderen zeigen, dass du Gottes Frieden im Herzen hast, selbst wenn die Welt um uns herum in Scherben zerfällt. Lass es niemals zu, dass dir Satan den Frieden und die Freude raubt. Vergiss nicht, dass du für ihn eine besondere Zielscheibe bist, weil du Gottes Volk Hoffnung geben kannst. Und ich persönlich bin davon überzeugt, dass du und deine Mutter, ihr zwei, viele Juden positiv beeinflussen werdet, bevor der Krieg zu Ende ist. Ehrlich gesagt habe ich jeden Tag weniger Hoffnung, dass ich euch aus Deutschland noch herausbekomme. Gott scheint mir wohl deutlich machen zu wollen, dass ihr beide hierbleiben sollt, um den Glauben an ihn zu bezeugen."

Seine Worte bestätigten genau das, was ich selbst im Innersten fühlte.

„Warum muss das jüdische Volk in solch besonderem Maße leiden?", fragte ich. „Hat es damit zu tun, dass wir Jesus getötet haben?"

„Es war unsere *Sünde*, die Jesus getötet hat, Anita! Und es war Gottes Plan, uns dadurch zu retten, dass Jesus für unsere Sünden stirbt. Die Römer hätten die Kreuzigung verhindern können, aber sie haben es nicht getan. Sie haben einen unschuldigen Mann sterben lassen und sie wussten das."

Joachim und ich verbrachten die letzten Sommertage miteinander. Wir wussten, dass noch finstere Tage vor uns lagen, denn ich würde bald zum Gymnasium und er auf seine jüdische Schule zurückkehren. Unser Mietshaus wurde in der heißen Augustsonne geradezu gebacken und wir beide hielten uns darin meist versteckt, denn Joachims gelber Davidsstern gab ihn überall sofort als Juden zu erkennen. Wir spielten daher oft in den schmutzigen Fluren oder dem übel riechenden Keller unseres Hauses.

„Wir werden immer Freunde bleiben", sagte Joachim eines Tages zu mir, als wir auf den Stufen vor unserem Haus saßen. „Und wenn der Krieg vorbei ist, werde ich dich ins Theater einladen und an andere schöne Plätze führen. Sollten wir je getrennt werden, versprichst du mir, dann zu schreiben?"

„Ich verspreche es", antwortete ich ihm. „Aber wir müssen dafür beten, dass der Krieg vorbei ist, bevor wir getrennt werden. Sieh dir nur unser leeres Getto an", fuhr ich fort und zeigte auf die leeren Straßen. „Fast alle sind verschwunden."

Wie sehr wünschte ich, Joachim würde endlich verstehen, dass wir denselben Gott anbeteten und auf denselben Messias hofften! Wir waren einander im Glauben so nah und doch so weit voneinander entfernt.

Das Leben in dem sommerlich heißen Getto war für mich erträglich, solange ich Mutter und Joachim um mich hatte. Abends, wenn ich meinen Kopf aufs Kissen legte, durchflutete ein unerklärlicher Friede mein Herz. Vielleicht war das so etwas wie ein Gefühl von Geborgenheit, weil ich mich von Mutter, Pastor Hornig, den Gläubigen in der Kirche und Joachim geliebt wusste. Wie auch immer – ich spürte, dass Gott mir mit diesem Frieden ein besonderes Geschenk machte, um das harte Leben unterm Hakenkreuz durchzustehen. Vielleicht war es Gottes leise, sanfte Stimme, die mir zuflüsterte: „Anita Dittmann, ich liebe dich. Ich zeige dir meine Liebe, indem ich dir Menschen in dein Leben schicke, die dich sehr lieben. Auch wenn du eines Tages allein zurückbleiben solltest, werde ich dir meine Liebe auf besondere Weise zeigen, denn ich werde dich nie verlassen."

Mit dieser tiefen Gewissheit schlief ich oft ein und fühlte mich geborgen, obwohl ich ahnte, dass noch dunklere Tage auf Deutschland zukamen – auch auf Mutter und mich.

Das Gymnasium war für mich nur durch den glücklichen Umstand zu ertragen, dass meine neunzehnjährige Lehrerin, Helga Fritsch, insgeheim die Nazis hasste und beschloss, mir nicht das Leben schwer zu machen. Sie nahm sogar das Risiko auf sich, mich im Herbst 1941 zu einem Fest zu sich nach Hause einzuladen. Für mich war das ein erneuter Beweis von Gottes Güte mitten in all den Schwierigkeiten.

Pastor Hornig sorgte weiterhin dafür, dass ich meine teuren Schulbücher und das Schulgeld bezahlen konnte. Ich war mehr denn je davon überzeugt, dass das Geld dafür von ihm stammte.

Mutter kam oft erst nach Einbruch der Dunkelheit nach Hause, nachdem die ihr zugewiesene Arbeit erledigt war. Meistens verdiente sie nur ein paar Pfennig pro Stunde. Mir fiel es nicht leicht, abends allein in eine dunkle, leere Wohnung zu treten, doch vielleicht bereitete Gott mich so auf lange, einsame Tage in der Zukunft vor, dachte ich.

Als der Herbst in einen frühen Winter überging, traten zwei aufsehenerregende Ereignisse ein: der Angriff der Japaner auf den US-amerikanischen Pazifikstützpunkt Pearl Harbor und die Kriegserklärung Hitlers an die Vereinigten Staaten. Als Mutter an dem Abend nach Hause kam, konnte ich an ihrem Gesicht ablesen, wie ernst die Lage war. Wie Mutter geahnt hatte, trat Amerika in den Krieg ein, was das Ende für Deutschland bedeuten würde. Der europäische Krieg hatte sich zum Weltkrieg entwickelt. Und mit jedem Tag, an dem die Kämpfe an der Front für die deutschen Soldaten hitziger wurden, nahm auch die Verfolgung der Juden an Schärfe zu.

„Joachim", rief ich an dem Abend, als wir ihn im Hausflur trafen, „hast du die Nachrichten gehört? Amerika tritt in den Krieg ein."

„Vielleicht werden sie das Ende des Krieges herbeiführen", sagte er optimistisch. „Vielleicht verbirgt sich dahinter ein Segen für uns. Was meinst du?"

Doch zwei Tage später kam die Hoffnung auf einen glücklichen Ausgang zum Erliegen. Die Gestapo betrat bereits am frühen Morgen, noch bevor ich zur Schule aufbrach, unser Haus. Wir konnten hören, wie sie mit ihren Stiefeln die Treppen hinaufstampften. Währenddessen hockten wir Bewohner in unseren Zimmern und warteten voller Angst auf das schicksalhafte Klopfen an irgendeiner Tür. Zogen die schweren Fußschritte an einer Tür vorbei, atmeten die Bewohner dahinter erleichtert aus, trauerten jedoch gleichzeitig um diejenigen, denen das Klopfen galt. Heute klopften die Gestapo-Männer an der Tür der Rosens.

„Aufmachen!", schrie einer der Männer. Ich wagte es nicht, unsere Tür zu öffnen, doch ich legte mein Ohr an die Tür, um alles mitzukriegen.

Die Gestapo-Männer drangen in die Wohnung der Rosens ein. „Sie haben fünf Minuten, um Ihre Sachen zusammenzupacken", ertönte der vertraute herrische Befehl. „Sie kommen alle drei mit uns zur Synagoge. Sie dürfen jeder eine Tasche mitnehmen. Stellen Sie keine Fragen. Tun Sie, was wir sagen, und es wird zu Ihrem Vorteil sein."

„Mutter", flüsterte ich, während sich meine Augen mit Tränen füllten, „Joachim wird mitgenommen."

„Du wusstest, dass das passieren könnte, Anita."

Im Nu spürte ich in mir quälende Verzweiflung. Ich war einfach nicht imstande gewesen, meinen Glauben mit Joachim zu teilen. Und ich schämte mich für meine unendliche Feigheit. Egal, was Pastor Hornig darüber gesagt hatte, dass wir mehr durch unser Leben als durch unsere Worte Jesus bezeugen – es kam mir nun unverzeihlich vor, dass ich nicht alles darangesetzt hatte, Joachim zum erlösenden Glauben an Jesus zu führen.

„Sie werden zur Synagoge gebracht", sagte ich zu Mutter, die sich für die Arbeit fertig machte. „Ich werde Joachim heute Abend besuchen, Mutter. Ich muss mich unbedingt von ihm verabschieden."

Nach den Bränden von 1938 und 1939 war nur eine einzige Synagoge[1] in Breslau übrig geblieben. Vor Kurzem hatte man sie umfunktioniert zu einem Gefängnis für Juden, die auf ihren Weitertransport ins KZ warteten.

Ich konnte Mutters Gedanken von ihrem Gesicht ablesen. Ihr lagen schon die Worte auf der Zunge, ich solle Joachim nicht besuchen, doch als sie sah, wie mir die Tränen übers Gesicht flossen, sagte sie nichts mehr. Vermutlich dachte sie, mein kämpferischer Geist würde mich schon beschützen. Warum also sollte sie versuchen, meinen Wunsch zu unterdrücken?

„Ihre Möbel gehören nun dem Deutschen Reich", hörte ich einen Gestapo-Mann zu den Rosens sagen.

Ich wusste, Joachim wäre gern gekommen, um sich von mir zu verabschieden, doch das war nicht möglich. Die Gestapo hatte keine Zeit für Sentimentalitäten oder eine junge Liebe. Verhaftungen wurden im Eilverfahren durchgeführt, und die Juden wurden in Abfertigungshallen gebracht, wo sie manchmal tagelang darauf warteten, nach Bergen-Belsen, Treblinka, Dachau, Auschwitz, Theresienstadt oder andere Konzentrationslager deportiert zu werden.

Die Rosens packten schweigend ihre Sachen zusammen.

---

1 Die klassizistische Synagoge „Zum weißen Storch" blieb als einziges jüdisches Gotteshaus in Breslau während der Pogromnacht vom 9. November 1938 verschont.

Schließlich hörte ich, wie ihre Tür zufiel und sie alle durch den Flur gingen. Ich rannte ans Fenster, das zur Straße lag, spähte hinaus und beobachtete, wie sie hinten auf die von Schnee bedeckte Pritsche eines Polizeitransporters kletterten. Joachim sah nicht auf zu mir, doch ich wusste, dass er mich mit dem Unterlassen nur beschützen wollte. Meine Augen sahen dem Polizeiwagen hinterher, bis er aus meinem Blickfeld verschwand und nur noch eine Qualmwolke in der kalten Morgenluft hinterließ.

Nach der Schule begab ich mich sofort auf den Weg zur Synagoge. Unterwegs, während meines langen Marschs durch die winterliche Kälte, dachte ich über das Paradoxon am Nationalsozialismus in Deutschland nach: Weihnachten stand vor der Tür und die Deutschen sahen der Geburt von Jesus entgegen – sie beteten allerdings gottlose Nazis an. Und Friede, Freude, Liebe und die Hoffnung, die sonst mit Weihnachten einhergehen, waren auf einmal in Hitlers Deutschland seltsam gedämpft. Dennoch wollten nur wenige den Traum vom Tausendjährigen Reich aufgeben. Überhaupt nur an eine Niederlage Deutschlands zu denken, obwohl der Rauch vom brennenden Berlin etliche Kilometer hoch in den Himmel aufstieg und Tausende von deutschen Soldaten an der russischen Front starben, war für viele fern. Die Situation vor Weihnachten war geradezu grotesk. Denn über die Wellen des Untergrundrundfunks gaben die Russen die Namen ihrer deutschen Kriegsgefangenen geradezu kühl und routiniert bekannt. Und die Verwandten dieser Gefangenen wussten, dass sie ihre Ehemänner, Brüder oder Söhne nie wiedersehen würden; niemand kehrte aus den russischen Lagern in Sibirien zurück.

Ich wickelte mir den Schal ums Gesicht, während der kalte Wind mir entgegenblies. Meine Finger waren beinahe gefroren, doch das war ein geringer Preis dafür, Joachim noch einmal zu sehen. Ich lief fast eine Stunde lang, bis die Synagoge endlich in meinen Blick kam. Ich sah, dass man behelfsmäßig einen Zaun um das Gebäude errichtet hatte und dass eine Reihe von Gestapo- und SS-Männern Wache hielt.

Bitte, lieber Herr Jesus, mach es mir möglich, hineinzugehen und Joachim noch einmal zu sehen, betete ich, während ich auf die Synagoge zuging. *Diesmal werde ich ihm von dir erzählen, vielleicht ist er so verängstigt, dass er mir zuhören wird.*

Ich stand eine Zeit lang vor dem Tor, das zur Synagoge führte. Ausnahmsweise hoffte ich dieses Mal, von der Gestapo bemerkt zu werden, um nicht rufen zu müssen. Die Wachen plauderten und gingen ständig auf und ab. Ich konnte hören, wie sie lachten und über die „jämmerlichen Kreaturen" Witze machten, die eingesperrt in der Synagoge saßen. Schließlich wurde ein Wachmann auf mich aufmerksam.

„Was willst du, Kleine?", rief er, während ich auf dem Tor lehnte.

„Ich möchte meinen Freund, Joachim Rosen, sehen. Ich habe eine wichtige Nachricht für ihn. Es dauert nur eine Minute."

Er schlenderte grinsend auf mich zu. „Da, wohin er geht, spielt es keine Rolle, ob er deine Nachricht bekommt." Und er richtete sein Gewehr aus, als ob er sich an der Front befände.

„Sie können bei mir bleiben, während ich ihm die Botschaft bringe", entgegnete ich höflich.

Der Wachmann sah mich einige lange Sekunden durch die Gitterstäbe des Tores an. Ich trug nach wie vor nicht den Davidsstern, und da ich blonde Haare hatte, so wie eine Arierin, erkannte er offenbar nicht meine jüdische Abstammung.

„Wie lautet die Botschaft? Sag sie mir, dann entscheide ich, ob es wichtig ist oder nicht."

„Ich will ihm nur sagen, dass ich ihn liebe", antwortete ich.

„Warum sollte ein hübsches Mädchen wie du einen Juden lieben?", fragte er verärgert. „Weißt du nicht, dass es ein Verstoß gegen das Reich ist, einen Juden zu lieben?"

Meine Ehrlichkeit hatte mich in Schwierigkeiten gebracht. Deutsche konnten auf der Stelle erschossen werden, wenn sie mit Juden sympathisierten.

„Jetzt beeil dich", befahl er und öffnete das Tor. „Ich gebe dir genau drei Minuten, um deine alberne Botschaft loszuwerden, und danach verschwindest du."

Ich rannte an den Wachen vorbei in die dämmrige Synagoge. Als ich durch die Eingangstür trat, blieb ich beim Anblick der Verzweiflung, der sich mir bot, abrupt stehen. Hunderte Juden saßen auf dem von Stroh bedeckten Boden, während ein Dutzend Kleinkinder und Babys vor Kälte und Unruhe weinten. Selbst bärtige, betagte Männer und müde, alte Frauen saßen auf dem Boden, gleichgültig auf ihr unheilvolles Schicksal wartend. Ein paar Leute unterhielten sich miteinander, um für sich selbst die Situation etwas zu entspannen, doch die meisten starrten einfach nur mit leerem Blick vor sich hin. Wenigstens waren diese Gefangenen als Familien abgeholt worden und würden zusammen deportiert werden, dachte ich.

Dass meine drei Minuten nur so dahinschwanden, bis ich die Rosens schließlich in einer Ecke entdeckte, war mir zutiefst bewusst. Joachim sah mich schließlich am Eingang stehen; wir rannten aufeinander zu und umarmten uns.

„Was machst du hier, Anita?", schalt er mich. „Wie bist du hereingekommen? Weißt du nicht, wie gefährlich das ist?"

„Das ist mir egal. Ich musste dir einfach auf Wiedersehen sagen. Jesus hat mir versichert, dass er dich beschützen wird, Joachim! Wir könnten uns nach dem Krieg hier in Breslau treffen."

„Natürlich, aber jetzt musst du hier raus, Anita! Sie könnten die Tür schließen und dich hier mit einsperren. Das würde ihnen den Gang zu eurer Wohnung ersparen!" Er legte den Arm um mich und küsste mich auf die Wange.

„Ich liebe dich, Anita. Wir werden uns nach dem Krieg wiedersehen. Ich werde dich finden. Jetzt geh."

„Joachim, Jesus liebt dich so sehr. Und ich dich auch."

Er schob mich fort, als der Gestapo-Wachmann auf mich zukam, mich am Arm packte und aus der Synagoge hinausführte. Draußen öffnete er das Tor und schob mich hinaus.

„Hau ab, Kleine! Eigentlich müsste ich dich einsperren. Aber es ist ja bald Weihnachten, also lass ich dich laufen. Geh jetzt nach Hause."

Danke, Jesus, betete ich im Stillen.

Auf dem Heimweg musste ich mich gegen den eisigen Wind stemmen und dachte zurück an die wundervollen Monate, die Joachim und ich miteinander gehabt hatten. Er würde immer einen besonderen Platz in meinem Herzen haben. Und ein seltsames Gefühl des Friedens erfüllte mich seinetwegen; es blieb für immer da, obwohl ich ihn nie wiedersehen sollte.

6.

ZWANGSARBEIT

Im Frühjahr 1942 konzentrierte sich Hitlers Aufmerksamkeit fast ausschließlich auf die russische Front, obwohl sich das Afrikakorps immer mehr ostwärts in Richtung des von den Briten beherrschten Nahen Ostens bewegte. Die Amerikaner schlossen sich der englischen *Royal Airforce* an und bombardierten deutsche Städte. In den folgenden Wochen und Monaten verwandelten sich Köln, Rostock, Lübeck und Berlin in regelrechte Trümmerhaufen. Doch glücklicherweise flogen keine Bomber nach Breslau.

Der Frühling brachte Bitteres wie Süßes mit sich. Unsere Freunde, die Sandbergs, wurden schließlich auch von der Gestapo abgeholt. Wir trauerten mit ihnen, als wir daran dachten, wie sehr sie sich gewünscht hatten, mit ihren Söhnen, die vor dem Krieg nach England geflohen waren, wieder vereint zu sein.

Im Mai wurde ich fünfzehn und mein Konfirmandenunterricht bei Pastor Hornig ging zu Ende. Mutter kratzte ein paar Pfennige zusammen und nähte mir ein wundervolles, weißes Kleid. Und Pastor Hornig stellte mir vor der gesamten Gemeinde von St.

Barbara die entscheidenden Fragen; meine Konfirmation war einer der Höhepunkte meines Lebens. Ich war glücklich, dass ich Pastor Hornig und Mutter eine Freude damit machte, indem ich alle Fragen richtig beantwortete. Mutter sah mich voller Stolz an. Meine Augen huschten zwischen ihr und Pastor Hornig hin und her, als ich ihr Lob in mich aufsog. Es war das schönste Geschenk, das ich ihnen machen konnte.

Während des Gottesdienstes erblickte ich ein unbekanntes Gesicht in der Kirche. Später erfuhr ich, dass es wieder ein Nazispion war. In Breslau war es ein offenes Geheimnis, dass Pastor Hornig Juden half, egal ob sie an Jesus Christus glaubten oder nicht. Häufig folgten ihm deswegen Gestapo-Männer und mischten sich beim Gottesdienst unter die Gemeinde, um etwaige Äußerungen gegen das Regime aufzuzeichnen.

Kurz nach meiner Konfirmation bekam ich erneut wie damals in Berlin einen Brief von der Schule, in dem mir mitgeteilt wurde, dass ich aufgrund meiner jüdischen Abstammung nicht mehr am Unterricht teilnehmen konnte.

In derselben Woche erhielt auch Mutter ein Schreiben. Die Gestapo forderte sie auf, sich in einer Konservenfabrik für schwere Arbeit zu melden. Sie sollte zwanzig Pfennig pro Stunde dafür erhalten, dass sie zehn Stunden lang Zwiebeln schälte, eine Maschine zum Zerkleinern von Kohl bediente und schwere Kisten trug. Anfangs arbeitete sie in der Nachtschicht von 10 Uhr abends bis 8 Uhr morgens. Wenn sie dann nach Hause kam, hatte ich immer eine kleine Mahlzeit für sie zubereitet. Meist hatte sie vom Zwiebelschälen rote, geschwollene Augen und ihr Rücken schmerzte vom Kistenschleppen.

Anfang Juni 1942 starb dann Reinhard Heydrich. Er gehörte zum Trio Eichmann-Himmler-Heydrich, den Drahtziehern der jüdischen Verfolgung und Massenvernichtung. Das Blut von Tausenden, vielleicht Millionen von Juden klebte an seinen Händen.

Zu dieser Zeit galt Adolf Hitler als der unumstrittene Herrscher Europas, von der Wolga bis zum Ärmelkanal. Er hatte selbst das nordafrikanische Ägypten unterworfen und errang bedeutsame Siege in Russland. Doch die deutsche Invasion Russlands sollte bei Stalingrad ein jähes Ende finden.

Mutter und ich dankten Gott jeden Tag für unsere Freiheit. Am weltweiten Standard gemessen galten wir als Verfolgte, Bemitleidenswerte und Benachteiligte. Doch bezogen auf die Situation in Deutschland waren wir wundervoll frei und reich. Eine Stadt nach der anderen brüstete sich damit, judenfrei zu sein, doch Mutter und ich waren am Leben und hatten einander, die Kirche, und vor allem wussten wir um die Liebe und den Schutz Jesu. Gleichzeitig war uns zutiefst bewusst, dass all diese Privilegien von einem Augenblick zum anderen zu Ende sein könnten, doch wir genossen sie, solange es möglich war.

Die Sommertage waren für mich lang und einsam, denn Mutter schlief tagsüber und musste abends zur Arbeit. Es war ein Risiko, sich draußen auf der Straße zu zeigen, und die jungen Leute von der Kirche wagten es nicht, in das jüdische Getto zu kommen und als Juden-Sympathisanten identifiziert zu werden. Meine jüdischen Freunde und Spielkameraden waren alle verschwunden. Eine gespenstische Stimmung war in den Straßen Breslaus zu spüren. Vielleicht war es in ganz Deutschland so. Es war, als ob Dämonen aus der Hölle in der Luft über Deutschland tanzten. Manchmal dachte ich, Gott wäre so traurig über den Hass der Menschen, dass er Deutschland für eine Weile verlassen hatte. Vielleicht sah er in der Art auf die Erde und dieses Land hinab, wie er es einst bei der Kreuzigung seines Sohnes getan hatte – er ließ dem Bösen seinen Lauf.

Es war paradox: Als ich die Isolation und Einsamkeit am stärksten spürte, zeigte Gott seine Macht und seine Kontrolle über die Umstände am deutlichsten. Seine Fürsorge und sein Schutz für diejenigen, die ihm vertrauten, könnten Hunderte Bücher füllen. Und das, was er für mich und meine Mutter tat, war nur ein kleines Sandkorn am weitläufigen Ufer seiner Sicherheit und Liebe.

Ich war fast froh, als die Gestapo mich im Herbst 1942 aufforderte, mich ebenfalls in der Konservenfabrik zur Zwangsarbeit zu melden. Mutter und ich würden nun beide tagsüber arbeiten. Wir dankten Gott dafür, dass wir wieder Zeit miteinander verbringen konnten. Wir arbeiteten sechs Tage pro Woche jeweils zehn Stunden lang, und zwar nach wie vor für einen Hungerlohn. Unser Tag begann kurz vor halb sechs am Morgen mit einer langen Straßenbahnfahrt durch das menschenleere Breslau. Anschließend mussten wir ungefähr zehn Wohnblöcke zu Fuß zurücklegen bis zur Fabrik, wo unser Arbeitstag um sieben Uhr begann.

Die Arbeit war mühsam und monoton. Den ganzen Tag lang schälten und zerkleinerten wir Zwiebeln und Möhren. Unsere Augen brannten ständig und der Schwefel in den Zwiebeln färbte unsere Haut schwarz. Der Zwiebelgeruch war so stark, dass unser Aufseher sich stets zu uns auf Abstand hielt, sodass wir meist allein waren. Wir beteten und unterhielten uns, wir träumten von besseren Tagen, und ab und zu aßen wir eine Zwiebel, wenn der Hunger uns zu sehr quälte.

Da ich jung und stark war, wies man mich häufig an, in anderen Bereichen der Fabrik schwere Arbeit zu verrichten. So musste ich über vierzig Kilo schwere Apfelkisten tragen, was mir allerdings die Möglichkeit gab, einen oder zwei Äpfel für das Mittagessen zu stibitzen. Die roten, saftigen Äpfel waren für viele hungrige Deutsche mehr wert als Gold.

Die meisten der Arbeiterinnen in der Fabrik waren Jüdinnen. Die letzten, die es in Breslau noch gab. Einige davon waren wie wir gläubige Christinnen, darum hatten sie noch ihre „Freiheit". Etliche waren durch Pastor Hornig zum Glauben gekommen. Doch die meisten Arbeiterinnen waren Jüdinnen, die einfach darauf warteten, irgendwann abgeholt zu werden. Fast jeden Tag erschien eine weitere jüdische Arbeiterin nicht in der Fabrik, und wir ahnten, nein wir wussten, was mit ihr geschehen war.

Einige Frauen hörten höflich zu, wenn Mutter und ich von Jesus, dem jüdischen Messias, erzählten. Doch die meisten hatten ihr letztes Quäntchen Glaube verloren; sie hatten so viel Hass und Elend gesehen, dass sie einfach nicht mehr an einen Gott glauben konnten.

„Entweder ist Gott kein Gott der Liebe oder aber er existiert nicht", sagte eine jüdische Frau. „Es ist doch so offensichtlich, dass kein liebender Gott zulassen würde, was hier geschieht. Er ist bloß eine Zuflucht für die Neurotiker, die Ängstlichen, die Einsamen."

Noch heute hindert der Holocaust viele Juden daran, an Gott zu glauben. Satan benutzt den Holocaust als den größten Stolperstein für zahlreiche Juden, die nicht akzeptieren können, dass ein liebender, allmächtiger Gott etwas so Schreckliches geschehen ließ. Es stimmt, dass Millionen umkamen, aber Gott erlaubte auch Millionen zu überleben.

Als der Winter einsetzte, mussten wir uns irgendwie gegen die bittere Kälte schützen. Der Bereich in der Fabrik, in dem wir arbeiteten, war kaum beheizt, und während der morgendlichen Straßenbahnfahrt mussten wir oft auf dem Oberdeck sitzen, weil die Bahn so überfüllt war. Wir waren regelrecht durchgefroren, noch bevor der lange Arbeitstag begann. Ich stopfte regelmäßig Zeitungspapier in meine Schuhe, um meine Füße ein wenig mehr vor der Kälte zu schützen. Allerding wurde mein Körper selten vor dem nächsten Morgen warm und dann musste ich wieder hinaus und alles ging von vorn los.

Einen Teil der Abende verbrachten wir damit, in einer Schlange anzustehen, um unsere armseligen Lebensmittelrationen zu bekommen. Die Schlangen waren oft lang und die Leute ungeduldig und aggressiv. Es spielte keine Rolle, ob man Jude, Christ, Nazi oder Atheist war – jeder musste in der Schlange warten und jeder litt unter Mangelernährung. Doch niemand wagte es zu klagen, obwohl mittlerweile nun manche insgeheim den Führer hinterfragten. Denn als die Bevölkerung immer häufiger mit Nachrichten konfrontiert wurde, dass Angehörige in brennenden Städten oder an der Front umgekommen waren, geriet die Loyalität zur Führungsriege des Deutschen Reichs ins Schwanken.

In diesem Winter mussten wir nun auch sonntags arbeiten, sodass wir unseren kostbaren Gottesdienstbesuch verpassten. Das Leben bestand für uns nun nur noch aus Schlaf und Arbeit, aus Monotonie und Angst, mit Ausnahme der wundervollen Momente, wenn wir gemeinsam beteten oder einen zweifelnden Gläubigen ermutigten. Da Mutter und ich während der Arbeit nebeneinanderstanden, beteten wir für Hella, die Sandbergs, die Rosens, Tante Friede, Tante Elsbeth und Tante Käthe – sogar für Vater. Wir beteten auch für Mutters übrige Verwandte, von deren Verbleib wir nichts wussten. Für uns selbst beteten wir, Gott möge uns weiterhin gnädig sein, denn noch immer hatten wir das gefürchtete Klopfen der Gestapo an der Wohnungstür nicht erlebt.

Und wir dankten Gott! Denn obwohl die Flugzeuge der Alliierten den Himmel über Deutschland wie Heuschrecken verdunkelten, hatten sie Breslau bisher nicht bombardiert. Wir dankten Gott auch für die zunehmenden Siege der Alliierten und ihre plötzliche Machtdemonstration in Afrika, Russland und Europa.

Irgendwann im Dezember wurde ich dann in das Büro der Fabrik beordert, um Ablagearbeiten zu erledigen, die Telefonzentrale zu bedienen und bei anderen Bürotätigkeiten auszuhelfen. Ich hasste es, von Mutter getrennt zu sein, doch das Büro war wenigstens beheizt, und ich konnte dort im Sitzen arbeiten. Unser Chef schien mich zu mögen, doch ich misstraute seinen Motiven. Da die meisten Büroangestellten nämlich Deutsche waren, fragte ich mich, wie ich mit ihnen auskommen sollte. Vielleicht wäre es besser, dachte ich, das Elend mit Gleichgesinnten zu teilen.

Am ersten Tag in meinem neuen Job erkannte ich, dass man mich wohl auffordern würde, das Mittagessen mit meinen deutschen Kollegen einzunehmen statt mit meinen jüdischen Freunden. Doch als die Pfeife zum Mittagessen erklang, ging ich einfach mutig am deutschen Pausenraum vorbei und auf den jüdischen zu. Mein Chef wunderte sich über meine Sturheit und rief mir nach: „Anita! Wohin gehst du?"

„Ich will mit meiner Mutter und meinen Freunden essen", sagte ich ihm, während ich mich kurz umdrehte.

„Ich verbiete es dir!", sagte er. „Du gehörst zu uns hier."

„Diese Juden sind meine Verwandten", sagte ich. „Wenn ich nicht mit ihnen essen kann, dann möchte ich Sie bitten, mich wieder in die Fabrik zurückzuschicken. Ich möchte nicht in Ihrem komfortablen Büro arbeiten, wenn ich dafür meine Leute verlassen muss."

Mein Chef schlug mit der Faust auf den Tisch, und alle hielten den Atem an. „Ich werde der Gestapo von dir berichten", sagte er.

„Bitte, tun Sie das, Herr Görlitz", antwortete ich ruhig. „Kann ich mich dann wieder zur Fabrikarbeit melden?"

Als er sah, dass ich mich nicht fügen würde, entspannte sich sein Gesicht.

„Ich brauche dich im Büro, Anita. Bitte denk noch mal nach und halte dich von den Juden fern."

„Nein, Herr Görlitz. Niemals. Das sind meine Leute."

Ich drehte mich um und ging auf den jüdischen Pausenraum zu. Herr Görlitz ließ mich in Ruhe, auch in den folgenden Wochen, obwohl ich weiterhin im Büro arbeitete. Er schwärzte mich auch nicht bei der Gestapo an. Tatsächlich behandelte er mich mit Respekt und Bewunderung, weil ich bereit war, den Komfort seines Büros aufzugeben, um schwere Arbeit mit den Juden zu verrichten.

„Anita!", schimpfte Mutter, als ich ihr von dem Vorfall erzählte. „Du darfst den Nazis keine Widerworte geben. Unsere Tage sind gezählt. Wir brauchen unsere Verhaftung nicht noch zu beschleunigen."

„Bevor ich dich und die anderen verleugne, verhalte ich mich lieber so", erwiderte ich. „So wie Herr Görlitz mich ansieht, bin ich mir sicher, dass er mehr als eine Bürokraft aus mir machen will. Aber ich würde lieber sterben, als ihn auch nur einen Moment glauben zu lassen, dass ich an ihm oder seiner Nazipartei interessiert bin."

„Sei vorsichtig und provoziere ihn nicht", bat Mutter mich. „Sei höflich zu ihm und versuche Zeit zu gewinnen."

Doch Herr Görlitz unterließ es, mir weitere Schwierigkeiten zu bereiten, wenn ich mittags am deutschen Pausenraum vorbeiging.

Ein altes deutsches Sprichwort sagt: „Der Feigling wird von Freund und Feind verachtet, doch der Mutige wird selbst von seinen Feinden bewundert." Das hat sich wohl in meinem Fall bewahrheitet.

≈≈≈

Im Februar 1943 musste das Deutsche Reich bei Stalingrad eine furchtbare Niederlage einstecken; die Russen nahmen 230 000 deutsche Soldaten gefangen. Drei Tage lang wurde über das Radio feierliche Musik gesendet, mit der die Deutschen den Verlust betrauerten. Nun widerfuhr Deutschland der Schmerz, den es anderen zugefügt hatte.

Auch in Nordafrika geschahen nun Niederlagen und der Luftkrieg gegen Nazideutschland wurde noch erbarmungsloser fortgesetzt. Dicke Rauchschwaden hingen über dem Land, als Hamburg und viele andere Großstädte Tag und Nacht bombardiert wurden. Und ein gezielter Angriff der Alliierten auf die deutsche U-Boot-Flotte sorgte für die deutsche Niederlage der Seeschlacht im Atlantik.

Letzten Endes forderten die Alliierten die bedingungslose Kapitulation des Deutschen Reiches, doch das war für Hitler undenkbar. Stattdessen erklärte er, wer ans Aufgeben denke, werde mit dem Tode bestraft. Und realitätsferne Propaganda, die versprach, vor Deutschland lägen glorreiche Tage, ertönte weiter über den Rundfunk.

Hitler kündigte sogar die Niederlage Russlands an und bezeichnete die Russen als „Untermenschen". Er bläute den deutschen Soldaten ein, russisches Leben sei wertlos, und alle erdenkbaren Anstrengungen müssten unternommen werden, um Russland zu besiegen, ohne Leben zu schonen. Das schloss auch den Tod unschuldiger Frauen und Kinder ein.

Wie lange würden die Deutschen noch der Illusion eines glorreichen Vaterlandes Glauben schenken? Wie lange würden sie noch ihrem wahnsinnigen Volksverführer folgen und ihm ihre Söhne, Väter und Ehemänner opfern, von denen viele nie aus den sibirischen Kriegsgefangenenlagern zurückkehren sollten? Wie lange würden sie ihrem Führer noch blind gehorchen, der ganz offensichtlich keinerlei Erbarmen mit menschlichem Leben kannte? Wann würden die Gebete von Christen weltweit dazu führen, dass der deutsche Demagoge gestürzt wurde und Satans Versuche, die ganze Welt in Kummer und Leid versinken zu lassen, beendet wurden? Wie lange noch, Gott? Wir wussten, dass ein einziger Hauch von Gottes Urteil die Verzweiflung beenden könnte, und wir waren davon überzeugt, dass Christen in der ganzen Welt Schwielen an den Knien hatten, weil sie so sehr dafür beteten, dass Gott diesen Albtraum endlich beenden möge.

Doch die Deutschen fuhren damit fort, ihre Städte von den Bombentrümmern freizuschaufeln, ihren Gürtel enger zu schnallen und Lieder vom Deutschen Reich zu singen, selbst als die Namen von 90 000 deutschen Kriegsgefangenen über den Untergrundrundfunk von Russland bekannt gegeben wurden.

Mutter und ich wurden im Winter in die Weinabfüllungsfabrik Oberhammer versetzt, wo wir wieder Seite an Seite mit einer Handvoll in Breslau verbliebener Juden schwere Zwangsarbeit verrichteten. In dieser Fabrik arbeiteten mehr christusgläubige Juden als in der vorigen, und so erlebten wir durchaus einige Tage froher Gemeinschaft, sofern unser Aufseher nicht da war.

Von sieben Uhr morgens bis fünf Uhr nachmittags spülten wir leere Weinflaschen, die wir anschließend auf riesige Traggestelle luden, die doppelt so groß waren wie ein Sarg. Dann schleppten zwei Frauen das Traggestell mehrere Meter bis zu einem Aufzug, mit dem die Flaschen zum nächsten Vorgang befördert und schließlich erneut mit Wein befüllt wurden. Da wir hier nicht wie in der anderen Fabrik wegen des Zwiebelgeruchs allein waren, mussten wir sehr vorsichtig sein, wenn wir uns unterhielten, denn unser Aufseher war nicht weit entfernt von uns. Jedes Mal, wenn er aber aus unserem Blickfeld verschwand, unterhielten wir uns so angeregt, als seien dies unsere letzten Worte.

„Es ist ein Wunder", flüsterte ich Mutter zu, „dass Gott uns mit so wenig Nahrung unsere Kraft erhält."

Ich sah Mutter einen Moment lang an. Sie war durch die harte Arbeit dünn geworden und vorzeitig gealtert. Doch ihr Geist war nicht beeinträchtigt davon. Im Gegenteil. Für viele andere Arbeiterinnen in der Fabrik war sie sogar eine moralische Stütze, denn sie zeigte nie Bitterkeit gegenüber den Nazis. Und ich bewunderte, wie Gott alle Bitterkeit und Wut von ihr fortgenommen hatte.

„Gott wird die Alliierten benutzen, um uns bald zu befreien, Anita", sagte Mutter. „Wir müssen dafür beten, dass dies geschieht, bevor die *Endlösung* geschieht." Damit meinte sie Hitlers Befehl, eine endgültige Lösung für die Judenfrage zu finden.

Ich sehnte mich danach, meine schulische Laufbahn zu beenden. Ich träumte davon, Chemie zu studieren oder mit kleinen Kindern zu arbeiten, doch meine Träume würden sich nie erfüllen, wenn ich keinen Schulabschluss hatte. Deutschland behandelte Ungebildete nicht besonders freundlich, und obwohl Mutter und ich noch immer hofften, nach England auszureisen und Hella wiederzutreffen, war mir klar, dass mich auch dieses Land nicht als ungelernte Arbeitskraft wohlwollend aufnehmen würde. Die Vorstellung, für den Rest meines Lebens Fabrikarbeit zu leisten wie die, die ich gerade verrichten musste, schien fast ein schlimmeres Schicksal zu sein, als für immer unter den Nazis zu leben. In meinem Innern spürte ich so viel Kreativität, die irgendwie einen Ausdruck in Form eines Berufs brauchte. Ich sehnte mich einfach danach, einen Beitrag für die Menschheit und das Christentum zu leisten, auch wenn er noch so klein war. Doch beides schien unter dem Hakenkreuz unmöglich zu sein. Es war ein Grund mehr, Gott zu bitten, Deutschland zu richten und die Gefangenen zu befreien.

Als der Winter in den Frühling 1943 überging, hörten wir, dass die Alliierten in Afrika gesiegt hatten. Mutter und ich schöpften Hoffnung. Doch das Muster wiederholte sich: Als das Reich litt, wurde unser Aufseher noch strenger und unbeugsamer und erlaubte während unseres langen Arbeitstages fast keine Unterhaltung mehr. Nur die hungrigen Ratten, die im Gebälk über unseren Köpfen hin und her huschten, unterbrachen die Monotonie.

Mutter und ich entwickelten eine Art sechsten Sinn, um miteinander zu kommunizieren. Wir arbeiteten nun jeden Tag zusammen und verständigten uns mit Mimik und Körpersprache. Wir spürten, dass sich das Kriegsglück gegen Deutschland wendete, denn die Spannung in der Fabrik war fast mit den Händen zu greifen. Erste Gerüchte gingen um, dass einige der Konzentrationslager im kommenden Jahr befreit werden würden. In den KZs befanden sich mittlerweile Millionen von Juden aus Deutschland, Frankreich, Belgien, Holland, Österreich, Polen, der Tschechoslowakei, aus Ungarn und vom Balkan.

Doch an einem milden Frühlingstag wurden all diese Hoffnungen zerschmettert, als wir von der Zerstörung des Warschauer Gettos erfuhren. 500 000 Juden hielten die Nazis in diesem Getto zusammengepfercht, um sie dort elend verhungern zu lassen.

Letzten Endes drangen die wachhabenden deutschen Soldaten in das Getto ein, um die dort verbliebenen Juden entweder direkt zu töten oder in Todeslager zu schicken. Die ausgemergelten, jedoch sehr entschlossenen Juden wehrten sich heftig und schlugen zurück. Daraufhin schickte Hitler 3000 weitere Soldaten, um das Getto mit Panzern, Artillerie und Flammenwerfern wieder einzunehmen. Am Ende lebten nur noch 500 Juden, die von der Zerstörung des Gettos und Vernichtung seiner Bewohner berichten konnten.

Wir vermochten danach kaum miteinander zu sprechen, ohne gegen Tränen der Trauer und Wut zu kämpfen; selbst das reinste Herz spürte Bitterkeit gegen die Nazis. Unser Glaube war erschüttert und unsere Hoffnung verdunkelt worden. Die Atheisten unter uns fluchten, während die nichtgläubigen Juden sich in sich selbst zurückzogen. Die religiösen Juden beteten noch mehr und fragten nach dem Warum. Wir Christen trösteten einander und erkannten, dass wir einige Antworten erst im Himmel bekommen würden.

„Es ist nicht genug, für das Kriegsende zu beten, Anita", sagte Mutter eines Abends. „Wir müssen Gott bitten, uns auch zu bewahren, wenn der Krieg zu Ende geht. Gott wird unser Land richten; auch Unschuldige werden leiden. Bete zu Gott, er möge uns mit seiner wundervollen Liebe und seinem Schutz umgeben, wenn die Alliierten in unserer Nähe zuschlagen."

Gerade in dieser Zeit vermissten wir die geistliche Fürsorge, die wir durch die Kirche und die glückliche Gemeinschaft mit den Gläubigen erfuhren. St. Barbara war für uns wie ein Hafen der Ruhe gewesen.

„Geistlich so allein zu sein, tut mir mehr weh als alle körperlichen Entbehrungen", sagte Mutter an einem Samstagabend zu mir. „Mein Körper hat sich an das wenige Essen gewöhnt, aber ich kann mich einfach nicht an den geistlichen Hunger gewöhnen."

Als ich von Mutters Sehnsucht nach Gemeinschaft und Erbaulichem hörte, wurde mir bewusst, dass sie wohl nicht so rasch Fortschritte in ihrem Glauben an Jesus gemacht hätte, wenn nicht der Krieg mit all seinen Absurditäten gewesen wäre. Gott tröstet die Leidgeprüften, aber umgekehrt prüft er auch die, denen es gut geht. Mutter war Jahre zuvor mit ihrer offenen Religion, in der sie alles glauben durfte, was sie wollte, meist recht bequem unterwegs gewesen. Doch nun prüfte Gott täglich unseren Glauben und unser Vertrauen. Unser Weg mit ihm war das reinste Abenteuer. Manchmal agierte er so rasch, dass wir uns wünschten, das Abenteuer würde sich etwas verlangsamen. Gott hatte uns zwar fast alles verlieren lassen, doch wir hatten das Gefühl, reich wie Könige zu sein. Und das stimmte. Wir besaßen den Reichtum des Königs der Könige. Und eines Tages, das wussten wir, würden wir seinen ganzen herrlichen Reichtum genießen können.

„Ich bin ganz sicher, dass alles, was wir in dieser Welt erleiden, nichts ist verglichen mit der Herrlichkeit, die Gott uns einmal schenken wird." Römer 8,18

7.

GELBSUCHT

Im Frühsommer 1943 litt ich unter gesundheitlichen Problemen: Ich bekam häufig Fieber und mich plagten Übelkeit sowie extreme Müdigkeit. Zum wiederholten Male war ich gefährlich dünn geworden, und nach zehn Stunden Arbeit und zwei Stunden Anstehen in der Schlange für Lebensmittel hatte ich abends kaum noch genug Kraft, um nach Hause zu gehen. Mutter war verzweifelt. Wir wussten, dass die Naziärzte kränkelnde Personen – die nicht länger nützlich für das Deutsche Reich waren – in Todeslager schickten. Doch ich spürte, dass ich einfach langsam sterben würde, wenn ich keine medizinische Hilfe und Beurlaubung von der Fabrikarbeit bekäme. Wir fühlten uns in der Zwickmühle und beteten tagelang um Weisheit. Als mein Aufseher bemerkte, dass ich langsamer arbeitete, fing er an, mit mir zu schimpfen. Ich hatte furchtbare Angst davor, für meine schlechte Leistung schwer bestraft zu werden. Und obwohl Mutter und ich inständig gebetet hatten, verschlechterte sich mein Zustand nach einer Woche weiter. Ich wurde gelb und schlief drei Nächte lang so gut wie gar nicht. In einer dieser Nächte hatte ich wiederkehrend einen Traum, den Gott mir zu schicken schien. In dem Traum sah ich einen grauen, düsteren Tag mit wolkenverhangenem Himmel. Mutter und ich packten einen Koffer. In der nächsten Szene standen wir am Ufer eines großen Gewässers und in der nebelverhangenen Ferne konnte ich ein riesiges Schiff voller Menschen ausmachen. Sie winkten zum Abschied. Als ich mich zu Mutter umdrehte, um sie danach zu fragen, war sie verschwunden. Ich sah wieder auf das Schiff und nun befand sich Mutter an Bord! Ich rief ihren Namen, doch es war zu spät; das Schiff hatte bereits den Anker gelichtet. Als das Schiff auf die offene See hinausfuhr, winkte Mutter mir zum Abschied.

Alle Menschen auf diesem Schiff waren Juden, und mir war klar, dass sie auf eines von Hitlers Lagern zusteuerten. Ich wusste auch, dass das Schiff eines Tages zurückkommen würde, um mich zu holen. Und obwohl ich mich danach sehnte, dass Mutter zurückkehrte und mit mir am Ufer stand, war ich davon überzeugt, dass sie in Sicherheit wäre, wenn sie ihren Zielort erreicht hätte. Gleichzeitig hatte ich die innere Gewissheit, dass auch ich in Sicherheit sein würde, auch wenn das Schiff sinken sollte. Ich spürte einen Frieden, der jeglichen Verstand überstieg.

Wir hörten davon, dass Judenchristen in Breslau noch immer einen gewissen Schutz genossen, und so bestand Mutter darauf, dass ich den Fabrikarzt aufsuchte. Meine Bauchschmerzen, die Übelkeit und die gelbliche Verfärbung meiner Haut beunruhigten sogar den Naziarzt, auch wenn er darauf achtete, kein Mitleid zu zeigen.

„Du kannst also deine Arbeit hier nicht erfüllen, wie?", bellte er mich an und sah mir durch seine dicken Brillengläser direkt in die Augen. Ich saß zusammengesackt auf einem Stuhl in seinem Büro und bemühte mich, meine schlimmen Bauchschmerzen zu kontrollieren.

„Es ist nicht die Arbeit, Herr Doktor. Ich arbeite sehr gut, wenn ich gesund bin."

„Man hat mir gesagt, dass du eine gute Arbeiterin bist", sagte er. „Wir brauchen Leute, die hart arbeiten, um das Reich wiederaufzubauen und zu seiner glorreichen Zukunft zu verhelfen."

Ich begriff nicht, warum er mir so etwas Merkwürdiges sagte. Welche entscheidende Rolle sollte ich wohl für die Zukunft Deutschlands spielen? Arbeitskräfte gab es vermutlich wie Sand am Meer. Und da meine Ausbildung beendet worden war, könnte ich auch keine anspruchsvollere Arbeit verrichten.

„Es sieht ganz danach aus, als hättest du Gelbsucht", fuhr er fort. „Ich werde dich für ein paar Wochen von der Arbeit befreien, aber wenn du zurückkehrst, möchte ich hören, dass du doppelt so hart arbeitest. Geh nach Hause. Ich werde deinen Aufseher informieren."

Gott hatte eingegriffen, denn der Arzt hätte mir genauso gut eine Bescheinigung für die Gaskammer ausstellen können.

„Heil Hitler!", brüllte er mich an, als ich mich anschickte, sein Zimmer zu verlassen. Ich murmelte ein paar unverständliche Worte daher, denn ich wollte mir ja selbst treu bleiben, niemals das schreckliche „Heil Hitler!" über die Lippen zu bringen.

Was war Gottes letztlicher Plan für mein Leben? Diese Frage ging mir ständig durch den Kopf, während ich die nächsten Wochen zu Hause gegen die Krankheit kämpfte. Ich wusste, dass in Gottes Augen Sterben ein Gewinn war, doch ich war davon überzeugt, dass ich ihm lebend wirkungsvoller dienen konnte. Ich wollte mit meinem Leben ein Zeugnis seiner Gnade sein und andere

Menschen durch mein Leben, nicht durch meinen Tod, ermutigen.

In mir keimte neue Hoffnung. Eine Hoffnung, die beinahe so unerklärlich war wie der Friede, den ich oft spürte. Teilweise hing sie damit zusammen, dass die Deutschen in Afrika und an der russischen Front geschlagen worden waren. Und sie mehrte sich, als Italien zu überlegen begann, gegenüber den Alliierten zu kapitulieren.

Vier herrliche Wochen blieb ich zu Hause, um die Gelbsucht zu besiegen. Gott wusste, dass ich Kraft sammeln musste, um die Prüfung zu bestehen, die vor mir lag. Der Sommer 1943 war sozusagen die Ruhe vor dem Sturm.

Im Frühling war ich sechzehn geworden, und ich hatte das Gefühl, dass Mutter versuchte, irgendwie einen Keil zwischen uns zu treiben. Es war nicht so, dass sie mir weniger Liebe entgegenbrachte; vielmehr versuchte sie, mir beizubringen, auch allein mit den Dingen fertigzuwerden, wenn es sein musste. In Breslau fühlten wir uns als jüdische Christinnen wie in dem Auge eines Hurrikans – immer wartend auf den unvermeidlichen Sturm. Unser Leben wechselte sich ab zwischen harter Arbeit und Langeweile. Wie genossen nach wie vor unseren Status relativer Freiheit, wussten aber, dass der Sturm uns all das nehmen konnte.

Die einzige Frage, die sich noch stellte, lautete: Würde Deutschland durch den Krieg vollkommen zerstört werden? Tag für Tag verlor Deutschland an Boden, und Hinrichtungen wurden noch ein wenig länger aufgeschoben. Wir beteten inständig, dass die Alliierten auch in der Lage waren, einige der Todeslager zu befreien.

Mein Herz sehnte sich derweil nach Gemeinschaft mit anderen Christen, doch weder die Zeit noch die Umstände erlaubten es Mutter und mir, mit anderen Gläubigen zusammen zu sein.

Gott allein musste unser Freund und Begleiter, Berater und Tröster sein.

Als ich krank zu Hause war, genoss ich jede milde Sommerbrise, die durch unsere winzige Wohnung blies. Mutter und ich hatten die Mühsal des Winters hinter uns gelassen und freuten uns über das neue, erblühende Leben um uns herum. Wir versuchten, die wenigen Freuden zu genießen, die uns noch geblieben waren: unsere freien Abende, unsere bescheidenen Lebensmittelrationen, unser Zusammensein. Gleichzeitig verfolgte ich gespannt das Geräusch der Flugzeuge, die über Breslau flogen. Meine Erinnerung an die Bombenangriffe auf Berlin war noch frisch. Jedes Mal, wenn ich nur das Dröhnen eines LKW-Motors hörte, musste ich sofort an die Bomber denken, die über dem dunklen, von Panik gezeichneten Berlin flogen. Von den Luftangriffen blieben nur wenige bedeutende deutsche Städte verschont.

Während meiner Krankheit besuchte Pastor Hornig mich mehrmals, und als ich mich auf sein Kommen freute, wurde plötzlich jegliche Furcht und Traurigkeit von mir genommen. Als ich ihn sah, wurde mir bewusst, dass auch er in den Jahren der Naziherrschaft vorzeitig gealtert war, aber er hatte weder seine Zuneigung zu Mutter und mir noch sein Engagement für die Sache Jesu, für die er so sehr kämpfte und sein Leben riskierte, verloren. Stattdessen war sein Glaube noch fester geworden, und er war noch entschlossener geworden, den in Breslau übrig gebliebenen Juden zu helfen.

Obwohl er ganz offensichtlich die Auswirkungen der Gelbsucht und der Mangelernährung an mir sehen konnte, blieb er stehen, schaute mich für einige Sekunden lang an und sagte dann: „Anita, du bist im letzten Jahr eine junge Frau geworden! Du bist kein Kind mehr!"

Ich war mir nicht sicher, ob ich je eine Kindheit gehabt hatte, denn sie ja war von den chaotischen Zuständen der letzten zehn Jahre überschattet worden. Doch ich war mir sicher, wie sehr ich diesen wundervollen Mann Gottes liebte.

Ich schlang meine Arme um ihn; er war der einzige Mann, der mir je geholfen hatte, die Liebe des himmlischen Vaters zu verstehen.

Pastor Hornig riskierte jedes Mal, wenn er sich für die Juden einsetzte, sein Leben, selbst wenn er zu Besuch in unser Getto kam.

„Wie könnte ich mich gegen dieses Volk wenden, das meine kostbare Bibel geschrieben hat und aus dem mein Erlöser hervorkam?", sagte er, als er mich besuchte. „Die Juden sind Gottes Augapfel. Deutschland hat Gottes Volk Schaden zugefügt und deshalb wird es nie mehr so sein wie zuvor. Das Land wird nie mehr blühen."

„Glauben Sie, dass bald alles vorbei sein wird?", fragte ich, als ob Pastor Hornig hellsehen könnte.

„Es ist bereits vorbei, Anita, aber noch nicht offiziell. Deutschland ist am Ende, doch Hitler wird nicht aufgeben. Er wird ausharren, bis die Russen auf den Stufen des Reichstags in Berlin stehen und die rote Flagge hissen. Das könnte in ein oder zwei Jahren so weit sein. Fest steht, Hitler ist viel zu getrieben und verrückt, um zu kapitulieren."

„Sie sollten vorsichtiger sein", schimpfte ich mit ihm. „Ihren Widerstand sollten Sie nicht so unverhohlen zum Ausdruck bringen."

Pastor Hornig lächelte und lehnte sich im Schaukelstuhl zurück. „Meine Frau und ich werden beschützt. Gott hält seine Hand über uns. Wir helfen den Juden und weigern uns, das Bild des Führers am Altar aufzustellen, obwohl ich überwacht werde und die Gestapo in jedem Gottesdienst sitzt. Aber ich möchte ehrlich zu dir sein, Anita. Du darfst dich nicht in falscher Sicherheit wiegen, weil ihr beide an Jesus glaubt. Du und deine Mutter, ihr seid in Gefahr. Vergiss nie, dass Jesus dir einen Frieden schenken kann, der allen Verstand übersteigt, egal in welchen Umständen du dich befindest. Der Apostel Paulus schrieb darüber. Obwohl er geschlagen wurde, ins Gefängnis kam und Schiffbruch erlitt, war er stets von Freude und Frieden erfüllt. Er forderte uns auf, uns allezeit in dem Herrn zu freuen. Versprichst du mir, das nie zu vergessen?"

„Ich verspreche es."

Sein Besuch war genau das, was ich brauchte, viel wirkungsvoller als die beste Medizin. Vielleicht war er sogar besser als Freiheit gewesen, denn Freiheit ohne die Liebe eines Mannes Gottes wie Pastor Hornig wäre keine echte Freiheit. Er war wirklich ein Stellvertreter von Jesus, allein durch seine Anwesenheit hauchte er mir neues Leben und Gesundheit ein. Durch seine aufbauenden Worte fühlte ich mich innerlich gestärkt, um in der nächsten Woche wieder die Arbeit in der Fabrik aufzunehmen.

Mutter sagte mir, ich solle mich im Büro der Flaschenfabrik melden, wo ich im Sitzen arbeiten und wieder zu Kräften kommen könnte. Irgendjemand in der Fabrik hatte offenbar ein bisschen Mitleid mit mir und wollte mich davor bewahren, durch zu harte Arbeit einen Rückfall zu erleiden.

Ich war dankbar für die nun sitzende Tätigkeit, aber ich sorgte mich um Mutter, die den ganzen Tag lang schwere Lasten schleppen und hieven musste. Ihr Körper war nach dem langen Arbeitstag zerschunden. Am liebsten hätte ich darum gebeten, mich wieder zur Fabrikarbeit zurückzuschicken, damit ich Seite an Seite mit Mutter arbeiten könnte, doch ich hatte Angst, die Gelbsucht könnte zurückkommen. Tief in meinem Innern spürte ich, dass ich all meine Kraft noch brauchen würde, später einmal. Doch der ganze Schrecken holte mich schon schnell wieder ein. Woche um Woche verschwanden einige jüdische Arbeiterinnen ohne Erklärung. Wir konnten uns nur ausmalen, was mit ihnen geschehen war.

Paradoxerweise wurde im Laufe der Kriegsjahre unser Weihnachtsfest immer schöner, obwohl die Situation in Deutschland immer schlimmer wurde. Wir hatten jedes Jahr weniger, doch was wir noch hatten, schätzten wir umso mehr. 1943 bekamen wir dann zu Weihnachten einen arbeitsfreien Tag geschenkt. Mutter und ich nutzten ihn und gingen zum Gottesdient. Es war ein herrlicher Tag. Wir atmeten die frische Luft ein und fuhren mit der Straßenbahn durch den langsam fallenden Schnee. Der Krieg war so nah und zugleich so fern: Italien hatte gegenüber den Alliierten kapituliert und anschließend ebenfalls Deutschland den Krieg erklärt. Und im Osten bewegte sich die Rote Armee unentwegt auf die polnische Grenze zu.

In jenem Winter verfolgte mich ständig der Traum, den ich im Sommer hatte. War es Gott, der dadurch zu mir sprechen wollte? War das Schiff echt oder nur ein Symbol? Sollte die Erinnerung an diesen Traum mich auf eine bestimmte Situation vorbereiten?

Wir versuchten für jeden Tag dankbar zu sein. Zurückblicken brachte nur schmerzliche Erinnerungen, nach vorne zu schauen Furcht und Ungewissheit, obwohl Mutter und ich wussten, dass Jesus bei uns war. Doch wir wussten uns an jedem einzelnen Tag zu erfreuen und ihn zu genießen – die saubere Luft über Breslau und den frisch gefallenen Schnee, der nicht wie in Berlin, Hamburg und Köln durch Explosionen und Feuer zerstört wurde.

„Gott ist größer als alles Böse des Dritten Reiches zusammen", erinnerte Pastor Hornig Mutter und mich am Weihnachtstag. „Er hat die Kontrolle über den Krieg wie auch über euer Leben. Ich bin überzeugt, dass er euch bewahren will, aber ihr müsst überall starke Zeugen für ihn sein."

Diese Worte von Pastor Hornig hallten im Laufe meines Lebens noch Tausende Male in mir wider.

Am Weihnachtsfest machten wir mit der Gemeinde der St.-Barbara-Kirche einen herrlichen, fröhlichen Lärm für den Herrn, als wir voller Freude die Weihnachtslieder sangen, die von Liebe, Freude und Frieden redeten. Frieden! Oh, würde Gott doch nur erlauben, dass wir bald wieder Frieden genießen könnten.

„Ihr seid aus Gott, Kinder, und habt sie überwunden, weil der, welcher in euch ist, größer ist als der, welcher in der Welt ist."

1. Johannes 4,4 (ELB)

8.

AUF WIEDERSEHEN, MUTTER!

Es war sechs Uhr morgens, als Mutter und ich an diesem Januarmorgen durch die Wohnung hasteten und uns fertig machten, um zur Fabrik aufzubrechen. Der Himmel war ungewöhnlich grau und wir dachten schaudernd an die Fahrt in der eiskalten Straßenbahn. Als ich aus dem Fenster in die Morgendämmerung sah, zuckte ich vor Schreck zusammen. Es war der gleiche graue, wolkenverhangene Himmel wie in meinem Traum, den ich einige Monate zuvor geträumt hatte. Es fehlten nur das Ufer und das Schiff in der Ferne.

„Mutter!", rief ich. „Heute wird etwas passieren, ich weiß es einfach. Es ist so, als hätte Gott mir eine unerklärliche Botschaft gesandt."

„Sei nicht albern, Anita."

„Ich kann es nicht erklären", sagte ich, während ich den Himmel ein paar Minuten lang anstarrte. „Erinnerst du dich an den furchtbaren Traum, von dem ich dir erzählt habe, Mutter? Und heute Morgen sehe ich in genau denselben Himmel wie in meinem Traum."

Ich lief hin und her und versuchte unseren Aufbruch hinauszuzögern. Als die Dämmerung versuchte, durch die Wolken zu dringen, trat ich wieder ans Fenster. Diesmal sah ich einen Wagen der Gestapo direkt vor unser Haus fahren!

„Sie sind da, Mutter!", rief ich. „Diesmal trifft es uns! Ich weiß es wegen meines Traums."

„Wir stehen unter dem Schutz der Nürnberger Gesetze, Anita", sagte Mutter zuversichtlich. „Zieh schnell deinen Mantel an, sonst verpassen wir die Straßenbahn."

Ich aber stand da wie festgefroren, während zwei Gestapo-Männer aus dem Auto stiegen und die Treppenstufen zum Hauseingang hochgingen. Gab es auch nur die geringste Chance, dass sie wegen einer anderen Familie kamen? Hatte ich das Recht, dieses schreckliche Schicksal anderen zu wünschen, um selbst zu entkommen?

Die vertrauten stampfenden Schritte kamen durch den Flur, doch dieses Mal gingen sie nicht an unserer Tür vorbei. Das Klopfen und der Befehl „Aufmachen!" galten eindeutig Mutter und mir, und Mutter sah schließlich ein, dass mein seltsames Gefühl und mein Traum nicht meiner Fantasie entsprungen waren.

„Du hattest recht", sagte sie. Sie öffnete die Tür, und die beiden Gestapo-Männer drangen in die Wohnung. Mein Herz klopfte aus Furcht bis zum Hals. *Jesus, wo ist der Friede, den du versprochen hast?*, betete ich im Stillen. *Wie kommt es, dass Mutter und ich in diesem Moment solche Angst spüren?*

„Wir sind gekommen, um Hilde Dittman zu verhaften", bellte einer der beiden und schaute Mutter an. „Sie haben drei Minuten, um eine Tasche zu packen. Wir werden Ihre Möbel mit einem Besitzvermerk versehen, dass diese nun dem Deutschen Reich gehören."

„Nein!", protestierte ich. „Wir sind Judenchristen! Wir sind durch das Gesetz geschützt!"

„Der Führer ist das Gesetz und wir gehorchen ihm. Du kannst ihm dankbar sein, dass du noch deine Freiheit hast, Kleine. Diesmal will er nur deine Mutter."

„Es wird alles gut", sagte Mutter, um mich zu beruhigen.

Der andere Gestapo-Mann, der bisher geschwiegen hatte, sah mich mit seinen arisch-blauen Augen beinahe mitleidig an. Vielleicht hatte er genug vom Krieg und vom Hass oder vielleicht hatte Gott vor Kurzem sein Herz berührt. Seine Augen zeigten kein Anzeichen von Aufwartung oder Liebelei, sie waren vielmehr weich und besonnen, als sie meine Panik sahen. Irgendwie schien er mir Freundlichkeit vermitteln zu wollen, während er da mit verschränkten Armen stand, während der Schnee von seinen Stiefeln schmolz.

„Sie müssen diese Formulare unterschreiben", befal der andere Mann meiner Mutter. „Damit übertragen Sie Ihr gesamtes Eigentum dem Deutschen Reich." Er holte ein paar Papiere aus einem Umschlag und legte sie vor Mutter auf den Tisch.

„Wohin bringen Sie sie?", fragte ich.

„Heute kommt sie in die Synagoge. Morgen werden dann alle Häftlinge nach Theresienstadt in der Tschechoslowakei gebracht. Du wirst eine Nachricht erhalten."

Widerwillig unterschrieb Mutter die Papiere, mit denen sie unsere Sachen dem Staat überschrieb. Ich durfte nur ein paar Dinge behalten, darunter mein Bett. Man sagte mir, ich könnte die anderen Sachen vom Staat zurückkaufen, zu überteuerten Preisen.

„Dürfte ich einen Moment allein mit meiner Tochter sprechen?", fragte Mutter.

„Dafür haben wir keine Zeit. Sie kann mit uns kommen, während wir Sie zur Synagoge bringen."

„Darf ich denn wenigstens kurz auf die Toilette?"

„Beeilen Sie sich!"

Mutter sah mich an und deutete mir mit den Augen Richtung Toilette. Dann ging sie schweigend dorthin und kam fast sofort wieder heraus. Ihre Körpersprache verriet mir, dass sie dort irgendetwas für mich hinterlegt hatte.

„Ich komme mit", sagte ich, nachdem Mutter die Tasche fertig gepackt hatte.

Während ich meinen Mantel anzog, rannte ich schnell zur Toilette und sah, dass Mutter dort ein kleines Portemonnaie deponiert hatte. Ich öffnete es und fand darin die Ersparnisse ihres Lebens, die sie für einen Moment wie diesen zurückgelegt hatte.

Als ich dort stand, überkamen mich die Tränen. Ich fiel auf meine Knie und schüttete mein Herz vor Jesus aus. Ich brauchte unbedingt diesen unerklärlichen Frieden, den ich schon zuvor erfahren hatte, sonst würde ich ganz verzweifeln. Es war eine Sache, hoffnungsvolle Gedanken zu haben, während die Welt um einen herum verrückt wurde; eine ganz andere Sache war es, Hoffnung zu haben, als dieser ganze Wahnsinn nun in mein eigenes Zuhause eindrang.

„Beeil dich!", bellte die Stimme ungeduldig. Ich hörte, wie die Tür geöffnet wurde, stand auf und gesellte mich zu Mutter, als sie abgeführt wurde.

„Was hat Pastor Hornig gesagt, Anita?", erinnerte sie mich. „Er hat gesagt, Gott werde uns beschützen, solange wir uns an sein Wort halten. Glaubst du das?"

Ich wischte meine Tränen mit dem Ärmel aus dem Gesicht, als wir das Licht ausmachten. Mutter nahm ihre kleine braune Tasche und fasste mit der anderen Hand meine Hand. Die Gestapo-Männer gingen hinter uns her, als wir die Wohnung verließen, um zur Synagoge zu fahren. Ich musste an die vielen Male denken, als Mutter und ich uns in unserer Wohnung aneinandergeschmiegt hatten, während eine Familie oder eine einzelne Person aus unserem Haus abgeholt wurde. Nun waren wir an der Reihe, diese Tragödie zu erleben.

Ich malte mir aus, wie die wenigen noch verbleibenden Juden in der Nachbarschaft aus dem Fenster spähten, um das Trauerspiel zu verfolgen. Bei denjenigen, die um die wundersame Kraft von Gottes Schutz nicht wussten, löste der Anblick sicherlich leise Panik aus.

Ich hielt Mutters Hand fest, während der Wagen die Straße Richtung Synagoge hinunterbrauste, wo ich einst Joachim besucht hatte. Während wir durch Breslau fuhren, konnten Mutter und ich nicht sprechen. Wir behielten unsere Gedanken daher jeder für sich und beteten im Stillen, Gott möge diesen Albtraum zu einem schnellen Ende führen. Mutters Händedruck sollte mich beruhigen. Doch ich war erst sechzehn; fortan würde ich in Hitlers Hölle ganz auf mich allein gestellt sein. Selbst mit den Hornigs und den Gläubigen der St.-Barbara-Gemeinde wäre es nie wieder wie vorher.

Mutter war so unglaublich tapfer und ruhig, dass ich mich fragte, ob Gott zu ihrem Herzen sprach und ihr die ruhige Gewissheit gab, dass er seine Hand über ihr halten würde. Ich hingegen musste mich derweil gegen die bohrende Stimme Satans wehren, die mir einreden wollte, Gott hätte letztlich die Juden aufgegeben und sie ihrem Schicksal überlassen.

Als die Synagoge in Sicht kam, musste ich daran denken, wie ich mich unter ähnlichen Umständen von Joachim verabschiedet hatte. Ich hatte seitdem jeden Tag an ihn gedacht, für ihn gebetet und mich gefragt, wie schlimm es noch kommen musste, bevor er an Jesus glaubte. Ich hatte Joachim ganz der Fürsorge Jesu überlassen, warum konnte ich nun nicht dasselbe mit Mutter tun?

Der Gestapo-Wagen hielt vor dem Eingang der Synagoge, und die beiden Gestapo-Männer kamen herum, um uns beim Aussteigen zu helfen. Ich sah dem Mann, der mir zuvor seinen mitleidigen Blick geschenkt hatte, tief in die Augen.

„Darf ich mit ihr hineingehen?", fragte ich ihn.

Er zögerte und sah hinüber zu dem Gestapo-Mann, der schon wieder in den Wagen zurückgeklettert war.

„Nur für einen Augenblick", sagte er leise. „Beeil dich."

Mutter und ich gingen ein paar Meter bis zur Eingangstür der Synagoge, die den Nazis immer noch als Gefängnis diente. Es war mir unmöglich, Mutter über die Schwelle gehen zu lassen, denn damit wäre ihre Freiheit endgültig vorbei. Eine Sechzehnjährige sollte nicht ihre Mutter den Fängen eines wahnsinnigen Diktators überlassen müssen.

Wir umarmten uns ein paar lange Sekunden auf den Stufen vor der Synagoge. Ich wusste, im Innern des Gebäudes kauerte eine Menge verzweifelter Menschen – die meisten ohne einen Schimmer der Hoffnung. Wenigstens besaßen Mutter und ich diesen!

„Verzweifle nicht, Anita", tröstete Mutter mich. „Der Krieg wird vorbei sein, bevor die Nazis mich aus dem Weg geschafft haben. Du musst ihren Befehlen gehorchen, hörst du? Arbeite hart in der Fabrik und tu, was immer sie von dir verlangen – außer Gott zu verleugnen. Ich habe dir Vaters Telefonnummer gegeben. Du kannst ihn anrufen, wenn du willst. Er könnte dir vielleicht helfen. Vielleicht kann er dir Geld schicken, um die Dinge zurückzukaufen, die man uns fortgenommen hat." Dann sah sie über meine Schulter und sagte: „Der Gestapo-Mann kommt, um dich wegzubringen. Tu, was er sagt. Vergiss nie, wie sehr ich dich liebe."

Mutter küsste mich auf die Wange und ging in die Synagoge, als der Gestapo-Mann mit den weichen, blauen Augen kam und mich am Arm packte.

„Du musst jetzt gehen", forderte er mich auf. „Man wird dich benachrichtigen, wohin deine Mutter geschickt wurde."

Mit diesen Worten begleitete er mich zum Tor und schob mich sanft hinaus. Seine Augen sahen mich traurig an, als er das Tor verschloss, und er sagte ganz leise: „Es tut mir leid."

Hatte er sich noch nicht an solche Szenen gewöhnt? Er schien jedenfalls nicht der stahlharte arische Deutsche zu sein, den Hitler sich wünschte.

Ich starrte noch minutenlang auf die Tür, die sich hinter Mutter geschlossen und sie ihrer Freiheit beraubt hatte. Anschließend schleppte ich mich ziellos durch den Schneematsch und versank in Trauer und Selbstmitleid. Ich bemühte mich, an die tröstenden Worte Pastor Hornigs zu denken. Er hatte mich den Psalm 23 auswendig lernen lassen, und ich versuchte, mich an die Worte zu erinnern. Ich beschloss, zu Pastor Hornigs Haus zu gehen. Von dort aus könnte ich meinen Aufseher in der Fabrik benachrichtigen und Trost durch ein paar Worte des Pastors finden.

Später saß ich gemeinsam mit Pastor Hornig in der vordersten Kirchenbank. Wir schwiegen ein paar Minuten lang, während er nach den richtigen Worten suchte.

„Die Gläubigen dieser Gemeinde werden vorübergehend deine Familie sein, Anita", sagte er schließlich. „Ich weiß, dass es nicht dasselbe ist, aber wir werden versuchen, dich so sehr zu lieben, wie Hilde es tut, und wir werden jeden Tag dafür beten, dass sie bald nach Hause kommt. Denk daran, du bist wirklich nicht allein. Selbst ohne mich oder die Gemeinde wärst du nicht allein, denn Gott wird dich niemals verlassen."

Während Pastor Hornig all das sagte, sah ich unablässig auf das Kreuz über dem Altar.

„Dieses Kreuz", fuhr Pastor Hornig fort, „ermöglicht es dir und mir, alles zu ertragen, denn Jesus hat am Kreuz alles Böse besiegt. Er ist der Sieger. Weil er sein Blut vergossen hat, können alle Anstrengungen Satans bezwungen werden, sofern wir die Kraft des Kreuzes in unserem Leben in Anspruch nehmen. Das Blut Jesu ist die mächtigste Waffe der Welt. Du musst sie dir zu eigen machen."

„Mutter war sehr tapfer", sagte ich.

„Natürlich war sie das. Deine Mutter weiß: Auch wenn sie durch das finstere Tal geht, braucht sie kein Unheil zu fürchten. Sie hat mir einmal anvertraut, sollte man sie holen, hätte sie allein deinetwegen Angst. Deshalb musst du jede Woche mit ihr Kontakt halten und ihr versichern, dass es dir gut geht. Wohin wird sie gebracht?"

„Theresienstadt, wahrscheinlich."

„Dort kann sie Briefe und Päckchen erhalten. Schick ihr jede Woche etwas zu essen, Anita. Sie wird es brauchen, denn sie wird schwer arbeiten müssen und nur wenig zu essen bekommen. Oft lassen die Wachen Familienmitglieder an dem Abend, bevor sie zum Lager aufbrechen, die Gefangenen besuchen. Wie wäre es, wenn du deiner Mutter heute Abend etwas zu essen in die Synagoge brächtest? Es ist einen Versuch wert. Geh nach nebenan zu meiner Frau und bitte sie, für dich und deine Mutter ein paar Butterbrote einzupacken. Ich werde deinen Aufseher in der Fabrik anrufen und ihm die Situation erklären. Und wenn du willst, kannst du den Rest des Tages mit uns verbringen."

Hoffnung erwachte wieder in mir, bei dem Gedanken, Mutter am Abend wiederzusehen. Frau Hornig bereitete ein paar

Butterbrote und Obst für uns zu. Ich wollte Mutter auch ihren Bademantel bringen, den sie vergessen hatte, deshalb ging ich wieder nach Hause und packte alles zusammen. Für ein paar Stunden war ich dort mit meinen Gedanken allein.

Ich konnte spüren, wie die Menschen der Gemeinde St. Barbara für mich beteten, nachdem Pastor Hornig ihnen von meiner Situation berichtet hatte. Und ich war mir sicher, dass ein gewisser Friede schließlich den Schmerz in meinem Innern ersetzen würde, denn ich wusste, dass die Gläubigen der Gemeinde ganz besonders für Mutter und mich und für einige andere jüdische Christen, die an dem Tag abgeholt wurden, beteten.

Unsere winzige Wohnung kam mir nun noch steriler vor, als ich gegen Mittag dorthin zurückkehrte. Mutters Abwesenheit schrie mir aus jeder Ecke entgegen. Ich wusste, sie würde gern den warmen Bademantel haben, den sie in ihrer Eile dagelassen hatte, also packte ich sorgfältig eine Tasche mit dem Bademantel, den Butterbroten und dem Obst. Ich plante, am späten Nachmittag mit der Straßenbahn zur Synagoge zu fahren, und ich hoffte, Mutter ein letztes Mal zu sehen, bevor sie früh am nächsten Morgen nach Theresienstadt aufbrechen würde.

Ich lief hin und her und setzte mich schließlich in den Schaukelstuhl. Ich betete und las in der kostbaren Bibel, die Pastor Hornig mir einige Jahre zuvor geschenkt hatte. Ungeduldig wartete ich, bis die Sonne am Himmel zu sinken begann, und machte mich endlich gegen vier Uhr nachmittags auf den Weg. Die Straßenbahn würde sicher schon mit Leuten vollgestopft sein, die von der Arbeit nach Hause fuhren, aber ich konnte einfach nicht länger warten. Vielleicht wäre ja auch alles vergeblich, dachte ich. Schließlich könnten die Wachen meinen Wunsch, Mutter noch einmal zu sehen, ablehnen.

Die untergehende Sonne lugte gerade noch über den Horizont hervor, um ein Dutzend Teenager zu zeigen, die vor dem Tor zur Synagoge warteten. Ich beschleunigte meinen Schritt und mein Herz setzte fast für ein paar Schläge aus, als ich einige bekannte Gesichter sah: Steffi Bott und Gerhard, Wolfgang und Rudi Wolf standen da – ihre Mütter waren gute Freundinnen meiner Mutter. Ich erfuhr schon bald, dass auch sie abgeholt worden waren. Frau Bott und Frau Wolf waren auch jüdische Christinnen. Die Umstände hatten es uns Kindern nicht ermöglicht, eine enge Freundschaft zu schließen, doch jetzt würde die Situation uns zusammenschweißen. Sie alle waren genau wie ich von ihrem arischen Vater verlassen worden und ihre jüdischen Mütter hatten vor Kurzem zum Glauben an Christus gefunden. Scheinbar waren an jenem Tag viele Judenchristen in Breslau abgeholt worden.

„Steffi!", rief ich, als ich näher kam.

„Anita!"

„Können wir hineingehen?", fragte ich aufgeregt.

„Nein", antwortete sie, „die Wachen lassen keinen von uns hinein."

Nervös beobachteten wir die Lage von unserem Platz außerhalb des Tores. Mittlerweile standen rund fünfundzwanzig Teenager vor dem Eingang und wollten ihre Mütter ein letztes Mal sehen. Viele von ihnen hielten eine Tasche oder einen kleinen Koffer in der Hand, in denen sich wahrscheinlich Lebensmittel oder Kleider für ihre Mütter befanden. Einige weinten und fluchten, nur wenige akzeptierten die Situation ruhig. Doch Steffi, die Wolf-Brüder und ich fühlten uns sofort einander zugetan, da unsere Mütter miteinander befreundet waren.

Wir spähten durch die Gitterstäbe des Eingangstores, um vielleicht die eine oder andere Mutter an den Fenstern der Synagoge auszumachen. Dann blickte Rudi Wolf mit einem eigenartigen Ausdruck im Gesicht auf ein Gebäude neben der Synagoge. Ich konnte ihm ansehen, wie er intensiv nachdachte. Das Gebäude war ein Hotel, das früher mit der Synagoge in direkter Verbindung gestanden hatte.

„Es gibt bestimmt einen Gang, der die beiden Gebäude miteinander verbindet", sagte Rudi schließlich. „Lasst uns ins Hotel gehen und versuchen, ihn zu finden."

Wir waren jung, mutig und verzweifelt. Die Tatsache, dass unser verdächtiges Verhalten unsere eigene Verhaftung mit sich bringen könnte, berührte uns daher so gut wie gar nicht.

„Ich werde zu der Rezeption gehen und mich nach einem frei erfundenen Namen erkundigen", sagte Rudi. „Wenn dann der Mann nach dem Namen sucht, müsst ihr schnell zur Treppe gehen, die in den Keller führt. Dort werden wir sicher auch den Gang finden, der hinüber zur Synagoge führt."

Wir stellten den Plan keine Sekunde infrage, sondern gingen zu fünft die Stufen zum Hotel hoch. Offenbar war das Hotel früher eine mit der Synagoge verbundene Schule gewesen, doch da alle jüdischen Schulen geschlossen worden waren, hatte man das Gebäude in ein Hotel umgewandelt.

Steffi, Gerhard und ich blieben im Hintergrund, während Rudi und Wolfgang zur Rezeption gingen, um den Rezeptionisten mittels einer Finte, eines frei erfundenen Namens, abzulenken. Als der Mann in sein Buch sah, suchten wir drei das Foyer nach einer Treppe ab, die nach unten führte. Wir erblickten eine Tür, die danach aussah, und gingen leise auf sie zu. Der Mann an der Rezeption suchte noch immer den Namen in seinem Verzeichnis und wir glitten unbemerkt durch die Tür. Dahinter verbarg sich tatsächlich die Kellertreppe. Wir liefen viele Stufen hinunter, wobei wir toten Kakerlaken auswichen, die überall verstreut lagen. Wir hasteten so schnell hinunter, dass wir fast außer Atem waren, als wir unten ankamen. Und am Fuß der Treppe befand sich tatsächlich eine Tür zu einem Verbindungsgang! Ich spürte, Gott musste uns geholfen haben, den Eingang des Tunnels so schnell zu finden.

„Da ist er!", rief Gerhard. „Der Gang wird uns zur Synagoge führen."

„Seid ihr sicher, dass wir das wirklich machen sollen?", fragte Steffi vorsichtig. „Vielleicht sollten wir es lieber noch einmal bei den Wachen versuchen und sie bitten, uns noch ein letztes Mal mit unseren Müttern sprechen zu lassen."

Gerhard gab keine Antwort darauf, sondern ging direkt in den pechschwarzen Gang hinein. Es war so dunkel darin, dass wir meinten, gegen eine schwarze Wand zu laufen. Wir tasteten uns vorwärts und spürten immer deutlicher, dass dieser Gang in die Synagoge führte.

Es war mir egal, in der Synagoge möglicherweise selbst in der Falle zu sitzen. Oder dass ich wegen dieser Tat bei der Polizei mit dem Vermerk „Rebellion" ins Vorstrafenregister eingetragen würde. Das Einzige, was für mich zählte, war die Chance, Mutter noch einmal zu sehen und ihr das Essen, den Bademantel und meine Liebe zu schenken.

Wir tasteten uns nun schweigend weiter vor. Sollten wir nicht zurückkommen, würden wenigstens Rudi und Wolfgang Bescheid wissen und unsere wenigen verbleibenden Freunde und Verwandten benachrichtigen. Ich betete im Stillen, als wir uns langsam durch den Tunnel entlangbewegten. Wir ließen uns schweigend von Gerhard führen, der vorsichtig darauf achtete, dass wir nicht im Dunkeln gegen etwas stießen.

Unsere Schritte klangen hohl im Gang wider, selbst unser schweres Atmen schien von den Wänden widerzuhallen. Der Gang konnte aufgrund der Entfernung der beiden Gebäude voneinander nur ein paar Meter lang sein, doch uns kam es wie eine Ewigkeit vor, seit das Abenteuer begonnen hatte.

Schließlich hörten wir schwach ein paar Stimmen und sahen einen winzigen Lichtschein. Die Stimmen wurden lauter und das Licht heller, als wir uns Schritt für Schritt dem Keller der Synagoge näherten. Schließlich gelangten wir zu einer Tür, die nur einen Spalt offen stand. Wir erblickten ein paar Gefangene, die auf dem Kellerboden verstreut saßen. Als Gerhard durch den Türspalt sah, erblickte er einen Wachmann, der inmitten der Gefangenen stand.

„Was sollen wir tun?", flüsterte Steffi.

Gerhard formte mit seinen Lippen das Wort *warten*.

Wir waren bereit, wenn es sein musste, die ganze Nacht lang zu warten, um unsere Mütter ein letztes Mal zu sehen. Wir lugten durch die Tür, konnten aber keine unserer Mütter erkennen. Plötzlich begann der Wachmann herumzugehen, er war nur noch einige Zentimeter von uns entfernt. Gerhard hätte die Hand ausstrecken und seine hässliche braune Uniform berühren können. Wir standen mindestens eine halbe Stunde lang still da und hielten immer wieder den Atem an, während der Wachmann unablässig seine Runde drehte. Schließlich ging er ein paar Stufen hinauf, die zum Obergeschoss der Synagoge führten.

Gerhard öffnete die Tür ein wenig weiter und rief einer der weiblichen Gefangenen leise zu:

„Hier drüben!"

Die Frau sah uns erschrocken an und war ganz verblüfft über unser plötzliches Erscheinen aus dem Nichts.

„Wir möchten unsere Mütter noch einmal sehen", sagte Gerhard. „Es sind Frau Wolf, Frau Dittman und Frau Bott. Wissen Sie, wo sie sind? Könnten Sie sie hier herholen, damit wir ihnen etwas geben können?"

„Ihr werdet verhaftet dafür", sagte die verwirrte Frau. „Seid nicht verrückt, der Wachmann wird jeden Moment zurück sein. Er hat uns seit heute Morgen nicht aus den Augen gelassen."

„Dann beeilen Sie sich, bitte!", flehte Gerhard. „Wir möchten unseren Müttern diese Sachen geben."

Gerhard nahm die drei Taschen und stellte sie auf den Boden.

„Hier sind die Sachen. Sollten wir geschnappt werden, können Sie dann die Taschen an Frau Bott, Frau Dittman und Frau Wolf weitergeben? Versprechen Sie es?"

Die alte Frau nickte.

„Was macht ihr hier?", ertönte eine wütende Stimme vom anderen Ende des Ganges. Dann sahen wir das Licht einer Taschenlampe und hörten das Stampfen von Nazistiefeln, die durch den Gang auf uns zukamen.

„Wir sind entdeckt!", schrie Steffi.

Ich spürte einen kalten Schauer über meinen Rücken jagen. Das helle Licht einer Taschenlampe schien uns dreien nun direkt in die Augen, und schließlich tauchte ein Gestapo-Offizier vor uns auf.

„Für diesen Verrat werdet ihr verhaftet!", brüllte er, während der Lichtschein mein Gesicht streifte.

„Wir wollten nur noch einmal unsere Mütter sehen", flehte ich. „Wir wollten ihnen etwas zu essen bringen, sonst nichts."

„Ihr kommt mit", sagte er. „Ich habe eure Freunde oben erwischt. Ich werde euch alle dem diensthabenden Gestapo-Leiter übergeben."

Wir marschierten durch den Gang zurück, diesmal vom Strahl der Taschenlampe geführt. Niemand sprach ein Wort. Wir hofften im Stillen, die Frau würde die Sachen unseren Müttern geben und ihnen von unserem verzweifelten Versuch erzählen, sie noch einmal zu sehen, während der Gestapo-Leiter über unsere Bestrafung entscheiden würde.

Als wir im Foyer des Hotels ankamen, stießen Rudi und Wolfgang zu uns, und wir wurden alle zusammen von zwei Gestapo-Männern ins Büro der Gestapo abgeführt. Von dort wurden wir mit einem LKW ins Büro eines Herrn Hampel gebracht, eines kleinen, untersetzten Mannes mit boshaften Augen, der uns finster ansah.

Wir mussten uns alle an der Wand des Büros aufstellen und Herr Hampel ging volle fünf Minuten lang vor uns auf und ab. Seine Wut war geradezu zu spüren. Aus dem Augenwinkel sah ich, wie Steffi zitterte, und ich ahnte, dass sie jeden Moment in Tränen ausbrechen würde. Gerhard, Rudi und Wolfgang wollten uns als Jungs sicher beschützen, doch sie selbst waren auch hilflos. Die Anspannung nahm zu, als Herr Hampel weiter auf und ab schritt und uns wütende Blicke zuwarf.

„Ihr fünf habt euch eines schweren Verbrechens schuldig gemacht", sagte er. „Ihr habt versucht, Gefangene zu befreien, und darauf steht die Todesstrafe."

„Nein", sagte Rudi, „wir wollten uns nur von unseren Müttern verabschieden. Wir hatten jeder eine Tasche mit Essen dabei, die wir bei einer alten Frau im Keller der Synagoge zurückgelassen haben."

Die unausgesprochene Angst war natürlich die, dass auch unsere Mütter wegen unseres „Vergehens" bestraft würden – eine Möglichkeit, die uns anfangs gar nicht so in den Sinn gekommen war.

„Ich liebe meine Mutter!", rief Steffi und brach in Tränen aus. „Ich wollte sie nur noch einmal sehen. Wir hatten keinen Fluchtplan."

„Wir alle wollten nichts anderes", beharrte Gerhard. „Unsere Mütter hätten uns nie erlaubt, was wir getan haben. Es war ganz allein unsere Idee."

„Ich habe keine Zeit für eure albernen Sentimentalitäten", erwiderte Herr Hampel. „Ich muss mich mit jemandem besprechen. Ihr bleibt so lange hier."

Herr Hampel rief einen Wachmann, der uns bewachen und am Reden hindern sollte. Dieser setzte sich auf Herrn Hampels Stuhl und sah uns unablässig an, während wir aufrecht gegen die Wand gelehnt dastanden. Ich war mir sicher, dass wir alle im Stillen und durch unsere Tränen hindurch Stoßgebete in den Himmel schickten.

Ungefähr eine halbe Stunde später kam Herr Hampel zurück. Er stürmte geräuschvoll in sein Büro und rief: „Ihr steht jetzt alle auf der schwarzen Liste der Gestapo. Sollte einer von euch nur den kleinsten Verstoß begehen, wird es euch das Leben kosten. Man wird euch täglich beobachten. Geht jetzt!"

„Vielen Dank", rief Rudi aus. „Gott segne Sie, Herr Hampel."

Schweigend verließen wir das Gebäude und traten hinaus in die kalte, schwarze Nacht. Wir gingen rasch einen Häuserblock weiter, bevor wir stehen blieben und in Tränen der Erleichterung und Dankbarkeit ausbrachen und uns gegenseitig umarmten.

„Wir werden immer Freunde bleiben", sagte ich. „Wir sollten immer alles tun, was wir füreinander tun können, und uns oft treffen, um uns Mut zu machen und für unsere Mütter zu beten. Wir haben so viel Grund, für heute dankbar zu sein."

Die unausgesprochene Wahrheit war die, dass das Nürnberger Gesetz, das Juden, die einst einen arischen Ehepartner geheiratet hatten, schützen sollte, bloß ein Scheingesetz war. Auch unsere Zeit würde bald gekommen sein. Daher beteten wir umso mehr, dass der Krieg bald zu Ende sein möge. Und sollte dennoch die Haft in einem Arbeits- oder Konzentrationslager auf uns warten, dann wollten wir wenigstens mit unseren Müttern zusammen sein.

Dass ich nun neben der Schar der Gläubigen in der St.-Barbara-Kirche mit Steffi Bott und den Wolf-Brüdern fast so etwas wie eine weitere neue Familie besaß, erfüllte mein Herz mit Freude und Dankbarkeit. Das Erlebte hatte uns so stark zusammengeschweißt, dass wir von nun an nicht mehr zu trennen waren.

„Wenn du durch tiefes Wasser oder reißende Ströme gehen musst, ich bin bei dir, du wirst nicht ertrinken. Und wenn du ins Feuer gerätst, bleibst du unversehrt. Keine Flamme wird dich verbrennen.“

Jesaja 43,2

9.

ZWIEBACK

Mutters Verschwinden hinterließ in meinem Herzen eine Leere. Ich konnte mich bei der Arbeit nicht mehr konzentrieren, und ich fühlte mich so einsam, dass ich kein Essen hinunterbekam. Ohnehin legte ich den größten Teil meiner Lebensmittelrationen für Mutter zur Seite, die, wie mir bestätigt wurde, in das Konzentrationslager Theresienstadt in der Tschechoslowakei gebracht worden war, wo sie einmal pro Woche ein Lebensmittelpaket erhalten durfte.

Eines Morgens, als ich gerade zur Fabrik aufbrechen wollte, klopfte die Gestapo an meine Tür. Diesmal kamen sie, um Mutters Besitztümer abzuholen, die nun dem Deutschen Reich gehörten. Sie nahmen alles mit, da das meiste meiner Mutter gehörte, und ließen mir nur mein Bett und ein halbes Dutzend kleiner Dinge. Dann erklärten mir die Männer, dass ich das „Privileg" hätte, die Sachen zurückzukaufen, zu überhöhten Preisen versteht sich.

Ich ließ alles widerstandslos geschehen, als die Männer begannen, meine Sachen in Kisten zu packen. Sie schauten mich eine

Zeit lang neugierig an, bevor einer der beiden schließlich das Wort ergriff.

„Wie alt bist du, Kleine?", fragte er, ohne sein Arbeitstempo zu drosseln.

„Ich werde im Mai siebzehn", antwortete ich.

„Andere Jugendliche in deinem Alter würden sich aufregen, wenn wir in ihre Wohnung kommen und ihre Sachen mitnehmen. Warum regst du dich nicht auf?"

„Wenn ich hysterisch wäre, würde das meine Mutter auch nicht zurückbringen, und meine Sachen könnte ich trotzdem nicht behalten", sagte ich ruhig. „Meine Kraft kommt von Gott. Er hat Deutschland und mein Leben in seiner Hand."

Der Mann verdrehte die Augen in Richtung des anderen Gestapo-Manns und packte weiter. Sie gingen mehrmals aus und ein, um alle Möbel und Kisten herauszutragen, bis die Wohnung schließlich fast völlig leer zurückblieb. Sie nahmen Tische, Lampen und sogar Bettvorleger mit. Zum Schluss blieb mir nur der nackte Raum mit meinem Bett.

Als ich meinen Mantel anzog, um zur Arbeit aufzubrechen, trugen sie das letzte Stück hinaus.

„Du kannst behalten, was wir übrig gelassen haben", sagte einer der beiden zu mir. „Einiges von dem, was wir mitgenommen haben, kannst du zurückkaufen." Dann reichte er mir ein Stück Papier, auf dem die überhöhten Preise verzeichnet waren.

„Komm ins nächste Gestapo-Büro und zahle die Summe. Solltest du innerhalb der nächsten fünf Tage nicht kommen, werden wir die Sachen behalten oder an jemand anderen verkaufen."

Weder durch die Unterstützung meiner Kirche noch durch mein kümmerliches Gehalt würde ich die überhöhten Preise auch nur ansatzweise bezahlen können. Als ich dann in der Straßenbahn saß und zur Fabrik fuhr, suchte ich nach einer Lösung. Und ich erinnerte mich daran, dass Mutter mir Vaters Telefonnummer gegeben hatte für den Fall, dass genau so eine Situation eintrat. Wir hatten einander jahrelang nicht gesehen. Vielleicht hatte der Krieg ihn milder gestimmt und er würde mir in meinem Dilemma zu Hilfe kommen. Es war riskant, ihn anzurufen, denn ich spürte, dass ich einfach keine Kraft mehr für die kleinste Enttäuschung hätte. Doch ich fühlte mich durch die Liebe von Mutter, Steffi, Gerhard, Wolfgang, Rudi und der Kirchengemeinde so gestärkt, dass ich beschloss, das Risiko einzugehen und Vater anzurufen.

Am Abend nach der Arbeit suchte ich Pastor Hornig auf, um das Ferngespräch mit Vater zu führen. Vater hatte erneut geheiratet und war nach Sorau gezogen, ungefähr siebzig Kilometer entfernt. Ich erzählte Pastor Hornig ganz offen von meiner Bitterkeit und meinem Groll gegenüber Vater.

„Anita", sagte Pastor Hornig, „es könnte sein, dass deine vergebende Liebe ihn zu Jesus führt. Du kannst dem Mann nicht vorwerfen, unter dem Druck der Nazis eingeknickt zu sein. Er wusste, dass es um sein Leben ging."

Ich wählte die Nummer, die Mutter auf das Papier gekritzelt hatte. Ängstlich wartete ich auf Vaters Stimme und fühlte mich furchtbar unbehaglich.

„Hier ist Anita", sagte ich, als er den Hörer abnahm. Es kam mir wie eine Ewigkeit vor, bevor er antwortete. Er schien angenehm überrascht zu sein, meine Stimme zu hören.

„Mutter wurde ins Konzentrationslager Theresienstadt in der Tschechoslowakei gebracht", fuhr ich fort.

„Das tut mir sehr leid", sagte Vater. „Kann ich irgendetwas tun?"

Von seinem Mitgefühl ermutigt preschte ich vor.

„Ja. Du könntest mir helfen, meine Sachen zurückzukaufen, die heute von den Nazis konfisziert worden sind. Sie haben den Wert auf über tausend Reichsmark festgesetzt, und ich habe nur fünf Tage Zeit, um zu zahlen. Sonst geben sie die Sachen jemand anderem."

„Anita, glaub mir, ich bereue alles, was passiert ist. Natürlich werde ich dir helfen. Hast du Nachrichten von Hella?"

„Nein, sie lassen keine Post aus England nach Deutschland."

„Ich werde dir das Geld morgen früh schicken. Möchtest du danach mit mir in Verbindung bleiben? Vielleicht könntest du eine Weile zu uns nach Sorau kommen? Vom Krieg ist hier kaum etwas zu spüren, es ist ruhig. Es könnte sicherer für dich sein."

Vaters aufrichtige Besorgnis berührte mich. Ich erzählte ihm von dem Geld, das Mutter mir dagelassen hatte, und dass ich gehört hätte, man könnte die Freiheit eines Gefangenen erkaufen. Ich wollte Mutter freikaufen, wenn ich die Chance dazu hätte. Letzten Endes war es ihr Geld. Er war einverstanden.

„Ich arbeite im Büro einer Fabrik", erzählte ich. „Vielleicht kann ich ein wenig Urlaub bekommen und nach Sorau kommen. Denk daran, ich habe nur fünf Tage, um meine Sachen zurückzukaufen, also beeile dich bitte."

Mutters Abwesenheit hatte plötzlich in meinem Herzen eine Sehnsucht nach der Liebe des Vaters entstehen lassen, und ich spürte, wie Gott am Werk war, meine tiefe Wunde der Bitterkeit und des Grolls gegen meinen Vater zu heilen.

Im Frühjahr 1944 trafen sich Steffi, Gerhard, Rudi, Wolfgang und ich häufig, um Neuigkeiten von unseren Müttern auszutauschen.

Wir durften ihnen schreiben und Lebensmittelpakete schicken, doch jeder Brief und jedes Paket wurden zensiert.

Nach der Arbeit ging ich meistens zum Milchladen, zum Metzger und zum Gemüsehändler. Die Ladenbesitzer kannten mich gut und wussten, dass Mutter nach Theresienstadt gebracht worden war. Ich erklärte ihnen, dass ich fast das gesamte Essen, das ich mit meinen Lebensmittelmarken kaufte, an Mutter verschickte. Deshalb schummelten sie oft etwas mehr in meine Tasche, als meine Marken es zugelassen hätten. Manchmal war es nur ein zusätzliches Ei oder eine Scheibe Käse oder eine extra Tomate, aber ich war für alles dankbar. Da es aber zehn Tage dauerte, bis ein Paket in Theresienstadt ankam, sandte ich meiner Mutter nur unverderbliche Waren.

Das Essen, das ich für mich zurückbehielt, war weniger als bei einer Hungerkur. Morgens aß ich ein Brötchen und trank dazu eine Tasse Kaffee. Mittags aß ich nichts und erzählte allen, ich mache eine Diät. Abends aß ich einen Teller Suppe oder ein wenig Kopfsalat. Oft buk ich Kuchen oder Brot, aber ich schickte alles an Mutter, die mir in ihren Postkarten von ihrer unglaublichen Freude über die Lebensmittelpakete erzählte.

Monatelang lebte ich diese Hungerkur, ohne ein Pfund abzunehmen, krank zu werden oder einen einzigen Tag nicht zur Arbeit zu gehen. Gott ernährte mich auf übernatürliche Weise, die über meinen Verstand hinausging.

Im Frühjahr 1944 litt Deutschland unter noch massiveren Luftangriffen und die Städte brannten mehr denn je. Breslau wurde weiterhin von Bomben verschont, doch wir mussten uns strengen Verdunkelungsvorschriften beugen – Autoscheinwerfer mussten abgedunkelt werden, Lampen mit Schirmen versehen und Fenster mit Rouleaus und Vorhängen verdunkelt werden.

Nach und nach stießen auch andere Teenager zu unserer Gruppe dazu, um Nachrichten von ihren Müttern in Theresienstadt zu erfahren. Viele von ihnen waren nicht gläubig; wir versuchten daher, ihnen von unserem Glauben zu erzählen. Wir berichteten von den vielen Wundern in unserem Leben, die von Gottes Souveränität und seinem Schutz zeugten; wir lasen abwechselnd die Postkarten, die von unseren Müttern geschickt wurden, und wir freuten uns zusammen und weinten miteinander. Wir wussten, dass nur sehr wenig über die harten Bedingungen im Lager nach außen dringen durfte. Die meisten Postkarten waren daher sehr kurz gehalten, aber unsere Mütter versicherten uns ihre Liebe und bestätigten, dass sie die Pakete erhalten hatten.

Als der Juni näher rückte, überlegte ich, Mutter etwas Besonderes zu ihrem Geburtstag zu schicken. Ich hätte ihr so gern Rosen geschickt, doch sie würde verstehen, dass ich bestenfalls wilde Hyazinthen bekommen konnte. Doch ich buk ihr einen Geburtstagskuchen mit Rosinen. Ich besorgte ihr auch ein paar Pflaumen und Äpfel und packte alles zu einem hübschen Paket zusammen. Dann sprach ich ein besonderes Gebet, damit das Paket auch ja pünktlich zu ihrem Geburtstag eintraf. Zwei Wochen später erhielt ich eine Postkarte, in der sie mir mitteilte, das Paket sei genau an ihrem Geburtstag eingetroffen.

Anfang Juni 1944 fand die Invasion der Alliierten in der Normandie statt. Gleichzeitig hörten wir davon, dass nun sogar alle, die nur einen jüdischen Großelternteil hatten, in einem letzten verzweifelten Versuch, die jüdische Rasse auszumerzen, abgeholt wurden. Hitler wollte die Juden für seine Kriegsfehler bezahlen lassen, dieses Schema setzte sich all die Jahre fort.

Es war dann Ende Juni, als ich eines Morgens aufwachte mit dem überwältigenden Drang, zur Bäckerei zu laufen und ein paar Zwiebäcke zu kaufen. *Wie absurd!*, dachte ich. Doch irgendwie spürte ich, dass Mutter in dieser Woche nicht das übliche Pumpernickel, sondern unbedingt Zwieback benötigte. Pumpernickel war ihr Lieblingsbrot, denn meistens blieb es trotz der langen Zeit, die die Post brauchte, relativ frisch.

Das innere Drängen, Zwieback zu kaufen, ließ sich einfach nicht ignorieren, und so eilte ich am Abend nach der Arbeit zur Bäckerei. Und ich schickte das Paket mit dem Zwieback am nächsten Tag mit einem besonderen Gebet an Mutter.

Später erhielt ich eine Postkarte von ihr, die mir meinen Eindruck erklärte und bestätigte. Sie war an der Ruhr erkrankt gewesen und wäre beinahe gestorben. Sie hatte sich nach Zwieback gesehnt und auf dem Boden ihrer Baracke kniend zu Gott gebetet, er möge mich so anrühren, dass ich ihr Zwieback schickte. Das Paket kam sogar schneller als üblich bei ihr an, und so besserte sich dank des Zwiebacks ihr Zustand.

Mutter war seit fast sieben Monaten in Theresienstadt, und ich hatte mich im Stillen damit abgefunden, allein um mein Überleben zu kämpfen; ich wusste, dass mein himmlischer Vater über mir wachte und mich mehr liebte, als irgendwelche irdischen Eltern es je tun könnten. Er schenkte mir die Weisheit einer erwachsenen Frau, obwohl ich erst siebzehn Jahre alt war. Und ich spürte einen unglaublichen inneren Frieden und die Gewissheit, dass Gott meine Gebete erhörte. Dieser Friede blieb sogar in meinem Herzen, nachdem ich schreckliche Geschichten über die Konzentrationslager gehört hatte. Häftlinge, denen die Flucht gelungen war, erzählten, wie es wirklich in den Lagern und Gefängnissen zuging, und andere konnten codierte Nachrichten an ihre

Familien nach draußen schmuggeln. Die Deutschen hatten weitgehend keine Ahnung von dem Elend und den Massakern in den Lagern, denn die Nazis gaben sich alle Mühe, diese Wahrheit vor der Außenwelt zu verschleiern.

Die Berichte, die dennoch nach draußen drangen, handelten von Massenvergasungen und Massenerschießungen. Leichen wurden in riesigen Öfen verbrannt und gigantische Schornsteine spuckten den Ruß der verbrannten Körper aus, und diese Rußschicht legte sich fast über ganz Europa. Mitgefangene und manchmal auch die eigenen Angehörigen wurden gezwungen, übrig gebliebene Knochen auseinanderzubrechen und in Massengräbern zu verscharren.

In einigen Lagern arbeiteten sich die Häftlinge zu Tode; in anderen ließ man sie verhungern oder verweigerte ihnen lebensrettende Medikamente oder medizinische Versorgung, sodass sie starben.

Gerüchte kursierten, es seien rund drei Millionen russische Kriegsgefangene getötet worden. Tatsache war, dass russische Häftlinge häufig in provisorisch errichteten „Käfigen" untergebracht wurden, weil in den Lagern einfach nicht genug Platz für sie war. Die Gesunden, die Verletzten sowie Kranken und die Sterbenden wurden einfach alle zusammen eingepfercht. Und um das Ausbreiten von Krankheiten zu verhindern, richteten die Nazis später Flammenwerfer auf die Käfige, sodass die infektiösen Leichen zerstört wurden und die noch lebenden Häftlinge bei lebendigem Leibe verbrannten.

Wir erfuhren auch, dass ein großer Teil der Seife, die von den Deutschen benutzt wurde, aus dem Körperfett getöteter Häftlinge produziert wurde, und dass menschliches Haar verwendet wurde, um Matratzen zu füllen. Und die Goldreserven Deutschlands füllte man durch den Zahnersatz toter KZ-Häftlinge auf.

Die schlimmsten Gräueltaten geschahen im Konzentrationslager Auschwitz, von wo nur sehr wenige entkamen oder überlebten, um ihre Geschichten erzählen zu können. Über eine Million Juden aus mehr als einem Dutzend Länder Europas wurden nach Auschwitz deportiert, mehr als neunzig Prozent der Menschen wurden sofort umgebracht oder gingen als KZ-Häftlinge zugrunde.

Die grauenvollsten Nachrichten sickerten Anfang 1944 nach draußen und wurden später bestätigt. Hitler informierte Himmler, es reiche nicht, dass die Juden starben; sie sollten qualvoll sterben, da Juden nur Ungeziefer und keine menschlichen Wesen seien. Himmler wurde angewiesen, einen Plan zu erstellen, nach dem Tausende Juden einen furchtbaren Tod erleiden sollten. Er kam auf die Idee, jüdische Häftlinge in Güterwaggons einzuschließen, deren Boden mit dehydriertem Kalziumoxid präpariert war. Dieser Ätzkalk verursachte schlimme Hautverbrennungen und die Häftlinge litten manchmal tagelang, bevor sie in den Waggons starben, die irgendwo an einem entlegenen Platz abgestellt worden waren. Hitler brauchte nur zu flüstern und Zehntausende Häftlinge starben an einem Tag.

Doch was die Deutschen schon bald schockieren sollte, war die Tatsache, dass auch viele ihrer eigenen Landsleute – Kranke, Alte und geistig Behinderte – grausam vernichtet wurden.

Mitte 1944 gab es aber auch gute Nachrichten. Es hatte einen Versuch gegeben, den Führer zu ermorden, und die Alliierten begannen, bedeutsame Siege zu erringen, darunter die Befreiung von Paris, Brüssel und Holland. Auch die Russen erzielten weiterhin große militärische Erfolge, während Rumänien und Bulgarien um ihre Freiheit kämpften und Deutschland den Krieg erklärten. All diese Nachrichten trugen zu unserer Hoffnung bei, und Christen in Deutschland wie auch sicherlich weltweit lagen auf den Knien, um für ein rasches Ende des Krieges zu beten. Dutzende deutscher Städte waren nur noch rauchende Ruinen, als die Rote Armee und die Amerikaner weiter vordrangen, um überall in der durchlöcherten Landschaft Deutschlands direkt zuzuschlagen. Jeder rücksichtslos geführt Luftangriff der Deutschen gegen die Alliierten wurde mit noch größeren Angriffen vergolten. Hunderttausende kamen in den deutschen Städten um. Anfangs schaufelten sich die Überlebenden tapfer aus den Trümmern und begannen, ihre Städte und Fabriken wiederaufzubauen, wobei sie den Führer kaum infrage stellten. Sicherlich wusste er, was für Deutschland das Beste war, dachten sie. Doch nach und nach ließ der deutsche Kampfgeist in der Bevölkerung nach. Ein einziger Luftangriff konnte nun Hunderttausende Opfer unter den Deutschen bedeuten.

Körper und Geist können so viel psychischem Druck logischerweise nicht standhalten, vor allem wenn man einen geliebten Menschen im KZ wusste oder wenn man selbst auf der schwarzen Liste der Nazis stand. Neben den übrigen Schrecken lebte so jemand mit der ständigen Bedrohung, dass eines Tages an seine Tür geklopft und er ins KZ gebracht wurde. Auf der schwarzen Liste der Nazis standen nicht nur Juden. Christen, die unter dem Verdacht standen, Juden zu verstecken oder ihnen zu helfen, waren ebenfalls darauf gelistet, genauso wie jeder, der sich in irgendeiner Form gegen die Nazis aussprach. Wir wussten, dass für uns alle irgendwann der Moment kommen würde, dass auch wir in ein Todeslager gebracht wurden, es sei denn, die Alliierten würden uns – mit Gottes Hilfe – retten.

Eines Tages, als ich routinemäßig die Ablage im Büro der Fabrik erledigte, verlor ich mich in meinen Gedanken. Mein Magen knurrte vernehmlich, denn ich hatte die Rationen der letzten beiden Tage an Mutter in Theresienstadt geschickt. Sie hatte in den letzten Monaten den größten Teil meiner Lebensmittelrationen bekommen.

Ich bekam erst gar nicht mit, dass mein Chef zu mir kam und mir sagte: „Da ist eine junge Frau, die mit Ihnen sprechen möchte, Fräulein Dittman." Argwöhnisch beobachtete er mich dann, wie ich das Telefonat entgegennahm. Es war meine Freundin Steffi. Ihre Stimme klang hysterisch.

„Ich muss mich morgen früh um 10 Uhr am Bahnhof einfinden!", sagte sie mit sich überschlagender, belegter Stimme. „Du wirst wahrscheinlich auch eine Vorladung finden, wenn du heute Abend nach Hause kommst. Oh, Anita, ich habe solche Angst!"

Steffi und ich standen einander sehr nahe, seit unsere Mütter vor sieben Monaten nach Theresienstadt gebracht worden waren. In gewisser Weise waren wir wie Schwestern füreinander. Wir standen uns näher, als es bei Hella und mir je der Fall war.

„Es ist in Ordnung, Steffi, dann gehen wir eben gemeinsam. Gott hat uns bis hierher bewahrt. Außerdem wird der Krieg bald ..." Ich hörte abrupt zu reden auf. Wie dumm von mir, ein solches Risiko einzugehen!

„Klammer dich heute Abend ganz fest an die Hand von Jesus, Steffi."

Als ich am Abend nach Hause kam, wartete tatsächlich die Vorladung der Gestapo auch auf mich. Vielleicht wurden wir schriftlich vorgeladen statt durch ein plötzliches Klopfen an der Tür geholt zu werden, weil wir einen arischen Elternteil hatten, dachte ich. Der Wahnsinn des Krieges hatte ja schon ganz andere

Absurditäten mit sich gebracht. Ich sollte mich wie Steffi am nächsten Morgen um 10 Uhr mit einem kleinen Gepäckstück am Bahnhof einfinden.

Unsere Zeit war gekommen. Es schien unvermeidlich zu sein, denn schon vor Monaten waren Menschen mit weniger jüdischem Blut in ihren Adern abgeholt worden. Nur Gott war es, der die Nazis daran gehindert hatte, mich bereits früher zu holen.

„Lieber Herr Jesus", flüsterte ich, als ich mich aufs Bett warf und mein Gesicht im Kopfkissen vergrub. „Ich glaube, dass du mir die Kraft schenken kannst, diese Prüfung zu ertragen. Du stellst meinen Glauben immer wieder auf die Probe. Bitte zeige mir, wie ich Mutter benachrichtigen kann. Sie muss Bescheid wissen, damit sie für mich beten kann und damit sie weiß, warum sie keine Lebensmittelpakete mehr bekommt."

Mein Kissen war völlig durchnässt von meinen Tränen. Ich hatte keine Möglichkeit, Pastor Hornig zu benachrichtigen. Wenn er morgen herausfand, dass ich fort war, würde ich schon auf dem Weg zu einem unbekannten Zielort sein. Doch er würde bald davon erfahren und dann würde er jeden Tag für mich um Bewahrung beten. Ich wusste, die Gebete der Gläubigen der St.-Barbara-Gemeinde würden mich auf meiner schwierigen Reise begleiten.

Irgendwie musste ich Mutter die Nachricht von meiner Verhaftung zuschmuggeln. Vielleicht könnte ich ein Stück Papier in einem Brotlaib verstecken. Ja, einen Versuch war es wert! Wenn ich mich beeilte, wäre ich noch vor Ladenschluss in der Bäckerei. Ich rannte los, wobei ich immer wieder Leuten ausweichen musste, die müde von der Arbeit nach Hause kamen. In ihren Gesichtern war zu lesen, dass sie wussten, dass Deutschland im Begriff stand, den Krieg zu verlieren. Auch wenn es niemand so deutlich sagte, so hatten sich doch viele bereits im Stillen damit abgefunden.

Ich kaufte einen Zwei-Pfund-Laib Pumpernickel und ging wieder nach Hause, um meine Absicht in die Tat umzusetzen. Auf dem Brotlaib befand sich ein dickes Firmenetikett, was für meine Zwecke geradezu trefflich geeignet war. Sorgfältig zog ich das Etikett ab und schnitt ein kleines Loch in den Brotlaib, gerade groß genug, um einen winzigen Zettel hineinzustecken, auf dem stand:

Liebe Mutter, ich werde morgen in ein Lager gebracht, sodass ich dir eine Weile kein Essen mehr schicken kann. Mach dir keine Sorgen um mich. Alles wird gut gehen. Wir werden uns bald wiedersehen! In Liebe, Anita

Sorgfältig drückte ich den gefalteten Zettel in den Brotlaib und anschließend das Etikett auf, sodass das Loch verdeckt war. Nachdem ich dann das Bot eingewickelt hatte, spürte ich plötzlich eine erstaunliche Ruhe über mich kommen. Es war, als ob Gott seine Hand auf meine Schulter legte und mir mit sanfter Stimme sagte: „Anita, vertraue mir nur, ich werde dich nie verlassen. Selbst wenn du durch das finstere Tal gehst, brauchst du kein Unheil zu fürchten, denn ich bin bei dir."

Wie befohlen packte ich ein paar Sachen in meinen Rucksack: eine kleine Schüssel, eine Schale, einen Löffel und eine Gabel, Seife, ein Handtuch und ein Set Wechselwäsche. Sorgfältig packte ich auch die Bibel ein, die Pastor Hornig mir geschenkt hatte. Ich wusste, dass man sie mir wahrscheinlich wegnehmen würde, doch ich wollte mich bemühen, sie behalten zu dürfen. Dann legte ich mich aufs Bett, um nachzudenken und zu beten. Es war eine heiße, stickige Augustnacht – eine Nacht, in der ich normalerweise wach gelegen hätte, um auf eine Brise frischer Luft zu warten oder weil ich den Fliegeralarm hörte. Menschlich gesprochen machte es absolut keinen Sinn, dass ich den friedlichsten Schlaf meines jungen Lebens schlief – ungeachtet der schweren Prüfung, die nun vor mir lag.

Kurz vor zehn Uhr am nächsten Morgen traf ich Steffi am Bahnhof. Sobald wir uns sahen, liefen wir aufeinander zu und umarmten uns. Steffi begann wieder zu weinen, und ich nahm ihre Hand, während wir gemeinsam auf weitere Anweisungen warteten.

„Dies alles geschieht nur mit Gottes Erlaubnis", versicherte ich ihr. „Er hat mir ganz deutlich gesagt, dass wir nicht sterben werden – und dass wir sogar bald wieder mit unseren Müttern vereint sein werden! Verzweifle nicht, Steffi. Wo ist dein Glaube?"

„Er war nie so stark wie deiner", schluchzte sie. „Du musst bitte für uns beide glauben." Sie setzte ihren Koffer ab und wischte die Tränen fort, die ihre Wangen in der Morgensonne glänzen ließen. Ich hielt ihre andere Hand ganz fest. Überall schoben sich verängstigte Menschen voran, beeilten sich, um dann zu warten. Ich erkannte viele von ihnen, unter ihnen auch die Wolf-Brüder. Die meisten hatten, so wie Steffi und ich, nur einen jüdischen Elternteil.

In seiner Gnade hatte Gott es zugelassen, dass auch andere gläubige Christen zu dieser Zugladung aus verängstigten Menschen stießen. Ich erkannte einige wieder, die von Pastor Hornig zu Jesus geführt worden waren. Sie waren bisher von den Lagern verschont geblieben, weil wir keine typischen Juden waren, sondern an Jesus glaubten. Man hatte gesehen, wie wir an protestantischen Gottesdiensten teilgenommen hatten. Doch in den Augen der Nazis war unser Blut trotzdem unrein und weit vom perfekten Arier entfernt; allerdings betrachteten sie uns nicht wie

Ungeziefer, wie sie es mit den Juden getan hatten, die vor uns abgeholt worden waren.

Doch einige der Menschen am Bahnhof waren auch einfach nur Juden, die in einem letzten Bemühen der Nazis, Deutschland und die Welt für immer von den Juden zu säubern, abgeholt wurden.

Verängstigte, „unreine" menschliche Wesen wurden von brüllenden SS-Männern auf den Zug getrieben, die mit Gewehren und Pistolen bewaffnet auf und ab marschierten. Die Sitze und die Fenster des Zuges waren von dickem, schwarzem Dreck bedeckt, der von der Asche des brennenden Deutschlands stammte, doch wenigstens wurden wir nicht in einen Viehwaggon gepfercht, so wie es viele unserer Verwandten erlebt hatten. Während die SS-Männer ihre Befehle bellten, schoben Steffi und ich uns langsam vorwärts, um einzusteigen und einen Sitzplatz zu finden. Wir unterhielten uns, vermieden aber alles, was als nazifeindlich hätte gelten können.

„Was meinst du, wohin werden wir gebracht?", fragte Steffi, als wir uns Seite an Seite auf einen Sitz fallen ließen.

„Wahrscheinlich in ein Arbeitslager", erwiderte ich und legte meinen Rucksack in meinen Schoß. „Wir werden nicht lange dortbleiben, Steffi."

Ein Schluchzen und Stöhnen erklang durch den Zug, die ganze Palette menschlicher Verzweiflung schien hier zu erklingen. Es war, als habe mehr als zehn Jahre lang eine teuflische Wolke über dem Land gehangen und als ob nun alle Dämonen der Angst und Verzweiflung die Herzen derjenigen in Besitz nahmen, die Jesus nicht kannten.

Die Nazis waren davon überzeugt, dass die Juden weltweit zum Kampf aufriefen und dass sie aufgrund ihrer Geburt und Rasse allesamt Mitglieder einer internationalen Verschwörung gegen

Nazideutschland waren. Jeder lebende Jude galt als ein Feind Deutschlands. Dass die Juden sich aber duldsam, passiv und nicht aggressiv verhielten, legte Hitler wiederum so aus, dass sie feige waren, und nicht etwa, weil sie keinen Hass gegen Deutschland verspürten. Die Verachtung der gesamten deutschen Nation wurde jedem zuteil, der Juden half oder freundschaftlich mit ihnen umging. Ich hatte Angst um Pastor Hornig, denn nur wenige Deutsche setzten sich für die Juden ein wie er.

Die Wolf-Brüder saßen hinter Steffi und mir. Rudi lehnte sich herüber, um uns etwas zuzuflüstern. „Ich habe einen SS-Mann belauscht", sagte er leise. „Wir fahren in das Arbeitslager ‚Barthold' nahe Schmiegrode." Er lehnte sich wieder zurück in seinen Sitz, als uniformierte SS-Männer durch den Gang kamen und die Leute zählten.

Als der Zug Breslau verließ, spähte ich in meinen Rucksack, um zu sehen, ob meine kleine Bibel noch darin war. Wahrscheinlich würde es uns an Nahrung für unseren Körper mangeln, aber ich wollte sichergehen, dass wir geistliche Nahrung hatten. „Wir haben einen großen Gott, Steffi", sagte ich leise zu ihr. Steffi aber starrte ausdruckslos vor sich hin. Ich hatte den Eindruck, sie stünde kurz davor, die Beziehung zur Wirklichkeit zu verlieren, und sprach schnell ein Gebet für sie. Im nächsten Moment leuchteten ihre glasigen Augen wieder auf und sie sah mich an. Ich zeigte auf meine Bibel, die in braunes Papier gewickelt in meinem Rucksack steckte, und wir lächelten beide.

Zwei Stunden lang fuhren wir durch die Landschaft. Ich wunderte mich, so wenig Zerstörung zu sehen, auch wenn ich wusste, dass die Alliierten ihre Angriffe auf die großen Städte konzentrierten. Nur wenige Großstädte waren von den furchtbaren nächtlichen Luftangriffen verschont worden; Dresden war die einzige

Großstadt, die bislang noch unversehrt war. Wir hatten keine Ahnung, wie lange das so bleiben würde.

Die grünen Hügel und Felder, an denen wir vorbeifuhren, wirkten geradezu malerisch. Ich fragte mich, ob die Bauern wussten, dass nur wenige Kilometer entfernt furchtbares Leid herrschte, dass die meisten Städte rauchende Ruinen waren, dass zahllose Opfer unter dem Schutt begraben lagen und dass viele Überlebende heimatlos umherirrten. Ich fragte mich, ob die Bauern wussten, dass die Insassen des Zuges, den sie von ihren Feldern aus sehen konnten, von den Nazis als weniger wertvoll betrachtet wurden als das Vieh, das friedlich auf ihren Flächen graste. Ich fragte mich, ob diese Bauern am Sonntag zum Gottesdienst gingen und zum Gott jüdischer Herkunft (und zu ihrem von Menschen gemachten Führer) beteten und gleichzeitig aber die Juden verachteten.

Wir schwiegen die Fahrt über, denn die meisten hatten Angst zu reden. Ich sah in die Gesichter um mich herum, sie starrten ausdruckslos vor sich hin und waren vor Ungewissheit wie starr. Wie dankbar war ich für den Frieden in meinem Herzen, der mir die unerklärliche Gewissheit gab, dass Gott alles unter Kontrolle hatte – nicht nur unser Leben, sondern auch Deutschland, die alliierten Länder und die ganze vom Krieg erschöpfte Welt.

Als der Zug am Dorf Schmiegrode hielt, strömten wir hinaus, und viele wurden mit Gewehrkolben zum Weitergehen angetrieben. Männer und Frauen wurden getrennt und in verschiedene Richtungen geschickt. Drei bewaffnete Wachen eskortierten rund 150 Frauen unserer Gruppe über Kopfsteinpflasterstraßen. Nach mehreren Häuserblocks gelangten wir zu einem Waldstück. Wir liefen noch etwa anderthalb Kilometer bis zu einem heruntergekommenen Arbeitslager, das nur aus einer riesigen Kuhscheune, einem Pferdestall und einem Hauptgebäude für das Wachpersonal bestand. Die Kuhscheune war der Schlafsaal für die Frauen, die Männer waren im Pferdestall einquartiert. Schweigend gingen wir rasch vorwärts und traten durch das Eingangstor. Wir stellten uns wie angeordnet in Reihen auf.

Nach dem Abzählen aller Frauen wurden wir in die Scheune getrieben und angehalten, stillzustehen, während ein SS-Wachmann uns Anweisungen gab. Er blickte uns finster an und ging herrisch vor unserer Reihe auf und ab.

„Denn ich bin ganz sicher: Weder Tod noch Leben, weder Engel noch Dämonen, weder Gegenwärtiges noch Zukünftiges noch irgendwelche Gewalten, weder Hohes noch Tiefes oder sonst irgendetwas auf der Welt können uns von der Liebe Gottes trennen, die er uns in Jesus Christus, unserem Herrn, schenkt." Römer 8,38–39

10.

ARBEITSLAGER

Das ist euer neues Zuhause", sagte der SS-Offizier mit einem schiefen Grinsen. „Ich hoffe, es gefällt euch. Ihr habt ja keine andere Wahl." Spöttisch lachte er uns ins Gesicht. „Ihr werdet auf dem Stroh auf dem Boden schlafen", fuhr er fort. „Ihr könnt euch überall in der Scheune hinlegen. Jede von euch bekommt zwei Pferdedecken. Eine könnt ihr über das Stroh legen. Draußen befindet sich ein Wasserhahn mit kaltem Wasser. Ihr könnt euch baden, indem ihr Wasser in einen Kübel laufen lasst, den wir euch geben. Ihr könnt aber auch im Bach baden, wenn ihr wollt. Die Toilette ist draußen hinter der Scheune. Es ist nur eine Grube, aber die ist gut genug für euch." Er hörte für einen Moment auf zu reden, ging aber weiter vor uns auf und ab.

„Ab morgen früh werdet ihr mit der Arbeit beginnen. Der Führer ist harten Arbeitern gegenüber wohlwollend. Der deutsche Arbeitstag wurde auf zehn Stunden ausgedehnt, das gilt auch für euch. Für einige wird es sehr schwere Arbeit sein. Wir werden euch um vier Uhr morgens wecken, danach müsst ihr euch auf dem Hof in der Mitte des Lagers in Reih und Glied aufstellen.

Dort werdet ihr gezählt und man wird euch eine Scheibe Brot geben. Anschließend marschiert ihr ein paar Kilometer bis zur Arbeitszone, das dauert etwa eine Stunde. Die meisten von euch werden Gräben ausheben, die russische Panzer aufhalten sollen. Abends habt ihr frei und könnt tun, was ihr wollt. Wir werden jeweils eine Gruppenführerin für zehn Mädchen bestimmen. Die Gruppenführerin wird einen Eimer für euch bekommen, in dem ihr euer Geschirr, eure Kleider und euch selbst waschen könnt. Wir haben eine kleine Ration Suppe für euch, doch die muss mehrere Wochen lang halten. Wir können euch keine Luxusgüter geben, ihr aber gebt uns ehrliche Arbeit, dann bekommt ihr zwanzig Reichsmark pro Monat. Ich hoffe, ihr wisst unsere Großzügigkeit zu schätzen, denn nirgendwo sonst in Deutschland bekommen Häftlinge einen Lohn für ihre Arbeit. Ihr solltet dem Führer für seine Freundlichkeit euch gegenüber danken." Niemand bewegte auch nur einen Muskel oder zeigte irgendeine Emotion.

„Tragt kurze Hosen und luftige Oberteile, denn es wird euch schnell warm werden bei der Arbeit. Ihr bekommt *eine* Mittagspause für Suppe und Wasser. Jeder Fluchtversuch wird so schwer bestraft, dass der Tod eine Erleichterung wäre. Verstanden?"

Wir nickten und sagten: „Jawohl!"

„Ach, übrigens", fuhr er fort. „Ihr bekommt keine freien Tage, außer wenn es regnet. Aber wie ihr seht, hat euer Gott euch verlassen, denn es hat den ganzen Sommer über noch nicht geregnet!" Er brüllte vor Lachen. „Ihr werdet gegen fünf Uhr nachmittags etwas zu essen bekommen. Willkommen im Lager *Barthold*!" Damit gab er uns den Hitlergruß und ging fort.

Wir krochen danach alle auf dem Boden herum, um uns ein kleines Lager zu richten. Steffi und ich hatten einen gemeinsamen Platz gefunden und ließen uns auf das kratzige Stroh fallen.

„Wenigstens ist es nicht Auschwitz", sagte ich, „und man rasiert uns nicht die Köpfe." In vielen Lagern war das gang und gäbe. „Lass uns Gott dafür danken und beten, dass es tage- und nächtelang regnet. Gott hat das schon einmal getan. Dann müssten wir nicht diese furchtbare Arbeit tun." Steffi lächelte schwach.

Einige der jungen Frauen in unserer Scheune waren erst vierzehn, einige andere sechzig Jahre alt. Wie würden die Älteren die schwere Arbeit verkraften? Würde man zusehen, wie sie sich zu Tode arbeiteten, so wie es in anderen Lagern geschah?

Wir fanden einen kleinen Holzbalken in der Scheune, auf den wir unsere wenigen Habseligkeiten legten. Um fünf Uhr gingen wir nach draußen und stellten uns für die Ausgabe der Abendration an. Seit dem Morgen hatte niemand mehr etwas gegessen und wir waren alle müde und verschwitzt von dem Aufenthalt in der stickigen Scheune. Es war beinahe unvorstellbar, in der Augusthitze zehn Stunden lang hart körperlich zu arbeiten. Aber war es nicht ich selbst, die Steffi erklärt hatte, wir hätten einen großen Gott, der Wunder tun konnte und uns die nötige Kraft schenken würde, wenn wir ihn darum baten?

Unser Abendessen bestand aus einer wässrigen Suppe mit einer undefinierbaren klumpigen Substanz darin. Sie schmeckte seltsam und verdorben, doch wir aßen sie. Wir standen mit den Männern in der Schlange. Dies war der einzige Moment, in dem sich Eheleute, die gemeinsam nach Barthold geschickt worden waren, sehen konnten, mit Ausnahme gelegentlicher abendlicher Besuche unter dem wachsamen Blick eines Aufsehers. Wir bekamen auch jeder eine Scheibe Brot, doch die war eigentlich für das Frühstück vorgesehen; insofern würden wir die nächste Mahlzeit erst am Mittag bekommen. Wir schauten alle darbend auf die Brotscheibe, wussten jedoch, dass wir sie fürs Frühstück aufheben mussten, denn sonst würden wir die langen Arbeitsstunden am Vormittag nicht durchstehen.

Am ersten Abend machten wir Frauen uns miteinander bekannt. Alle erzählten von der schrecklichen Angst um Angehörige, die schon Monate oder gar Jahre zuvor deportiert worden waren. Viele hatten seitdem nichts mehr von ihren Lieben gehört. Wie dankbar war ich, dass Gott Mutter und mir es ermöglicht hatte, während der letzten sieben Monate miteinander in Kontakt zu bleiben. Wenigstens musste ich nicht das schlimme Warten und eine Ungewissheit, ob sie noch am Leben war, ertragen. Mir war klar, dass dies ein weiterer Beweis für Gottes Güte war. Während ich durch die Scheune schlenderte, um die anderen kennenzulernen, traf ich auch auf einige Frauen, die durch Pastor Hornig zum Glauben an Jesus Christus gekommen waren.

„Ich habe eine Bibel dabei", offenbarte ich ihnen voller Begeisterung. „Wir können abends gemeinsam darin lesen, wenn ihr mögt." Viele schenkten mir ein breites Lächeln. Andere zweifelten, weil sie so viel Not durchgemacht hatten. Wieder andere sagten sich während der Lagerhaft von Gott los, weil sie nicht glauben konnten, dass Gott so etwas zulassen würde. Doch viele klammerten sich gerade durch die Zeit im Lager Barthold fester an Gott als zuvor.

Die Latrine befand sich mitten im Freien ohne jeden Sichtschutz. Die Aufseher amüsierten sich daher, wenn wir unsere Notdurft verrichteten. Letztlich führten die kleinen Hungerrationen dazu, dass die Ruhr grassierte. Doch der Lagerleiter ließ uns informieren, dass jeder, der sich weigerte, zur Latrine zu gehen, einen ganzen Monatslohn verlieren würde. Ein mutiger junger Mann protestierte laut gegen diese lächerliche Maßnahme. „Sogar die öffentlichen Toiletten in Breslau kosten nur zehn Pfennig", sagte er. Das Lager dröhnte vor Lachen. Sofort kam der SS-Mann, der die Information weitergegeben hatte, zu dem jungen Mann herüber und schlug ihn hart auf den Hinterkopf. Sämtliche künftigen Versuche vor den Wachen ein wenig Unbeschwertheit herbeizuführen, wurden damit im Keim erstickt.

Um vier Uhr wurden wir von einer schroffen Stimme aus unserem unruhigen Schlaf gerissen: „Alle aufstehen! Appell in einer halben Stunde."

Unsere Körper sehnten sich nach etwas mehr Schlaf, gewöhnten sich aber allmählich an die nur fünf Stunden dauernde Nachtruhe. Ich griff nach meiner kostbaren Brotscheibe, fand aber nur Rattenkot vor. Ohne Ausnahme hatten die Ratten und andere Scheunenkreaturen all unsere Frühstücksrationen aufgefressen. Seitdem verbargen wir unser Brot jede Nacht in unseren fest verschnürten Rucksäcken.

Um fünf Uhr erhielten wir dann eine Tasse lauwarmen Kaffee und marschierten anschließend eine Stunde lang zur Arbeitszone. Die Männer gingen in der Regel in eine andere Richtung, doch dann und wann arbeiteten wir mit ihnen in der gleichen Zone und schaufelten sogar miteinander dieselben Gräben aus. Für die Ehepaare war das eine große Freude, denn so konnten sie den ganzen Tag lang Seite an Seite arbeiten.

Steffi und ich gruben auch meist zusammen, doch die Anstrengung war für Steffi fast unerträglich. Sie war als Kind viel mehr verwöhnt worden als ich und all die Entbehrung und das Leid gar nicht gewohnt. Ihr Glaube war schwächer und ihre körperliche Kraft geringer als meine. Doch wie durch ein Wunder versorgte Gott mich mit außergewöhnlicher Kraft ungeachtet meiner Hungerkur der letzten sieben Monate.

Die Arbeit war so unerbittlich wie die Augustsonne. Man reichte uns schweres Gerät wie Schaufeln und Hacken. Wir mussten in einem Bereich so lange arbeiten, bis ein Graben von fast zwei Metern Tiefe entstanden war. Machten wir zwischendurch eine Verschnaufpause, drohte oder schlug uns einer der Aufseher, manchmal mit einem derb gearbeiteten Stock, der ihm als Peitsche diente. Solange wir hart arbeiteten und schwitzten, durften wir dabei mit der Person, die an unserer Seite grub, reden. Wir durften über alles sprechen, nur nicht irgendetwas, das sich gegen Hitler richtete. Für mich war dies eine Gelegenheit, den Glauben einer ins Zweifeln geratenen Glaubensschwester zu stärken oder einer Leidensgenossin, die noch nicht glaubte, von Jesus zu erzählen. Einige der Jüdinnen waren gegenüber dem Evangelium völlig verschlossen, andere dagegen hörten – aufgrund der Umstände – respektvoll zu und stellten Fragen. Offen über den Krieg oder Hitler zu sprechen, war trotz allem eine große Versuchung.

Der Schweiß rann uns ins Strömen über den Körper. Es gab nirgendwo Schatten. Wir aßen regelrecht den Staub, der vom Graben hochstieg. Gegen Mittag waren wir bereits völlig erschöpft, doch es lagen noch vier weitere Stunden harter Arbeit vor uns. Nach nur einem Tag hatten viele große Blasen an den Händen und viele klagten über fürchterliche Rückenschmerzen. Jedes Mal, wenn sich einer der Aufseher einen Moment lang wegdrehte, versuchten wir uns kurz auszuruhen. Sehnlichst erwarteten wir das Pfeifen zur Mittagspause. Ein Pferdekarren brachte dann Kübel mit Wasser und wässriger Suppe. Jede Flüssigkeit war willkommen, denn unser Durst war fast noch größer als unser Hunger. Bei Mittag durften wir uns eine halbe Stunde lang ausruhen und miteinander unterhalten. Steffi und ich saßen oft Seite an Seite und träumten von besseren Tagen.

„Warum lässt Gott das alles zu?", fragte Steffi gleich am ersten Tag. „Warum lässt er es zu, dass unser Volk abgeschlachtet wird?" Wir lehnten uns auf dem ausgedörrten Gras zurück. „Aber denk nur an die, die leben, Steffi. Du und ich, wir werden unsere Geschichte erzählen. Ich weiß, dass Gott über jeden Menschen weint, der durch die Hände von Männern stirbt, die vom Teufel inspiriert sind und nach Macht hungern." Ich flüsterte, damit der Aufseher nichts mitbekam. „Ich glaube, dass Gott tatsächlich Tränen vergießt, so wie er es tat, als Jesus gekreuzigt wurde. Damals lag die ganze Welt im Dunkeln, weil Gott das Leiden seines Sohnes nicht mit ansehen konnte. Aber Steffi, er *sieht* uns und er hört die Sehnsucht in unseren Herzen."

Steffi nickte skeptisch.

„Du wirst sehen", sagte ich.

Der Nachmittag brachte weitere Stunden unerbittlicher Arbeit mit sich. Später wurden wir manchmal anderen Partnern zugeteilt, sodass man neue Freundschaften schließen konnte. Gelegentlich durften wir uns unseren Partner selbst aussuchen, dann sorgte ich dafür, dass ich neben Steffi graben konnte. Sie brauchte dringend Ermutigung, denn ihre Depression schien sich immer mehr zu vertiefen.

Am späten Nachmittag mussten wir uns in einer Reihe aufstellen, bevor wir den langen Rückweg antraten. Oft sangen wir unterwegs deutsche Volks- oder Wanderlieder. Die Aufseher wollten, dass wir Lieder des Deutschen Reiches sangen, doch wir lehnten das ab und wunderten uns, dass wir dafür nicht bestraft wurden. Während wir marschierten und sangen, starrten uns Bauernfamilien in den umliegenden Häusern neugierig an. Ich war mir sicher, in ihren Blicken Mitleid zu spüren. Wahrscheinlich war diesen Menschen schon bewusst, wie sehr sie durch die Nazipropaganda manipuliert worden waren. Später stellte sich heraus, dass ich mich nicht geirrt hatte: Die Bauern in der unmittelbaren Umgebung riskierten häufig ihr Leben, indem sie uns heimlich gekochte Kartoffeln, Gemüse oder Buttermilch zusteckten. Sie berichteten uns auch Neuigkeiten von der Front, sofern sie durch öffentliche Meldungen oder durch schwache Signale eines Untergrundsenders Nachrichten erhielten. Die Informationen waren nicht sehr präzise, doch wir wussten mit Sicherheit, dass Deutschland im Spätsommer 1944 große Niederlagen hinnehmen musste.

Unter den Frauen in der Scheune befanden sich Künstlerinnen, Musikerinnen, Tänzerinnen und Unterhaltungskünstlerinnen. Jeden Abend versuchten wir daher, in der Scheune ein wenig Unterhaltsames zu organisieren. Die Schauspielerinnen zeigten eine Pantomime-Vorführung, die Sängerinnen schrieben Lieder oder sangen nach Wunsch und die Tänzerinnen tanzten uns etwas vor. Für jeden war immer etwas dabei und wir hatten Spaß. Jedenfalls die ersten Wochen, als die Umstände noch erträglich waren. Als sich diese aber später änderten, wandten sich viele Frauen gegeneinander.

Schon nach einer kurzen Weile hatte ich herausgefunden, welche Frauen mit mir in der Bibel lesen wollten. Fast jeden Abend trafen wir uns in einer Ecke der Scheune, um Loblieder zu singen, in der Bibel zu lesen und zu beten. Wir versuchten uns gegenseitig Mut zu machen, und in weniger als einer Woche wuchs unsere Gruppe von sechs auf zehn Frauen. Wenn wir miteinander sprachen, konzentrierten wir uns auf ein Wunder pro Tag, wie Gott uns beschützt oder für uns gesorgt hatte. Jeden Tag gab es ein kleines Wunder zu berichten. Und dann wurden wir Christen zunehmend mutiger; viele begannen beim Graben ihrer Partnerin von Jesus und dem Evangelium zu erzählen. Manchmal half Gott uns sogar in diesen Momenten, ganze Textpassagen der Bibel spontan zu rezitieren, die wir Jahre zuvor auswendig gelernt hatten.

Oft aber erlebten wir das Wunderwirken Gottes an unserer körperlichen Verfassung. Dass Gott unsere Mägen, die nur Hungerrationen bekamen, füllte und uns erfrischte, uns ausgeruhte Körper gab, obwohl wir nur vier oder fünf Stunden geschlafen hatten, war unglaublich. In einer Phase tiefster Verzweiflung erhielten wir beispielsweise von einem Bauern die Nachricht, dass die Alliierten in Kürze Deutschland besiegen und alle Gefangenen befreien würden. Gott ließ uns nie in lähmende Verzweiflung versinken, sondern sandte uns immer wieder im richtigen Moment jemanden. Vielleicht waren all diese Leute Engel, denn sie brachten uns froh machende Botschaften oder aber Lebensmittel aus einer Bauernküche.

Eine Sache, für die wir täglich beteten, blieb jedoch aus: Regen.

Sechs Wochen lang regnete es nicht und so hatten wir keinen einzigen freien Tag. Dass Gott so wenig Mitleid mit uns hatte, amüsierte die Nazis geradezu.

Jedes Mal, wenn wir morgens durch die Dämmerung hin zu unseren Arbeitsstellen gingen, hielt ich Steffis Hand ganz fest und betete, Gott möge mir die richtigen Worte schenken, um gegen ihre zunehmende Schwermut anzugehen.

„Im Vergleich zu anderen sind wir frei", sagte ich eines Morgens zu ihr. „Wir haben keinen Stacheldraht um uns herum und es gibt keine Gaskammern hier."

„Die Tiere im Wald haben mehr als wir", erwiderte Steffi. „Sie haben wenigstens genug zu fressen. Ihre Mägen ziehen sich nicht vor Schmerz zusammen, weil sie so wenig haben."

„Sie werden gejagt, genau wie wir. Gott hat ihnen Schnelligkeit und uns einen scharfen Verstand gegeben, um die Bösen zu überlisten. Warte ab! Gott wird uns befreien, ein Wunder wird geschehen."

„Er hat uns noch nicht einmal Regen geschenkt", erwiderte Steffi niedergeschlagen.

„Aber seine Engel haben uns gestern Abend Buttermilch und gekochte Eier vorbeigebracht, Steffi, sodass unsere Mägen sich heute nicht vor Schmerz zusammenziehen."

Im August und September nutzten wir den Bach, um den angetrockneten Schmutz von unserer Haut zu waschen und zu baden. Das rasch fließende Gewässer war einfach herrlich, es massierte und erfrischte unsere Körper.

Durch die harte Arbeit und Mangelernährung wurden alle Frauen sehr dünn; mein Körper war in der Arbeitskleidung geradezu geschrumpft. Dank meiner frühkindlichen Ballett- und Gymnastikstunden behielt ich aber meine Koordination und konnte effizient weiterarbeiten. Selbst die schmerzhaften Blasen an meinen Händen störten nicht mehr, da sie sich in Schwielen verwandelt hatten. Und die sengende Sonne hatte meiner Haut eine lederne, nussbraune Konsistenz verliehen und mein langes, blondes Haar war ausgebleicht.

Rudi Wolf bekam eines Abends die Erlaubnis, nach dem Abendessen mit mir durch das Lager zu spazieren. Er beschleunigte seinen Schritt, als er mich neben der Scheune auf ihn warten sah. Sein Gesicht glänzte im Mondlicht erwartungsvoll.

„Anita, ich habe großartige Neuigkeiten", platze er atemlos heraus. Wir gingen mit raschen Schritten durch das Lager, das überall von Aufsehern bewacht wurde, und flüsterten miteinander.

Jedes Mal, wenn wir uns einem Wachmann näherten, sprachen wir laut über belanglose Dinge, um ja keinen Verdacht zu erwecken.

„Ich habe immer gewusst, dass es Hoffnung gibt, Rudi. Was ist es?"

„Ich habe heute auf dem Feld eines alten Bauern gegraben. Er kam dann aus seinem Haus und sprach mit mir, während ich arbeitete. Die Wachen konnten uns nicht sehen, weil wir fast zwei Meter tief standen. Er erzählte mir, dass zwei Familien aus Berlin bei ihm wohnen und dass die Bürger aus den Städten aufs Land fliehen, weil die bombardierten Städte zu großen Friedhöfen geworden sind. Deutschland ist dabei, den Krieg zu verlieren. Es wird nicht mehr lange dauern!"

Wir sahen über unsere Schultern zurück, um sicherzugehen, dass uns niemand folgte.

„Er erzählte weiter, dass den ganzen Sommer über deutsche Städte von den Alliierten in Schutt und Asche gelegt wurden", fuhr Rudi fort. „Die Alliierten benutzen hochexplosive Bomben, die größeren Schaden anrichten. Sobald eine Stadt beginnt, die Häuser wiederaufzubauen, fallen erneut Bomben."

„Wann wird alles zu Ende sein?"

„Die Russen befinden sich an der Grenze zum Deutschen Reich. Rom wurde befreit und andere Städte ebenfalls. Der Krieg ist verloren. Die einzige offene Frage lautet: Wird Deutschland vollständig zerstört? Und, stell dir vor, Anita, einige Konzentrationslager wurden bereits befreit! Treblinka und andere wurden von den Russen befreit. Es ist alles nur noch eine Frage der Zeit."

„Wir müssen beten, Rudi, dass Gott mit dem deutschen Volk barmherzig ist. Die Deutschen waren Hitlers Marionetten und sie haben furchtbar gelitten."

„Ich habe leider auch schlechte Nachrichten." Rudis Gesicht wurde starr und er rang mit den Tränen. „Der alte Bauer hat mir erzählt, dass Berichten zufolge in den vergangenen Wochen 600 000 Juden in Auschwitz vergast wurden, in einem letzten verzweifelten Versuch, die Juden völlig auszulöschen. Adolf Eichmann hat öffentlich bekannt gegeben, dass bisher durch das Deutsche Reich sechs Millionen Juden getötet wurden. Und Hitler sagte, dafür werde die Welt ihm ewig dankbar sein."

Ich wusste nichts darauf zu erwidern. Rudi und ich gingen schweigend weiter. Eines Tages würde die Welt über alles Bescheid wissen.

Ein paar Minuten später schluckte ich den großen Kloß in meinem Hals hinunter. „Hatte der Bauer auch Nachrichten über Theresienstadt?", fragte ich ängstlich.

„Nein, aber ich glaube, dass die Russen dorthin vorrücken."

Schnelle Schritte hinter uns wurden lauter und ein langes Gewehr erschien zwischen Rudi und mir. „Das reicht. Geh zurück in die Scheune, Kleine!", bellte der SS-Mann mich an.

Einerseits freute ich mich über Rudis Nachrichten, andererseits trauerte ich. Die „ruhmreichen" Tage des Deutschen Reiches schienen zu Ende zu sein, doch was war mit Mutter?

Im Lager wurden Tage der Monotonie zu Wochen. Unsere Brotrationen reduzierten sich und die Suppe schmeckte irgendwann seltsamer denn je. Mein Magen, der von der schweren Gelbsucht im vorigen Jahr noch immer geschwächt war, rebellierte zusehends gegen diese Mangelernährung; ich bekam kaum etwas hinunter. Obwohl ich weiter Gewicht verlor, gab mir mein

Gott genug Kraft, das Arbeitspensum zu bewältigen, ohne die Aufmerksamkeit der Wachen auf mich zu ziehen. Andere litten an Hitzestau oder Erschöpfung; es war der heißeste, trockenste Sommer und Herbst in der Geschichte Deutschlands. Ich hatte tiefes Mitleid mit denen, die in der Nachmittagssonne zusammenbrachen. Die Nazis brachten ihnen kaum Mitgefühl entgegen oder sorgten für Erleichterung. Sie schütteten bloß einen Eimer Wasser über sie aus, gefolgt von einer strengen Strafpredigt über die Kraft der reinen arischen Rasse und die Schwäche der verachtenswerten Juden. Danach drückte man ihnen wieder eine Hacke in die Hand und schob sie mit dem Gewehrkolben zurück zum Graben.

Der Wechsel aus der Monotonie nicht enden wollender Tage und kurzer Nächte war für uns, die wir an Jesus glaubten, erträglich, weil wir einander Mut zusprechen konnten. Mittlerweile kannte ich alle Frauen, die an Jesus Christus glaubten, während ich mir bei den Männern nicht so sicher war.

Eines Tages, es war im September, als die sengende Hitze etwas nachgelassen hatte, musste ich neben einem Mann namens Gunther Czech graben. Sein neunzehnjähriges Gesicht leuchtete vor innerer Schönheit, und es dauerte nur wenige Augenblicke, da gaben wir uns als Judenchristen zu erkennen. Wir freuten uns beide über unsere Entdeckung! Auf einmal waren unsere Herzen und Gedanken so miteinander im Einklang, dass wir erst später bemerkten, wie hart der Lehmboden war, den wir mit der Hacke bearbeiteten. Und es kam noch besser: Unsere Mütter kannten einander.

„Gunther, deine Mutter heißt Hilde, genau wie meine. Mutter hat mir oft von Hilde Czech erzählt. Sie war so glücklich, eine Jüdin zu treffen, die auch an Jesus glaubt."

„Stell dir vor", sagte Gunther, „meine Mutter hat den Namen Hilde Dittman auch erwähnt." Gunther hörte nicht auf zu graben und der Schweiß lief ihm selbst an diesem relativ kühlen Tag übers Gesicht.

„Was ist mit deiner Mutter geschehen, Gunther?"

„Sie ist in Theresienstadt."

„Meine ist auch dort!"

Gunther schenkte mir ein breites Lächeln. „Anita, wenn wir je hier herauskommen, dann werden wir uns in Theresienstadt wiedertreffen, wenn wir versuchen, unsere Mütter zu finden. Vielleicht können wir sogar zusammen dorthin gehen!"

Als ich am Nachmittag zur Scheune zurückging, jubelte ich innerlich. So oft hatte ich andere ermutigt und viel von mir selbst preisgegeben, manchmal sogar so viel, bis ich mich fast ausgetrocknet fühlte. Doch heute hatte Gunther mich erfrischt und aufgebaut. Gott wusste mal wieder bestens Bescheid und schickte mir einen neuen Freund. Er kannte alle meine Bedürfnisse.

Nachdem Steffi sich an die körperliche Plackerei angepasst hatte, ließ ihre Depression etwas nach. Sie fand neue Freundinnen, die sich wie sie fürs Theater interessierten, doch sie sprach weniger über Gott, was mich enttäuschte. Ich sah sie nun sogar gelegentlich lächeln oder sogar lachen und sie weinte immer weniger.

Unsere Frauengebetsgruppe wuchs weiter. Vor allem als die Frauen bemerkten, wie viel Kraft und Mut von denen ausging, die regelmäßig miteinander beteten. Manche kamen aus Neugier vorbei, kehrten aber nicht zurück. Andere erschienen und fühlten sich von all dem Reden über Jesus beleidigt. Dritte lehnten sich zurück und beobachteten uns einfach verhalten; später dann stellten sie mir beim Graben Fragen über Jesus, über das Judentum und den Glauben an Jesus, über den Himmel und die Hölle.

Für sie war die Hölle das Leben auf Erden. Viele der Frauen verstanden nicht, warum wir Christen keinen bitteren Hass gegen die Nazis hegten und warum wir nicht die ganze Welt verfluchten, die sich so wenig um unser Schicksal scherte. Zunächst kamen sie einzeln mit solch skeptischen Fragen. Dann zu zweit und später als halbes Dutzend. So viele Fragen. So viele rasch benötigte Antworten. *Jesus,* betete ich im Stillen, *sprich durch mich. Hilf mir zu leben, was ich sage!*

Nach sechs Wochen ununterbrochener Arbeit bekamen wir einen besonderen „Leckerbissen": Jeder Häftling durfte einen Verwandten anrufen und ihn bitten, ihn zu besuchen. Ich wusste, dass alle Verwandten von Mutters Seite entweder tot oder in einem Lager waren; es blieb also nur Vater übrig. Ich freute mich auf den Anruf und dachte den ganzen Tag daran. Schließlich war ich an der Reihe, ins Hauptgebäude des Lagers zu gehen und das Telefon zu benutzen. Ich wählte Vaters Nummer, während andere Häftlinge hinter mir Schlange standen. Vater wusste nicht, dass ich in ein Lager gebracht worden war. Wie würde er reagieren? Apathisch? Geschockt? Oh, er musste einfach beschämt klingen, sonst wäre ich zutiefst verletzt. *Danke, Jesus,* betete ich, *dass ich einen himmlischen Vater habe, der mich tröstet, wenn mein irdischer Vater versagt.*

Ich wählte die Nummer auf dem altmodischen Landapparat und wartete, bis ich Vaters vertraute Stimme hörte.

„Hallo, Papa", sagte ich beschwingt.

„Anita! Wo bist du? Jemand hat gesagt, du seiest auf einem der Züge in ein Arbeitslager gewesen. Stimmt das?"

„Ja, Papa, ich bin in Barthold nahe Schmiegrode. Ich kann nicht lange sprechen, aber ich darf am nächsten Samstag Besuch bekommen. Würdest du kommen und mich besuchen?"

„Ja. Kann ich dir etwas zu essen mitbringen?", fragte er.

„Ja, das wäre schön. Da warten ungefähr zwanzig Leute hinter mir, die auch das Telefon benutzen wollen, deshalb sage ich dir jetzt auf Wiedersehen. Ich vermisse dich, Papa." Ich wartete ein paar Sekunden, bevor er antwortete.

„Anita, es tut mir leid, dass das alles passiert ist. Es tut mir so leid."

„Es war schön, deine Stimme zu hören. Bis bald. Gott segne dich." Ich wusste, dass die letzten Worte nicht durch seine atheistische Bitterkeit dringen würden.

An diesem Abend herrschte in unserer Scheune eine ausgelassene Stimmung, vor Aufregung und Vorfreude. In einer Woche würden fast alle Häftlinge Besuch bekommen. Wir unterhielten uns angeregt miteinander, während wir auf dem strohgedeckten Boden hockten. Steffi und ich redeten noch lange miteinander, nachdem die anderen eingeschlafen waren. Ihr Vater, den sie sehr liebte, würde sie besuchen kommen. Endlich hatte jeder wieder etwas, für das er leben konnte.

Unsere Blicke trafen sich, doch für einen Augenblick erkannte Vater mich nicht. Seine Augen suchten weiter nach mir. Dann trat ein trauriger Ausdruck in sein Gesicht, als er mich erkannte und zu mir zurückkam. Ich sah großes Mitleid in seinen sonst so kalten Augen, als er meinen mageren Körper und mein ausgemergeltes Gesicht betrachtete. Als ich ihm zulächelte, kam er herüber und umarmte mich. Scheinbar war diese ganze Tragödie nötig gewesen, um die enorme Kluft zu überbrücken, die während all jener Jahre zwischen uns gestanden hatte.

„Ich habe dich vermisst", sagte er, wobei sich seine Stimme beinahe überschlug.

„Es geht mir gut, Papa. Ich habe die ganze Woche auf diesen Moment hingelebt."

Vater nahm einen Rucksack vom Rücken und öffnete ihn. „Ich habe dir etwas zu essen gebracht, Anita. Schau mal: Äpfel, Birnen, etwas Pudding, Rotkohl und Kartoffelklöße. Ich habe sogar ein wenig kaltes Huhn dabei."

Es sah köstlich aus! Ich deutete Vater, mir zu folgen, zu einer Ecke mit Unkraut in der Nähe der Scheune. Vater sah sich dabei um und bemerkte die Lebensbedingungen im Lager: Zustände, die eher für Stalltiere geeignet waren als für Menschen. Schließlich blickten seine Augen auf mich. Wir kamen an eine Stelle, an der wir uns ungestört hinsetzen konnten, und Vater breitete seinen Mantel als Sitzgelegenheit auf dem Boden aus. Er gab sich größte Mühe, seine Unbeholfenheit zu überspielen.

Er leerte den Rucksack und breitete die Lebensmittel in ordentlichen, kleinen Stapeln vor mir auf dem Boden aus. „Ich hatte ganz vergessen, dass es solches Essen gibt!", bekannte ich fröhlich erschüttert. „Ich weiß nicht, ob ich das alles aufessen kann. Du bist mir deswegen nicht böse, oder?" Papa schüttelte den Kopf.

Ich blickte über das Lager, wo die anderen Häftlinge mit ihren Besuchern über die Wiese verstreut waren. Sie hockten in kleinen Häuflein zusammen. Bewaffnete Aufseher waren überall und behielten die Lage im Blick. Wir sprachen leise, um möglichst wenig Aufmerksamkeit zu erregen.

Ich aß die Puddings und die Klöße, doch umgehend bekam ich furchtbare Bauchkrämpfe. Ich wollte nicht, dass Vater meine Not sah, und zwang mich zu lächeln, aber der Schmerz durchflutete meinen Körper mit schrecklichen Spasmen. Nachdem ich so lange mit dem absoluten Minimum überlebt hatte, war mein Verdauungssystem mit normalem, reichhaltigem Essen überfordert.

„Deutschland ist am Ende, nicht wahr, Vater?", fragte ich. „Wir haben gehört, dass Hitler am Boden ist. Mein Freund Rudi Wolf sagt, wir müssten irgendwann die russischen Gewehre in der Ferne hören können."

„Ja, Deutschland hat eine furchtbare Abreibung bekommen. Viele unserer Städte sind zerstört. Ich habe gehört, dass schätzungsweise eine halbe Million deutsche Zivilisten bei den Luftangriffen ums Leben gekommen sind. Die Alliierten rücken an allen Fronten näher, es ist also nur noch eine Frage der Zeit. Aber es ist schwierig, genaue Informationen zu erhalten. Die Nazis geben natürlich keine Auskunft über das tatsächliche Bild der Situation, weißt du."

„Wie steht es mit Theresienstadt? Ich habe gehört, einige Lager seien befreit worden."

Meine Bitterkeit gegen Vater kam plötzlich wieder hoch. Hätte er uns nicht verlassen, würden Mutter und ich jetzt vielleicht nicht in diesen Lagern dahinsiechen. Und doch sagte ich mir, dass Gott es so geführt hatte, denn so konnten wir im Lager unseren Glauben an Jesus mit den anderen Häftlingen teilen. Insofern war Vaters Fortgang Teil eines bestimmten Planes Gottes, und ich wusste, dass ich ihm gegenüber nicht zu hart sein sollte.

„Erzähle mir vom Lagerleben", bat er.

Ich zeichnete nicht das tatsächliche grauenvolle Bild, das ich hätte wiedergeben können, doch meine physische Verfassung erzählte ihm wohl genug über den Ernst der Lage.

„Es ist schon gut, Papa. Wenigstens Hella konnte rechtzeitig fliehen. Sie hätte das Leben in Nazideutschland nicht ertragen, weißt du. Mutter und ich finden Halt in unserem Glauben, sie aber hatte diesen ja nicht. Ich habe hier die Möglichkeit, vielen Menschen Mut zu machen. Viele stellen mir Fragen über Jesus und…"

„Genug davon, Anita. Du weißt, dass ich nicht daran glauben kann."

„Aber ich bin ein lebendiger Beweis dafür, dass Gott existiert, Papa."

„Hör auf damit."

Sich nähernde Fußstapfen im Gras wenige Meter entfernt machten uns klar, dass unsere Zeit bald vorüber wäre. Wir hatten fast eine Stunde zusammen, doch nun begannen die Aufseher, die Besucher wieder fortzuschicken. Vater schnallte sich den Rucksack auf den Rücken und umarmte mich. Dann drehte er sich um und ging. Nach ein paar Schritten drehte er sich aber zu mir um.

„Ich komme wieder, Anita, wenn sie mich lassen." Er winkte, dann sah ich ihn durch das Tor aus dem Lager hinaus und über die kurvenreiche Straße Richtung Bahnhof gehen.

Besuch zu bekommen, war für uns Häftlinge sowohl Freude als auch Qual, denn Abschied war unerträglich. Was blieb, waren die Erinnerungen. Somit beinhaltete dieser Tag die ganze Bandbreite menschlicher Gefühle: die unbeschreibliche Freude des Wiedersehens und herzzerreißende Tränen der Trennung.

11.

VERSORGT

Als die Temperaturen kälter wurden, mussten wir unseren Badeplatz im Bach aufgeben. Nun wuschen wir uns in einem runden Badezuber aus Emaille, den sich je zehn Frauen teilen mussten. Wir hatten einem klar gesteckten Zeitplan zu folgen, damit alle Frauen baden konnten, doch unter solchen Bedingungen war es unmöglich, sich sorgfältig zu waschen. Die Folge waren Kopfläuse. Das krabbelnde, juckende Ungeziefer war erpicht darauf, sich auf unseren Köpfen einzunisten, und wenn es ihm gelang, war es für jede von uns eine Qual. Die Läuse vermehrten sich rasend schnell, und allein das Gefühl, dass Dutzende über unsere Köpfe krabbelten, machte uns fast verrückt.

Tagelang bekamen wir keine medizinische Behandlung. Schließlich, als wir nahe daran waren zu randalieren, gab man uns eine scharfe Medizin, die nicht nur die Läuse tötete, sondern stellenweise auch zu Haarausfall führte.

Eines Nachmittags wurden wir alle in ein nahe gelegenes Dorf gefahren, wo es eine große öffentliche Badeanstalt gab. Dort durften wir volle zehn Minuten ein heißes Bad nehmen. Es war der reinste Luxus, doch als ich mich im Spiegel sah, musste ich zweimal hinsehen: meine Wangen waren eingefallen und meine Augen lagen tief in ihren Höhlen. Das Läusemittel hatte dafür gesorgt, dass mir das Haar büschelweise ausgefallen war, sodass große kahle Stellen sichtbar waren. Durch die Sonne war meine Haut dunkelbraun und trocken geworden und schälte sich stellenweise. Mit siebzehn sah ich aus wie eine alte Frau.

Der Oktober brachte endlich den lang ersehnten Regen, doch die verantwortlichen Männer änderten ihre Meinung über unsere freien Tage und ließen uns weiterhin Gräben im Matsch ausheben. Und da wir in der Scheune keine Möglichkeit besaßen, unsere Arbeitskleidung zu trocknen, zogen wir sie am nächsten Morgen nass wieder an.

Als die Bedingungen schlechter wurden – die furchtbare Mangelernährung, die unablässige Arbeit, die unhygienische Unterbringung und die verschärften Sicherheitsmaßnahmen –, beeinträchtigte das erheblich die Moral. Die Frauen begannen, untereinander weniger Toleranz zuzulassen. Manche von ihnen waren in ihrem Glauben an Gott erschüttert; doch ich spürte, wie Gott wollte, dass ich ihren Glauben stärkte. Meine kleine inzwischen zerschlissene und vom Dreck verkrustete Bibel war bereits durch so viele schmutzige Hände gegangen, dass der Text kaum noch lesbar war. Ich wusste, dass die Aufseher die Bibel gesehen hatten, doch sie hatten sie mir nicht weggenommen.

Da einige von uns einen arischen Elternteil hatten und viele von uns gläubige Christen waren, wurden wir offenbar weniger hart angefasst als unsere Brüder und Schwestern in Bergen-Belsen, Buchenwald, Treblinka, Auschwitz und anderen Lagern, wo sie hinter Stacheldraht zusammengepfercht waren und als medizinische Versuchskaninchen missbraucht, für das nachmittägliche

Vergnügen der wachhabenden Nazis gefoltert und schließlich durch verschiedene, grausame Maßnahmen getötet wurden. Im Vergleich dazu lebten wir beinahe im Schlaraffenland. Doch wir hörten Gerüchte, dass wir nach dem Erfüllen unserer Aufgabe, Gräben zu schaufeln, ebenfalls erschossen oder vergast werden sollten.

Im November 1944 wurde unser gesamtes Lager Richtung Nordwesten verlegt, in ein Gebiet nahe des Dorfes Ostlinde. Wir ließen die riesigen Gräben, die wir ausgeschaufelt hatten und die russische Panzer aufhalten sollten, einfach zurück. Ebenso die freundlichen Bauern, die uns auf so viele Weise heimlich geholfen hatten. In den letzten Monaten hatten sich unsere Reihen zudem verdichtet, denn wöchentlich waren neue Häftlinge dazugekommen. Wir waren insgesamt fünfhundert Personen, als wir Barthold verließen und über die Landstraße zum Bahnhof marschierten. Die freundlichen Bauern sahen aus ihren Fenstern und winkten uns zum Abschied zu. Der Krieg hatte ihr Zuhause nicht erreicht, doch ihre Augen verrieten uns, dass sie genug gesehen hatten.

Als wir im neuen Lager ankamen, mussten wir draußen in Reih und Glied stehen, während der kalte Wind durch unsere einfachen Baumwollkleider hindurchblies. Ein hart aussehender Mann, der einer Bulldogge ähnelte, war nun unser neuer Lagerkommandant. Herr Anders war ein brutaler SS-Mann, der herrisch Befehle bellte, während wir vor Kälte zitternd vor ihm standen.

Das Leben im neuen Lager war in etwa wie zuvor, doch nun mussten wir mit dem Winter und mit viel weniger Platz zurechtkommen. Die Frauen wurden in zwei Gruppen zu je hundert aufgeteilt. Jede Gruppe bewohnte eine mittelgroße Holzbaracke, die von einem winzigen Holzofen beheizt wurde. Unsere Betten bestanden aus mit Stroh gefüllten Jutesäcken, die knapp über dem Scheunenboden lagen. Und nun hatten wir immerhin ein Toilettenhäuschen anstatt einer offenen Latrine.

Die Männer wurden alle zusammen in ein Gebäude gepfercht, das als „Festung" bezeichnet wurde. Die Bedingungen dort waren ähnlich denen in unserer Baracke, allerdings noch beengter.

Erneut marschierten wir morgens um fünf Uhr zur Arbeit, in klirrender Kälte. Unsere Aufgabe war es, riesige Kiefern zu fällen. Anschließend entfernten wir die Äste und wickelten diese um den Stamm, wo sie vertäut wurden. Die seltsamen Gebilde wurden anschließend ordentlich gestapelt und von Pferdekarren zu den Gräben gebracht, die wir zuvor ausgeschaufelt hatten. Sie sollten die Wände der Gräben abstützen und verhindern, dass Erde abrutschte. Zum Glück wurde uns bei der Arbeit warm. Auch diese Beschäftigung war wieder monoton, aber dennoch erträglich, da wir wieder zu zweit, Seite an Seite arbeiteten, was wieder eine Chance für mich war, den Glauben mit anderen zu teilen.

Gott hatte mich reich mit Freunden gesegnet. Ich hatte Steffi, Gunther, Ruth, Gerhard und ein weiteres Dutzend Freunde, die fest an Jesus glaubten. Wir trafen uns so oft wie möglich zum Gebet. Manchmal stellten wir uns einfach in der Kälte dicht zusammen und hielten uns an der Hand, um zu beten. Je nach Laune unterbrachen uns dann die Aufseher verärgert oder aber sie blieben in einiger Entfernung stehen und machten sich über uns lustig. Unsere Gruppe wuchs auf rund zwanzig überzeugte Christen an. Wir beteten für die deutsche Bevölkerung und das Land – dass Gott die unschuldigen Opfer des Krieges schonen und Deutschland trotz der Versuche von Adolf Hitler, alle Nichtarier auszulöschen, wiederherstellen möge.

Immer noch hatte ich die Worte von Rudi in meinem Kopf: „Irgendwann werden wir die russischen Gewehre hören." Ich lauschte und lauschte. Und dann, während eines Gewitters Anfang November, klopfte mein Herz vor Aufregung ganz schnell, denn ich glaubte, der Donner sei russische Artillerie in der Ferne.

Mittlerweile hatte ich über zehn Kilo abgenommen, und wenn eine der Frauen meinen Rücken rubbelte, sagte diese oft: „Anita, es fühlt sich an, als ob man ein altes Waschbrett rubbelt." Ich sah aus wie eine dunkelhäutige Inderin, die sich langsam in ein Skelett verwandelte. Ich wurde schwächer und bemerkte, dass ich nach der Arbeit kaum noch die Stufen zu unserer Baracke hinauf schaffte.

Täglich ging es mir schlechter und Steffi, Gunther und die Wolf-Brüder machten sich Sorgen um mich. Andere sahen mich verärgert an, denn ich konnte nicht mehr so schnell arbeiten wie sie, und sie befürchteten, einen Teil meiner Arbeit übernehmen zu müssen. Ich war inzwischen so schwach und langsam geworden, dass man mich für eine faule Arbeiterin halten mochte.

Tagelang rang ich mit der einzigen Alternative: mich bei Herrn Anders zu melden, der mich in das kleine Landkrankenhaus schicken könnte, das von Nazis in Ostlinde betrieben wurde. Aber ich zweifelte stark daran, dass die Naziärzte und ihre Krankenschwestern sich wirklich um einen kranken Häftling scherten. Mittlerweile wusste ich, dass alle Nazikrankenhäuser über ausgeklügelte Methoden verfügten, um „unerwünschte Personen zu eliminieren". Häftlinge, die im Arbeitslager nicht mehr „funktionierten", wurden meist von den Ärzten getötet, indem man ihnen entweder die notwendige Medizin verweigerte oder aber Medikamente verabreichte, die den Tod herbeiführten. Doch als meine Schmerzen zunahmen und ich immer schwächer wurde, beschloss ich, mein

Leben ausnahmslos in Gottes Hände zu legen. Wenn er wollte, dass ich diesen brutalen Krieg überlebte, dann würde er sich um die Details kümmern und dafür sorgen, dass die Ärzte noch Wert in mir sahen und mir halfen.

Bereits am nächsten Morgen saß ich nervös in einem winzigen Raum im Krankenhaus, wo ich auf den Arzt wartete, der mich untersuchen sollte. Das Krankenhaus war eine interessante Kombination aus Altem und Neuem, mit überholten Telefonapparaten und veralteter Ausstattung, umgeben von moderner Medizin. Ich konnte vor Schmerzen kaum gerade sitzen, und wusste nicht, was schlimmer war: der Schmerz oder die Anspannung. Ich war zudem geschwächt, weil ich drei Tage nichts essen konnte. Da öffnete sich die Tür und endlich kam ein Arzt heraus; er war groß, blond und gut aussehend. Er verkörperte all das, was der Nationalsozialismus und die „reine Rasse" forderten. Er schloss die Tür und beugte sich bedrohlich über mich.

„Du hast also zehn Kilo abgenommen, richtig?", fragte er mit finsterem Blick.

„Ja."

„Nun, was macht das schon?", fragte er. „Ich habe auch etwas abgenommen. Das ist ein kleines Opfer fürs Vaterland und für den Führer. Auf der Station sind einige Betten. Leg dich dorthin. Wir werden dich ein paar Tage hierbehalten und dir Medikamente verabreichen. Mir wurde gesagt, dass man dich zum Baumfällen braucht, also wirst du nicht sehr lange hierbleiben. Solltest du nicht schnell wieder gesund werden…. – ach, das sehen wir, wenn es so weit ist."

Ich war mehr als skeptisch, denn er hatte mich noch nicht einmal untersucht. Vielleicht hatte er mich schon als tot abgeschrieben und die Ärzte und Schwestern würden hier die Sache einfach zu Ende bringen. Ich verließ den Raum und ging in den kleinen Bereich der Station. Dort sah ich zehn kleine Betten mit Matratzen und Decken. Was für ein Luxus! Die meisten Betten waren leer, doch ich sah ein dünnes Mädchen auf einem der Betten liegen. Als es den Kopf hob, erkannte ich Ann Czech, Gunthers Schwester, die auch an Jesus glaubte. Wie gut war Gott zu mir, dass er mir im Krankenhaus eine Glaubensschwester zur Seite stellte!

„Anita! Was machst du hier?"

Ich ging hinüber zu ihr und setzte mich auf ihre Bettkante. „Ich habe furchtbare Magenschmerzen, ich bin schwach und mir ist schwindelig."

„Anita, du musst hier sehr vorsichtig sein. Viele Häftlinge verlassen das Krankenhaus nie wieder, weil sie vom Personal getötet werden."

„Ich weiß."

„Hast du gegessen?"

„Ich habe seit drei Tagen nichts gegessen, die Schmerzen waren zu stark."

„Lass uns beten, Anita. Lass uns Gott bitten, dich zu heilen, damit du nicht ihr Gift schlucken musst."

Wir hatten erst ein paar Minuten miteinander gebetet, als wir Schritte hörten. Ich zog mir ein Krankenhaushemd über und legte mich ins Bett. Es war wundervoll, in einem richtigen Bett mit Decke und Federkissen zu liegen.

„Ich bekomme nur Kartoffeln", sagte Ann. „Ich werde sie mit dir teilen, denn sonst lässt man dich womöglich verhungern. Du siehst wie ein wandelndes Skelett aus. Du musst die mehligen Kartoffeln unbedingt essen, auch wenn du weiter Bauchschmerzen hast. Denn wirst du noch dünner, kannst du nicht mehr arbeiten, und dann haben die Nazis keine Verwendung mehr für dich. Versprich mir, dass du ein paar von meinen Kartoffeln essen wirst."

„Versprochen!"

Eine Krankenschwester trat herein und stellte sich neben mein Bett. Sie hielt ein Glas Wasser und einen kleinen Becher mit einer gelben Pille in der Hand und sagte: „Sie müssen diese kleinen gelben Pillen dreimal am Tag nehmen, Fräulein Dittman. Dadurch werden Sie schneller zu Kräften kommen. Nehmen Sie jetzt eine Pille, während ich zusehe."

Sie stand mit verschränkten Armen vor mir und sah mich an. Ich steckte die Pille in den Mund und spülte sie mit dem guten, frischen Wasser hinunter. Sie sah zufrieden aus, drehte sich um und ging.

„Anita!", rief Ann, nachdem die Krankenschwester gegangen war. „Du darfst diese Pillen nicht nehmen! Du weißt nicht, was es ist. Sie könnten dich schwächen, vergiften oder langsam töten. Warum hast du nicht auf mich gehört?"

„Was sollte ich denn machen? Sie stand direkt vor mir."

„Beim nächsten Mal steckst du die Pille in den Mund und gibst vor, sie hinunterzuschlucken. Wenn die Krankenschwester fort ist, spuckst du sie wieder aus."

Ann hatte recht. Eine halbe Stunde später musste ich mich übergeben. Die Medizin war tatsächlich dazu bestimmt, mich noch mehr zu schwächen. Ich war wohl zu dünn, um noch irgendeinen Nutzen für das Deutsche Reich zu haben. Da mein Magen aber leer war, konnte ich nur trocken erbrechen. Als die Krankenschwester dann wiederkam und einen Eimer neben mein Bett stellte, hatte sie einen sichtlich zufriedenen Gesichtsausdruck.

Später brachte man mir eine wässrige Suppe und eine weitere gelbe Pille. Wie Ann mir geraten hatte, steckte ich die Pille in den Mund und gab nun eifrig vor, sie hinunterzuschlucken. Und nachdem die Krankenschwester wieder gegangen war, goss ich die Suppe aus. Ann gab mir an jenem Abend die Hälfte ihrer Kartoffeln ab; sie tat dasselbe bei jeder Mahlzeit in den nächsten Tagen. Ich aß die Kartoffeln heimlich unter der Bettdecke. Danach rannte ich zur Toilette und machte würgende Geräusche, als ob ich mich erbrechen müsste.

Sechs Tage später hatte ich drei Kilo zugenommen und fühlte mich gestärkt. Das Krankenhauspersonal sah mich erstaunt an. Ann, die wegen schmerzhafter Gelenkentzündung eingeliefert worden war, konnte ihre Gelenke wieder ohne größere Schmerzen bewegen. Gott hatte wahrhaftig ein Wunder bewirkt, indem er unsere Kraft und Gesundheit wiederherstellte, sodass wir das Todeskrankenhaus verlassen konnten. Verwirrt rief das Personal einen Wachmann, der uns ins Arbeitslager zurückbrachte. Dort angekommen, wurden wir sofort zu schwerer Arbeit angehalten.

Wir beteten, Gott möge uns unsere Kraft auf übernatürliche Weise erhalten, denn unsere Lebensmittelrationen fielen von da an immer kleiner aus, damit die deutschen Soldaten an der Front genug zu essen hatten. Kurz nachdem wir Christen um körperliche Kraft gebetet hatten, setzten sich erneut die umliegenden Bauern für uns ein. Unter Gefahr ihres Lebens schmuggelten sie Wurst, Brot und Käse ins Lager und rieten uns, die nahrhaften Pilze in dem Wald zu essen, wo wir Bäume fällten. Gott schien in jeden Pilz und jeden Bissen Brot tausend Kalorien hineingelegt zu haben. Und so erfuhren wir, die wir an Jesus glaubten, körperliche wie geistliche Versorgung.

Im Dezember wurden wir Frauen mit zwei schrecklichen Realitäten konfrontiert: dem Winter und Denunziantinnen unter uns. Einige Frauen wollten ihre eigene Situation etwas verbessern und berichteten den Aufsehern von nazifeindlichen Gesprächen oder Haltungen. Sie nutzten alles, was ihr Leben irgendwie erträglicher machen könnte. Etliche von ihnen verbrachten sogar die Nacht mit den Aufsehern und erhielten dadurch eine Vorzugsbehandlung.

Als die klirrend kalten Winterwinde schlimmer wurden, verloren wir zunehmend den Mut. Unsere Arbeitskleidung bot keinen Schutz gegen die Kälte, viele bekamen daher Kleidung von zu Hause geschickt. Vater schickte mir warme Socken, Handschuhe und eine Jacke. Warm halten konnten wir uns eigentlich nur dadurch, dass wir lang und hart genug arbeiteten. Doch der Marsch zum Arbeitsbereich und zurück war unerträglich, denn der Wind fuhr durch unsere Kleidung.

Sehnsüchtig warteten wir jeden Tag auf den Pfeifton zur Mittagspause, wenn der Pferdekarren uns warme, klumpige Suppe brachte. Sie schmeckte furchtbar, die Brocken in der Suppe waren wie Baumrinde. Meistens war sie auch bereits kalt, wenn sie bei uns ankam. Einmal sah ich, wie Gunther seine Suppenschüssel zu einem „Grab" trug, in das er die Suppe schüttete, bevor er das „Grab" mit Erde bedeckte und einen großen Stein darauflegte. Auf den Stein schrieb er: „Hier ruht still und unvergessen unser heutiges Mittagessen."

Kurz vor Weihnachten lernte ich einen weiteren, wundervollen Christen kennen: Christian Risel. Wir begegneten uns beim Baumfällen und verliebten uns ineinander. Ich mochte Rudi,

Wolfgang, Gerhard und Gunther, doch was ich für Christian empfand, war anders. Er war etwas älter als ich und trotz der monatelangen Arbeit und Entbehrung gut aussehend und kräftig. Seine Augen strahlten regelrecht, während die Augen der anderen Häftlinge glasig und stumpf erschienen. Er behielt sein Lächeln, selbst wenn alle anderen sich über etwas beschwerten, denn er liebte jeden auf ganz besondere Weise. Er empfand sogar christliches Erbarmen für die Nazis. Doch mich liebte er am meisten. Natürlich war für eine Romanze kein Platz im Lager. Es war zu kalt, um in unseren dünnen Kleidern draußen zu stehen, und Männer und Frauen durften einander nicht in den Baracken besuchen. Doch wir fällten häufig zusammen Bäume und lernten uns dadurch besser kennen. Jeden Tag, den wir miteinander verbrachten, wurde unsere Liebe füreinander stärker.

„Eines Tages werden wir frei und glücklich sein, Anita", sagte Christian, als er seine Axt in eine stämmige Kiefer schlug. „Wir werden Geld und Essen haben, und wir werden Menschen um uns haben, die wir lieben. Wir werden keine Angst davor haben, dass man an unsere Tür hämmert. Glaubst du das, Anita?"

„Ja. Gott bestätigt es mir jeden Tag. Doch ich bin lieber eingesperrt und habe Jesus im Herzen als so zu sein wie meine Schwester Hella, die sicher und frei ist, aber den Einen ablehnt, der ihr wahre Freiheit gab."

„Nichts geschieht ohne Sinn und Zweck, nicht wahr?", sagte Christian. „Was meinst du: Warum sitzt du in Nazideutschland in der Falle? Ich glaube, es dient am Ende dazu, Gott zu verherrlichen. Glaubst du das?"

„Ja, ich glaube das."

„Weißt du, welcher Tag heute ist?"

„Nein."

„Es ist Heiligabend. Ich habe eine Überraschung für dich und die anderen Christen im Lager."

„Warum hast du mir noch nicht davon erzählt?"

„Weil es erst heute Mittag bestätigt wurde." Christians Augen funkelten vor Begeisterung. „Herr Anders hat mir die Erlaubnis gegeben, heute Abend mit allen Christen zu einem Weihnachtsgottesdienst nach Ostlinde zu gehen! Natürlich werden wir von einem Aufseher begleitet, aber auch er wird das Evangelium hören!"

„Christian, ist das wahr? Ein richtiger Weihnachtsgottesdienst? Das müssen wir unbedingt den anderen erzählen. Oh, welch Wunder Gottes!"

Für uns vom Krieg erschöpfte Häftlinge, die Jesus liebten, war dies die beste Nachricht seit Monaten, vielleicht sogar seit Jahren. Doch die anderen Insassen des Lagers hatten kein Verständnis für unser Glück. Die meisten von ihnen spürten an Heiligabend keinen besonderen Trost so wie wir Gläubigen. Keine Ahnung, ob sie neidisch oder skeptisch waren. Jedenfalls wollten sie, dass wir für uns blieben, was die Nähe zwischen uns noch verstärkte.

Zwanzig von uns stapften an jenem Abend über die schneebedeckten Hügel und Wiesen zu einer kleinen Landkirche am Ortsausgang von Ostlinde. Der Schnee fiel sanft, und sowohl schmelzende Schneeflocken wie auch Tränen flossen über mein Gesicht, als Christian meine Hand nahm.

„Das wird das schönste Weihnachtsfest, das ich je erlebt habe", sagte ich leise. „Es zeigt Gottes besondere Liebe zu uns – dass er für uns sorgt und dass schließlich alles gut werden wird."

„Die Geburt von Jesus muss so ähnlich gewesen sein", sagte Christian. „Er war arm und wurde verfolgt; er wurde missverstanden und abgelehnt und doch hat er stets vergeben. Auch wir müssen vergeben, Anita, sogar den Nazis."

An jenem Abend drängten wir uns mit rund hundert Bauern und Dorfbewohnern in die kleine Kirche. Wir sangen Weihnachtslieder und lobten Gott bis weit nach Mitternacht. Als wir die Weihnachtsgeschichte lasen, waren wir uns ganz sicher, dass Jesus unsere Not verstand, denn er war wirklich Mensch geworden und hatte menschliches Leid erfahren. Im Kerzenschein versammelten wir uns kniend um den Altar und beteten für Deutschland und unsere auseinandergerissenen Familien, während der Aufseher aufmerksam Wache an der Kirchenpforte hielt. Dann stapften wir im Mondlicht zurück ins Lager. Der Schneefall hatte aufgehört. Niemand sagte ein Wort; wir alle ließen uns noch jede Minute dieses gesegneten Weihnachtsfestes auf der Zunge zergehen.

„Die Dorfbewohner erzählen, dass die Russen ganz nahe an deutschen Boden herangekommen sind", sagte Christian eines Tages im Januar 1945 zu mir, als wir von der Arbeit ins Lager zurückmarschierten. „Sie sagen, Auschwitz sei von den Russen befreit worden!"

„Gelobt sei Gott!" Die Schreckensnachrichten aus Auschwitz und Dachau waren unglaublich. Auch Theresienstadt stand auf der Horrorskala weit oben, doch zum Glück wusste ich das damals noch nicht, und so war ich voller Hoffnung, dass es Mutter gut ging.

„Ich habe gehört, dass wir alle nach Beendigung der Arbeit hier in die Gaskammern von Auschwitz geschickt werden sollten", sagte Christian. „Ich habe das durch eine vertrauenswürdige Quelle erfahren, also stimmt es sicher. Die Russen verbreiten den gottlosen Kommunismus, aber sie befreien unsere Leute. Gottes Wege sind seltsam, nicht wahr?"

Täglich konnten wir beobachten, wie die Dorfbewohner Richtung Westen flohen, um den näher rückenden Russen zu entkommen. Zuerst brachen die Frauen und Kinder auf, später auch die übrigen. Ostlinde verwandelte sich innerhalb kurzer Zeit in ein Geisterdorf und wir verspürten immer mehr Hoffnung auf Freiheit.

Trotz der prekären Situation durften wir noch einmal Besuch empfangen. Ich benachrichtigte Vater, der mir versprochen hatte wiederzukommen, wenn Besuche erlaubt wären. Diesmal war ich in der Lage, das ganze kostbare Essen zu genießen, denn Gott hatte meinen Magen wiederhergestellt und die schlimmen Schmerzen gelindert. Das Lager erwachte zu neuem Leben, als wir Häftlinge den Besuchstag herbeisehnten. Wir schrubbten uns eine Stunde lang mit Seife und ein Hauch von Hoffnung zog durch das Lager. Vielleicht war die schlimmste Prüfung für uns, dass wir niemals etwas hatten, worauf wir uns freuen konnten. Plötzlich aber konnte sich fast jeder auf einen Besucher freuen, und diese Vorfreude zog durch das Lager wie eine erfrischende Brise.

Ein paar Skeptiker dachten, dies sei nur ein Trick. Die Besucher würden ebenfalls inhaftiert werden, sobald die Nazis herausfanden, wer sie waren. Diese pessimistischen Vermutungen waren durchaus nicht zu weit hergeholt.

Vater sah müde aus, als ich ihn das Lager betreten sah. Wir trafen uns in einem Aufenthaltsraum, der sonst den Aufsehern zur Verfügung stand. Der Besuch war auf eine Viertelstunde beschränkt, damit andere Besucher nachrücken konnten.

„Anita, du siehst viel besser aus als beim letzten Mal", sagte er, als wir uns begrüßten.

„Jesus hat mir geholfen, wieder zu Kräften zu kommen."

„So ein Unsinn", erwiderte er. „Bitte behalte solche Dinge für dich, Anita, damit wir nicht die wenige Zeit vergeuden, die wir miteinander haben."

Einen Moment lang sah ich den Vater, den ich immer gekannt hatte: zornig, bitter und ablehnend gegenüber Gott und dessen Hilfe – selbst inmitten der Hölle von Nazideutschland.

„Weißt du irgendetwas über Mutter?", fragte ich. „Sind aus Theresienstadt Nachrichten nach außen gedrungen?"

„Die einzigen Nachrichten sind schlechte Nachrichten. Ich habe gehört, Theresienstadt sei ein furchtbares Todeslager. Ich möchte dich nicht entmutigen, Anita, aber du solltest die Wahrheit wissen. Theresienstadt, Auschwitz und Dachau stehen im Ruf, die schlimmsten aller Konzentrationslager zu sein. Auschwitz wurde befreit, die anderen Lager aber noch nicht. Überall, wo orthodoxe und andere religiöse Juden inhaftiert sind, bekommen diese die ganze Wucht von Eichmanns mörderischer Todesmaschinerie ab. Theresienstadt gehört dazu. Aber du darfst nicht verzweifeln – einige werden es überleben. Deine Mutter ist stark."

„Ist der Krieg nicht bald vorbei?"

„Die Briten und Amerikaner haben unsere Städte in Schutt und Asche gelegt. Überall kämpfen die Deutschen in hoffnungslosem Chaos. Einige haben weiße Fahnen aufgehängt und wurden dafür von Hitler schwer bestraft. Warschau wird vermutlich bald in die Hände der Russen fallen. Es ist traurig, Anita. Vielleicht seid ihr in den Lagern diejenigen, die wirklich frei sind – es fallen keine Bomben auf euch und die Alliierten bemühen sich, euch zu befreien."

Gott war dabei, die Deutschen für ihre blinde Unterwerfung unter Hitler und seine schamlosen Lügner, ihre Hinterlist, ihre

Demagogie und ihren Antisemitismus zu bestrafen. Diese Unterwerfung hatte eine Herrschaft des Terrors über Europa und Russland ermöglicht, die weltweit spürbar war. Nun war es an den Deutschen, um Mitleid zu bitten.

Ich wünschte mir, Vater könnte der bevorstehenden Belagerung entkommen. Noch mehr aber wünschte ich mir, er würde endlich Jesus kennenlernen, damit es letztlich keine Rolle mehr spielte, ob wir auf dem gigantischen deutschen Friedhof starben oder überlebten. Ich wünschte mir, er hätte die gleiche herrliche Zukunft vor sich, auf die Mutter und ich uns freuten – die Ewigkeit, das Zusammensein mit verlorenen, geliebten Menschen, vor dem Thron Gottes. Mein Schmerz über Vaters geistliche Leere traf mich mit voller Wucht, als er mich an jenem Nachmittag zum Abschied sanft auf die Stirn küsste. Als er fortging und in der Ferne verschwand, hatte ich das dunkle Gefühl, ihn nie mehr wiederzusehen.

Die eisigen Januartemperaturen machten uns schwer zu schaffen, wenn wir morgens im Dunkeln zur Arbeitszone marschierten. Zudem waren die schneebedeckten Straßen unter unseren Holzpantinen glatt und unsere Fäustlinge waren von den vielen Arbeitsstunden fast durchgescheuert. Es war eine äußerst penible Angelegenheit, mit steif gefrorenen Fingern die Kiefernäste um die Stämme zu binden.

Die Liebe zwischen Christian und mir vertiefte sich; es ist erstaunlich, wie viel der menschliche Körper ertragen kann, wenn er bloß um eine Sicherheit wie die Liebe weiß. Gott war so gut zu mir, dass ich meinte, die glücklichste Frau im ganzen Lager zu sein.

Christian, der unglaublich gut mit Herrn Anders umgehen konnte, bekam die Erlaubnis, die kleine Landkirche für ein klassisches Konzert zu nutzen. Christian spielte Geige und plante die gesamte Aufführung. Ich habe keine Ahnung, woher die Musiker ihre Instrumente hatten: eine Flöte, eine Bratsche, eine Trompete, ein Cello und zwei Geigen. Die kleine Kirchenorgel wurde ebenfalls eingebunden. Die Kirche war dunkel und unbeheizt, das einzige Licht kam von der Orgelempore über den Kirchenbänken. Rund zehn Musiker blinzelten in dem dämmrigen Licht, um die Noten zu entziffern, die Christian für sie geschrieben hatte. Fast hundert Liebhaber klassischer Musik aus dem Lager kamen von bewaffneten Wachen begleitet zur Kirche. In Decken gehüllt, um der Kälte zu trotzen, schmiegten wir uns aneinander, um uns gegenseitig etwas zu wärmen.

Es war herrlich, in der wunderbaren Welt von Händel, Mozart und Bach zu schwelgen. Wie an Heiligabend vergaßen wir unsere knurrenden Mägen und die bittere Kälte.

Und wie an Heiligabend, als wir über die schneebedeckten Wege durch die Stille der dunklen Nacht zum Lager zurückgingen, sagte niemand ein Wort. Unser Schweigen schuf eine Harmonie, die jeden Wortwechsel überflüssig machte.

Von der wunderbaren Musik erfüllt und voller Dankbarkeit Gott gegenüber sank ich an diesem Abend auf meiner Strohmatratze in einen tiefen, erholsamen Schlaf.

12.

EIN VORGESCHMACK
DER FREIHEIT

Ende Januar befahlen uns unsere Aufseher eines Abends plötzlich, unsere Sachen zu packen und uns um halb zehn in Reih und Glied aufzustellen. Das war höchst ungewöhnlich.

Es war eine kalte, stürmische Nacht, und die Wolken schirmten das Licht des Mondes und der Sterne ab. Es herrschte allgemeine Verwirrung, sogar unter den Wachen und bei Kommandant Anders. Die noch übrig gebliebenen Bauern und Dorfbewohner von Ostlinde hatten sich in jener Nacht davongestohlen. Offenbar befanden sich die Russen auf dem Vormarsch und würden bald in Ostlinde eintreffen. Daher wurden wir angehalten, zu Fuß zu einem unbekannten Ziel zu marschieren. Würde es die Stelle für unsere Hinrichtung sein? Würden wir diese Nacht überleben? Ich nahm Christians Hand, als wir in der Reihe nebeneinanderstanden.

„Christian, in diesem Chaos könnten wir vielleicht fliehen!", flüsterte ich. „Sie würden uns nicht finden. Später hält der Zug in Ostlinde, er fährt direkt nach Breslau."

„Nein!", sagte Christian fest und drückte meine Hand. „Das ist zu unsicher. Bleib hier bei mir."

Ich danke Gott noch heute, dass ich auf Christian gehört habe, denn später erfuhren wir, dass ein Dutzend geflohener Häftlinge am Bahnhof in Breslau in die Hände der Gestapo fielen und tagelang in einem leer stehenden Haus gefangen gehalten wurden. Meine Freunde, die Wolf-Brüder, gehörten zu ihnen. Später wurde das Haus von der Gestapo gesprengt – als abschreckendes Beispiel dafür, was mit Häftlingen passieren konnte, die zu fliehen versuchten.

Einige andere Häftlinge, die in jener Nacht entkamen, versteckten sich im Dorf Ostlinde. Als die Russen dort einfielen, hielten sie die Entflohenen für eine deutsche Hinterhalttruppe und schickten sie in Gefangenenlager nach Sibirien. Man hatte uns nie als Häftlinge gekennzeichnet, was uns in einer solchen Situation geschützt hätte, und so schenkten die Russen den Beteuerungen unserer ehemaligen Mithäftlinge keinen Glauben.

Die ganze Nacht liefen wir ohne Stiefel durch den tiefen Schnee. Unsere kleinen Koffer und Rucksäcke fühlten sich an, als ob sie sich in Blei verwandelt hätten. Selbst ein rascher Schritt konnte die bittere Kälte nicht mindern. Wir durften nicht miteinander reden, doch da Christian und ich Seite an Seite gingen, verständigten wir uns ohne Worte. Seine Nähe war genug für mich.

Unsere Körper sehnten sich nach Ruhe, Wärme und Nahrung. Zu den körperlichen Beschwerden kam die Verwirrung. Was war los? Wohin gingen wir? Zu unserer Hinrichtung? Durch die Deutschen oder durch die Russen? Die Nacht schien kein Ende zu nehmen. Wir marschierten vorwärts, ohne eine Pause einzulegen oder den Schritt zu verlangsamen. Ungewissheit beherrschte die Stimmung. Frauen weinten. Einige fielen vor Erschöpfung hin, doch wir hielten nicht an. Während wir durch Schneehügel stapften, füllten sich unsere dünnen Holzpantinen mit Schnee, und unsere Füße wurden eiskalt. Würde dies nie ein Ende nehmen? Ließ man uns zu Tode laufen, wie es mit den deutschen Kriegsgefangenen in Russland geschah? Nur Gott, der mich liebte, konnte mir inmitten dieser Qual Frieden ins Herz geben.

Ein schwacher Schimmer der Morgendämmerung erschien am östlichen Horizont, und wir schätzten, dass es ungefähr halb sieben war. Kurz darauf kamen wir in einem kleinen Dorf an, wo wir endlich ein paar Augenblicke ausruhen durften. Ein dichter Wald lag nur wenige Meter von uns entfernt und wir sahen die ersten Sonnenstrahlen durch die dicken Kiefernzweige dringen. Christian, seine Schwester Hilde, Hella Frommelt und ich saßen zusammen und atmeten tief durch, bemüht, nach dem achtstündigen Gewaltmarsch wieder Kraft zu sammeln. Alle Aufseher wandten uns den Rücken zu und besprachen sich.

„Christian, wir könnten jetzt gleich in den Wald fliehen!", flüsterte ich. „Sieh nur, sie beobachten uns nicht."

Erschöpfung, Kälte und Hunger ließen das Nachdenken anstrengend werden. Christian überlegte ein paar Sekunden. Schließlich nickte er und gab Hilde, Hella und mir Zeichen, hinter ihm her zum Wald zu spurten. Es war noch dunkel genug, um es zu schaffen. Wenige Minuten später würde die Morgendämmerung unseren Fluchtplan vereiteln. Wir hatten keine Zeit, das Für und Wider zu überlegen und mussten sofort los.

Wie Gazellen hüpften wir in den Wald und erreichten eine Geschwindigkeit, die sich keiner von uns zugetraut hätte. Mehrere Häftlinge sahen unseren Ausbruch; wir waren ihren Augen und Mündern ausgeliefert und konnten nur hoffen, dass sie nicht Alarm schlugen.

Wir kämpften uns durch dicke Schneemassen, während die Zweige und Äste uns ins Gesicht schnitten. Auch unsere Fußknöchel litten, als wir in der Dunkelheit der bevorstehenden Dämmerung in Löcher traten und gegen Bäume rannten. Ein Dutzend Male hielt Christian an, um uns aus dem tiefen Schnee zu helfen. Meine Kehle wurde rau vom Keuchen in der frostigen Luft, und mein Herz hämmerte vor Angst und Erschöpfung so heftig, dass ich fürchtete, es würde jeden Moment stehen bleiben. Ich lauschte nach vier aufeinanderfolgenden Schüssen, die uns stoppen würden, doch sie kamen nie.

„Hilde und Hella können nicht mehr mithalten", keuchte ich an Christian gewandt, der die Gruppe anführte. „Sie bleiben zurück. Wir müssen ihnen helfen."

Christian hielt an und lehnte sich gegen einen Baumstamm. Er versuchte, seinen Atem unter Kontrolle zu bekommen. Erschöpft ließ ich mich auf den Boden fallen. Kurz darauf hörten wir das Knirschen von Schritten im Schnee. Hella und Hilde schlossen zu uns auf. Durch die Kälte und Anstrengung leuchteten ihre Gesichter wie rote Glühbirnen.

„Wir müssen uns ausruhen", flehte Hella. „Wir schaffen es nicht weiter."

„Aber wir *müssen* weiter", erwiderte Christian. „Ich kann da vorne links Lichter sehen, die sich bewegen. Das ist wahrscheinlich eine Straße. Gott wird uns Kraft geben."

An manchen Stellen war der Schnee knietief. Dann und wann starrten uns ein Eichhörnchen oder ein neugieriges Kaninchen verwirrt an, nicht ahnend, wie glücklich sie waren, in einer ruhigen Welt zu leben.

Wir hörten einen Motor röhren und sahen noch mehr Lichter, die sich bewegten. Es konnte nur eine Straße sein. Vielleicht waren dort Deutsche, die vor den Russen flohen. Wir drängten vorwärts, ohne zurückzublicken, und gelangten schließlich an den Rand des Waldes. Vor uns lag eine unbefestigte Straße. Ein alter, leerer Kipplaster kam die holperige Straße entlang. Am Steuer saß ein bärtiger Deutscher. Christian rannte auf die Straße und winkte. Der alte Mann hielt an und streckte seinen Kopf aus dem Fenster.

„Steigt auf!", rief er, ohne Fragen zu stellen. „Ich fahre ein paar Kilometer Richtung Westen. Wir versuchen, den Russen voraus zu bleiben. Meine Familie ist schon letzte Woche aufgebrochen."

Wir kletterten hinten auf den Laster und setzten uns auf ein paar Zementsäcke. Unsere dünnen Körper schmerzten jedes Mal, wenn der alte Mann über eine Bodenwelle fuhr und wir hart mit der Hinterachse aufsetzten.

„Betet", sagte ich. „Betet, dass wir nicht geradewegs Herrn Anders und den anderen in die Arme fahren." Da wir entgegen der Fahrtrichtung saßen, hatten wir keine Ahnung, wohin wir fuhren und wo die übrigen Häftlinge waren.

Wir waren zu erschöpft, um zu reden. Der eklige Gestank des Auspuffrohrs wehte in unsere Richtung. Ich saß so nahe wie möglich bei Christian und er legte seinen Arm um meine Schultern. Trotz der Kälte, des Hungers und der rumpeligen Fahrt schlief ich an seiner Schulter erschöpft ein. Doch dann weckte mich die Wirklichkeit innerhalb weniger Sekunden auf. Wir mussten wachsam bleiben, und wir hatten alle das Gefühl, wir würden wie auf einer Postkutsche im Wilden Westen sitzen und könnten jederzeit angegriffen werden.

Ungefähr eine Stunde später erreichten wir ein kleines, verlassenes Dorf. Leise sprangen wir vom Lastwagen herunter, damit der alte Mann nichts bemerkte. Man konnte niemandem trauen.

Der Mann hätte uns geradewegs der Gestapo ausliefern können.

Das kleine Dorf gab ein Bild des panikartigen Aufbruchs ab. Mitten im Winter waren Haustüren offen gelassen und Lichter nicht ausgeschaltet worden. Vorsichtig spähten wir in einige verlassene Häuser; in einem Haus brannten noch Scheite im Kamin. Einige Bewohner mussten wohl wenige Stunden zuvor geflohen sein; andere waren geblieben, lugten jedoch vorsichtig hinter ihren Fenstern hervor.

Wir betraten das leere Haus mit dem brennenden Kaminfeuer. Es war noch warm und gemütlich, auch wenn viele Einrichtungsgegenstände fehlten, die offenbar von den fliehenden Bewohnern mitgenommen worden waren.

„Ich hole ein paar Holzscheite, um das Feuer zu schüren", sagte Christian. „Anita, sieh nach, ob die Leute Lebensmittel zurückgelassen haben."

Hilde und Hella ließen sich vor dem Kamin auf den Boden fallen, während ich in die Küche ging. Christian suchte nach Kaminholz, und ich öffnete jede Schranktür in der Küche, um irgendetwas Essbares zu finden. Gott hatte vorgesorgt, denn ich fand einen geräucherten Schinken, Brot, Nudeln und einen Beutel mit Erbsen und Linsen. Sogar eine kleine Tüte mit Tee war da. Mit diesen Zutaten konnte ich für uns vier ein Feinschmeckermahl zubereiten!

Wir kuschelten uns vor dem Feuer aneinander und aßen unsere Mahlzeit, als die Morgensonne uns durchs Fenster zulächelte. Wir waren so hungrig, dass wir hastig aßen und mindestens zehn Minuten lang schweigend kauten. Wir hörten nur das Knistern des Feuers und das ausgelassene Zwitschern der Vögel, die den neuen Tag in dem friedlichen Dorf begrüßten. Offenbar hatten die Dorfbewohner von den vorrückenden Russen gehört und waren geflohen; nur wenige waren das Risiko eingegangen zu bleiben. Wir quollen vor Neugier und Fragen über, doch wir wagten es nicht, auf die Straße zu gehen und gesehen zu werden. In einem so kleinen Dorf würden Fremde sofort auffallen.

„Was machen wir als Nächstes?", fragte ich Christian, als wir mit dem Essen fertig waren.

„Ich weiß nicht. Wir könnten auf die Russen warten, aber wir können nicht beweisen, dass wir Häftlinge waren. Wir haben nur unsere Arbeitskleidung, und die wird wahrscheinlich nicht ausreichen, um sie davon zu überzeugen, dass wir nicht ihre Feinde sind."

„Warum versuchen wir nicht nach Breslau zu kommen?", fragte Hella.

„Im Moment ist es wohl das Beste, hierzubleiben", sagte Christian. „Wir werden darüber nachdenken und beten. Ich glaube nicht, dass Gott uns in Gefahr bringen würde. Wer weiß, vielleicht ist der Krieg schon morgen zu Ende."

Es schien, als ob Christian immer wusste, was wir tun und wie wir es tun sollten. Er hatte etwas an sich, das uns das Gefühl gab, mit ihm in Sicherheit zu sein und ihm vertrauen zu können. Wir waren überzeugt, dass seine Entscheidungen richtig waren und hinterfragten sie nicht.

Wir blieben den ganzen Tag in dem verlassenen Haus, waren aber stets auf der Hut vor herannahenden Schritten. Es konnte sein, dass Herr Anders und die Häftlinge durch dieses Dorf kamen. Es hätte uns nicht gewundert, wenn er seine Aufseher geschickt hätte, uns einzufangen, denn mittlerweile musste er unsere Abwesenheit bemerkt haben.

Wir lauschten auch nach russischen Gewehren, denn angesichts der Umstände waren die Russen eine große Bedrohung für unser Leben. Wir hatten Gott stets dafür gedankt, dass wir nicht das schmerzliche Einbrennen einer Häftlingsnummer auf unseren Armen über uns ergehen lassen mussten; in der jetzigen Situation wäre dies allerdings ein Vorteil gewesen, denn so hätte man uns zweifelsfrei als Opfer des Naziregimes identifizieren können.

Noch vor Sonnenuntergang fielen wir vor dem Kamin in einen ruhigen Schlaf. Wir waren die ganze Nacht zuvor auf gewesen und hatten den Tag über unsere Hoffnungen und Träume eines freien Lebens miteinander geteilt. Unsere Körper schmerzten von dem Gewaltmarsch und unserer Flucht. Ich dankte Gott für unsere Freiheit, doch ich musste an Steffi, Gunter, Ann und die anderen kostbaren Freunde denken, die nicht mit uns gekommen waren. Hatte man sie zu einem Lager mit einer Gaskammer gebracht? Zwar waren wir alle von der Freiheit wie berauscht, dennoch zweifelte ich, ob ich diese wirklich genießen konnte, solange wir nichts über das Schicksal unserer Freunde wussten.

Der Hunger weckte uns früh am nächsten Morgen auf. Unser köstliches Mahl vom Vortag war vollkommen verzehrt, nur ein wenig Tee zum Aufwärmen war übrig geblieben. Natürlich hatten wir keine Lebensmittelkarten, um in dem kleinen Dorf etwas zu essen zu besorgen. Wir versuchten daher, unseren Hunger zu unterdrücken. Wir saßen wieder gemeinsam vor dem Kaminfeuer und dankten Gott für mehr als 24 Stunden Freiheit.

„Bestimmt sind wir jetzt in Sicherheit", sagte ich zuversichtlich, als Christian ein weiteres Scheit in den Kamin legte. Meine Zuversicht klang beinahe arrogant.

„Das können wir nicht wissen", entgegnete Christian. „Es sieht danach aus, aber es kann noch viel passieren, weißt du."

„Aber Anders und die anderen hätten schon vor Stunden hier durchmarschieren müssen", sagte Hilde.

„Möglich", antwortete Christian. Vorsichtig spähte er aus dem Fenster, das zur Straße hinausging. „Das Dorf bleibt offenbar ruhig. Da wir noch eine Weile hierbleiben werden, nehme ich die Gefahr auf mich und werde hinausgehen, um etwas zu essen aufzutreiben."

„Christian!", protestierte ich.

„Ich muss es tun, Anita. Sonst werden wir hier verhungern. Es wird hier nicht sicherer werden. Ihr drei betet für mich, während ich mich auf die Suche mache."

„Ich komme mit", sagte ich. „Du musst mich mitgehen lassen."

„Nein, ich bestehe darauf, dass du hierbleibst. Warum sollten wir riskieren, dass mehr als einer von uns erwischt wird?"

„Aber die Leute wissen, dass du ein ehemaliger Häftling bist", flehte ich. „Alle jungen Männer sind entweder an der Front oder gefangen."

„Ich muss es versuchen."

„Dann warte wenigstens, bis es dunkel wird."

Christian gab keine Antwort, sondern knöpfte sich die Jacke zu und ging aus dem Haus. Hilde, Hella und ich gingen nervös auf und ab und beteten inständig, Gott möge Christian bewahren, während er wie eine lebendige Zielscheibe durch das Dorf streifte.

„Wenn irgendjemand mit dieser Situation fertig wird, dann ist es Christian", sagte seine Schwester Hilde stolz. „Er wird wissen, was zu tun ist."

Hella nickte zustimmend, und plötzlich kam ich mir wie eine alberne Glucke vor. Ich sah aus dem Fenster, um die Lage zu sichten, doch Christian war nirgends zu sehen. Ich kannte seinen Plan nicht – würde er versuchen, in einem anderen verlassenen Haus etwas zu essen zu finden oder würde er jemanden ansprechen, der uns ohne Fragen zu stellen etwas zu essen geben würde?

Fast eine halbe Stunde verging, während wir ängstlich warteten. Wir stellten uns vor, was er zu essen mitbringen würde, und das Wasser lief uns im Mund zusammen. Wir nippten an unserem abgestandenen Tee und lauschten auf näher kommende Schritte.

Schließlich hörten wir das Knirschen schwerer Stiefel im Schnee. Ich rannte zum Fenster, doch noch bevor ich dort ankam, schwang die Haustür auf und Christian und Herr Anders standen auf der Türschwelle! Herr Anders hielt Christians Arm fest umklammert und er starrte Hilde, Hella und mich wütend an.

„Sagt Herrn Anders, wie verzweifelt wir waren, als wir gestern von der Gruppe getrennt wurden", stieß Christian atemlos hervor.

Ich fragte mich, ob mein Gesicht genauso angsterfüllt aussah wie das von Hilde und Hella.

„Ja, Herr Anders", sagte ich laut. „Was sind wir froh, Sie zu sehen!"

„Deshalb haben wir ja Christian geschickt, um Sie zu suchen!", schaltete sich Hella ein.

Wir logen.

Der Mut zu fliehen barg nicht automatisch den Mut in sich, einem Erschießungskommando gegenüberzustehen.

„Die Gefangenen warten am nördlichen Ende des Dorfes auf euch", sagte Herr Anders höhnisch grinsend. „Nehmt eure Jacken und kommt. Und, Dittman, ich warne dich. Ich habe dich nie gemocht. Ich werde dich beobachten. Ich brauche nicht viele Gründe, um dich zu töten, ist das klar? Keine albernen Versuche mehr, verstanden?"

Was war schiefgelaufen?

Warum hatte Gott nicht ermöglicht, dass unsere Flucht gelang? Wir hatten ein paar Stunden lang die Freiheit geschmeckt, doch nun sah alles danach aus, als ob Gott uns nur einen Moment lang Freiheit gegeben hatte, um dann seine Meinung zu ändern! Wir kehrten schweigend in die Reihen der Häftlinge zurück, in unsere Gedanken und unsere Trauer versunken. Es war ein schrecklicher Fehler von Christian gewesen, das Haus zu verlassen.

Das lange Marschieren war ein letzter Versuch von Kommandant Anders, den vorrückenden Russen davonzulaufen. Wenigstens waren Christian, Hilde, Hella und ich von dem guten Nachtschlaf erfrischt. Die anderen Häftlinge sahen so aus, als ob sie jeden Moment vor Kälte, Hunger und Erschöpfung zusammenbrechen würden.

Als wir das kleine Dorf verließen, sah ich einen leeren Kinderwagen auf einem verlassenen Hof stehen. Mir kam die Idee, einige von uns könnten ihr Gepäck darin transportieren, und so schritt ich für einen kurzen Augenblick aus der Reihe, um den Kinderwagen heranzuziehen. Unglücklicherweise drehte sich Kommandant Anders genau in dem Moment um und erblickte mich. In Anbetracht seiner Warnungen hatte ich einen schweren Fehler begangen.

Er kam wütend auf mich zu. „Was machst du da, du kleines Luder? Ich habe dich gewarnt: Keine Albernheiten mehr!" Er drückte seinen Revolver auf mein Herz.

„Es tut mir leid, Herr Anders. Einige von uns sind müde vom Laufen, und ich dachte, wir könnten unsere Taschen und Rucksäcke in dem Kinderwagen transportieren."

„Unsinn!" Er zog mich ein paar Meter mit sich, bis wir die anderen, die ihren Marsch nicht unterbrochen hatten, eingeholt hatten. Danach ließ er mich kaum noch aus den Augen.

Am späten Abend kamen wir in einem neuen Lager an, das sich nicht weit von der verlassenen Stadt Grünberg befand. Die Frauen mussten sich auf den eiskalten Boden legen. Wir waren alle viel zu müde, um noch irgendwelche Spekulationen anzufangen oder Fragen zu stellen.

Um fünf Uhr am nächsten Morgen wurden wir geweckt und angewiesen, in der Mitte des Lagers Aufstellung zu nehmen. Danach mussten wir zwei Kilometer lang über eine schneebedeckte Straße laufen, bevor wir schließlich an eine Lichtung gelangten, an der wir Abfall, Gerümpel und Steine von einem Haufen auf den nächsten schleppen mussten. Die schwer bewaffneten Aufseher achteten darauf, dass wir schnell arbeiteten. Die Arbeit war ermüdend und sinnlos und sollte uns einfach zehn Stunden lang beschäftigt halten. Aus unerfindlichen Gründen hatte man beschlossen, uns sinnlose Arbeit verrichten zu lassen, statt uns alle zu erschießen und in einem Massengrab zu verscharren. Da wir die Mentalität des Ausmerzens und den Blutdurst der Nazis kannten, staunten wir jeden Tag darüber, dass wir noch am Leben waren und zudem unsere spärlichen Lebensmittel den Soldaten an der Front vorenthalten wurden.

Steffi rannte zu mir, als wir eines Nachmittags zum Lager zurückmarschierten. In ihrer Stimme war eine unterdrückte Aufregung zu hören, die ich nicht so recht einordnen konnte.

„Anita", flüsterte sie aufgeregt, „nimm dieses Stück Papier an dich. Darauf steht eine Adresse. Sollte ich plötzlich verschwinden, dann gib diese Adresse bitte meiner Mutter, wenn du nach Theresienstadt gehst. Es ist die Adresse von Verwandten von uns in Bayern. Sag Mutter, dass sie mich nach dem Krieg dort findet."

„Steffi, wovon redest du? Warum solltest du plötzlich verschwinden? Wohin gehst du?"

„Ich kann es dir nicht sagen. Bitte versprich mir einfach, die Adresse meiner Mutter zu geben."

„Versprochen. Aber ich flehe dich an, sag mir, worum es geht."

„Ich kann dir nur sagen, dass ich vielleicht fliehen werde, aber ich weiß noch nicht wann oder wie."

„Steffi, sei vorsichtig! Was auch immer du tust, sei vorsichtig! Du wirst mir so fehlen!"

Zwei Tage später war Steffi auf geheimnisvolle Weise verschwunden. Niemand hatte eine Ahnung, ob und wie sie geflohen war.

An meiner rechten Ferse bildete sich allmählich vom endlosen Laufen, Schleppen und dem Reiben der Haut gegen die Holzpantinen eine schmerzhafte Blase. Seit Wochen hatten wir unsere Kleider nicht mehr waschen können, und ich befürchtete, die Blase würde sich entzünden und mir ernsthafte Probleme bereiten können.

Gleichzeitig bemerkte ich eine Veränderung bei Christian. Ohne eine Erklärung verhielt er sich mir gegenüber kühler. Es begann unmerklich, doch schon bald war es offensichtlich, dass etwas nicht stimmte. Ich zerbrach mir den Kopf darüber, was ich getan haben könnte. Schließlich sprach ich ihn eines Abends auf dem Rückweg zum Lager darauf an.

Er redete aber fast gar nicht. Egal, welches Thema ich ansprach, er ging nicht darauf ein und wurde seltsam still. Er behielt seine Hände in den Taschen, sodass ich sie nicht in meine Hand nehmen konnte. Vorher hatten wir uns immer auf dem Rückweg an den Händen gehalten. Mein Herz schmerzte mehr als meine Blase am Fuß.

„Christian, was habe ich getan?", fragte ich traurig, als wir zum Lager gingen.

Christian rang nach den richtigen Worten.

„Es tut mir leid", sagte er. „Eines Tages werde ich es dir erklären, Anita."

Und damit ging er den Rest des Weges schweigend weiter, ohne mich auch nur anzusehen. Ich war verzweifelt.

Ich trauerte um das Ende unserer wundervollen Liebesbeziehung. Es war umso schlimmer, da ich den Grund nicht kannte. Hatte sich Christian in ein anderes Mädchen verliebt? War Gott dabei, mir Christian fortzunehmen, um meinen Glauben auf die Probe zu stellen? Ich hatte doch in meinem Leben schon so viel Kostbares verloren! Bitte nicht auch noch Christian! Ich zog mich in mein Schneckenhaus zurück, denn es tat zu weh, mit irgendjemandem darüber zu sprechen. Doch zwei Tage später erhielt ich die Erklärung.

Christians Schwester Hilde schlief nun neben mir. Als die Lichter ausgeschaltet wurden, sah ich, wie Hilde im Dunkeln ihren Rucksack umpackte.

„Was tust du da?", fragte ich neugierig. „Kann das nicht bis morgen früh warten?"

Hilde blieb seltsam schweigsam, während sie weiter ihren Rucksack sortierte. Es kam mir komisch vor, denn Hilde und ich standen einander seit dem Vorfall mit Herrn Anders sehr nahe. Es schien, als ob sie etwas vor mir verbarg, um mich zu schützen.

Nach der Arbeit am nächsten Tag fehlte Hilde Risel in der Reihe. Plötzlich ergab alles einen Sinn. Christian wollte nicht, dass ich über den Fluchtplan seiner Schwester Bescheid wusste oder irgendwie damit in Verbindung zu bringen war. Er hatte ihr zur Flucht verholfen, doch er selbst war geblieben.

Herr Anders verdächtigte sofort Christian, mit Hildes Flucht zu tun zu haben. Als ich Christian das nächste Mal sah, war sein Gesicht grün und blau geschwollen. Offenbar war er von Kommandant Anders verprügelt worden, doch mich ließ Anders in Ruhe, weil er mitbekommen hatte, dass unsere Romanze zu Ende war.

Eine Woche später wachten wir vom Geräusch schwerer russischer Geschütze in der Ferne auf. Die Russen standen fast auf unserer Türschwelle! Alle wurden nervös. Besonders die Wachen warteten angespannt auf einen Befehl, weiterzuziehen und sich in Sicherheit zu bringen. Die sibirischen Gefangenenlager waren dafür bekannt, deutsche Soldaten leiden zu lassen, und nur wenige kehrten je von dort zurück. Den ganzen Tag lang rauchten unsere Wachen Zigaretten und gingen um uns herum auf und ab, während wir arbeiteten und auf weitere Schüsse in der Ferne lauschten.

Der Boden zitterte, wenn die Artilleriegeschosse einschlugen. Wir arbeiteten schweigsam, einige von uns waren in Gedanken, andere ins Gebet vertieft. Ich vermisste Steffis Freundschaft und Christians Stärke. Die Wolf-Brüder waren fort und nun war auch Hilde nicht mehr da. Doch ich hatte noch immer meine kleine Gruppe gläubiger Christinnen, und ich hatte auch den inneren Halt und Frieden, der von Jesus kommt.

Es schien so lange her zu sein, dass wir konkrete Informationen über den Krieg bekommen hatten. Am Verhalten der Aufseher war unschwer zu erkennen, dass sich das Blatt gewendet hatte, doch wir hätten so gern Genaueres erfahren. Wir wollten wissen, wie sich die russischen Soldaten verhielten, wenn sie eine Stadt einnahmen. Was wir bisher gehört hatten, war Propaganda, die vielleicht aber auch der Realität entsprach. Wenn die russischen Soldaten tatsächlich solche Schufte waren, wie man sie bisher beschrieben hatte, dann entsprach das Geschützfeuer, das wir hörten, vielleicht doch nicht dem Klang der Befreiung.

Ein furchtbarer Schmerz zog sich vom Fuß bis in mein Bein hinauf; die Blase hatte sich entzündet. Mein Bein begann sich zu verfärben und pochte so heftig, dass ich an jenem Abend nur mit äußerster Mühe zum Lager zurücklaufen konnte. Ich stützte mich humpelnd auf meine Freundin Hella und lauschte auf das Geschützfeuer.

„Ich glaube, es ist so weit!", sagte Hella voller Hoffnung, als ich hinter ihr in der Schlange für die Essensausgabe stand. „Wie viel näher können sie noch herankommen?"

„Ich denke, morgen früh sind sie da", sagte ich.

Wir aßen unsere wässrige Suppe und hörten dem bedrohlichen Kriegsgeräusch in der Ferne zu. Ich musste an meine Zeit in Berlin zurückdenken. Wenn man einen Luftangriff überlebt hatte, schienen alle anderen Bedrohungen vergleichsweise gering zu sein. Doch ich wusste zu dem Zeitpunkt noch nicht, dass ich weder meinen letzten noch meinen schlimmsten Luftangriff überstanden hatte. Die Geräusche und der Geruch des Krieges sind entsetzlich. Und wo Kriegsrauch aufsteigt, da sind leidende Opfer der menschlichen Unfähigkeit, friedlich zusammenzuleben. Ich fragte mich, welches Recht ich hatte, sicher hier im Häftlingslager zu sitzen, während anderswo Menschen starben.

Plötzlich drängten uns die Wachen in unsere Quartiere und schlossen die Türen ab. Sollte unsere Baracke vom Geschützfeuer getroffen werden, hätten wir keine Möglichkeit zu entkommen.

Etliche Frauen, deren Nerven zum Zerreißen gespannt waren, gerieten völlig außer sich, während die Wachen über das Gelände marschierten.

„Sie haben Bajonette auf ihren Gewehren!", sagte ich zu Hella, als ich aus dem Fenster sah.

„Glaubst du, die sind für uns bestimmt?", fragte sie nervös.

„Keine Ahnung. Die Wachen umstellen unsere Baracken. Ich weiß nicht, ob sie uns dabehalten oder die Russen abwehren wollen."

Wir waren tatsächlich wie Tiere im Käfig unseren Aufsehern ausgeliefert – und ebenso unseren Befreiern. Auf den Gesichtern der Frauen war schreckliche Angst zu erkennen. Einige saßen völlig still auf ihren Strohmatratzen. Die Anspannung war unerträglich.

Die ganze Nacht hindurch hielt die Aufregung an, während in der Ferne Geschützfeuer zu hören war und die Aufseher vor den Türen und Fenstern patrouillierten. Ihre Bajonette glänzten im Mondlicht, während sie auf und ab schritten und auf weitere Anweisungen warteten.

Hella Frommelt und Uschi Müller saßen neben mir auf der Strohmatratze. Uschi war eine der verheirateten Frauen im Lager, ihr Mann Helmut befand sich in der Männerbaracke.

Niemand schlief in jener Nacht. Innerhalb wie außerhalb der Baracke herrschte Unruhe. Ohne Ausnahme war es für uns alle die längste Nacht unseres Lebens. Es schien so gut wie sicher zu sein, dass wir am Morgen unter Beschuss geraten würden. Gleichzeitig hatte ich mit meinem stark geschwollenen Bein zu kämpfen. Ich fragte mich, wie ich vor den Russen weglaufen sollte, selbst wenn es mir gelang, den Wachen mit ihren Gewehren und Bajonetten zu entkommen. In einer derart aussichtslosen Situation blieb mir nur, mich glaubensvoll an Gott zu klammern, vor allem, als ich an Mutter und Steffi dachte.

„Ich schaue hinauf zu den Bergen – woher kann ich Hilfe erwarten? Meine Hilfe kommt vom Herrn, der Himmel und Erde gemacht hat!"

Psalm 121,1–2

13.

DIE FLUCHT

Wir sollten darüber nachdenken, zu flüchten", sagte Hella, als wir auf die Abenddämmerung warteten. „Die Aufseher sind so nervös, meinst du, sie werden sich darum kümmern, wenn ein paar von uns fehlen?"

„Hella hat recht", fiel Uschi ein. Es stimmte: In den letzten Wochen hatten sich unsere Reihen etwas gelichtet. Kommandant Anders und seine Männer hatten andere Sorgen, als sich um ein paar Flüchtlinge unter Hunderten Gefangenen zu kümmern. Wäre Christian nicht dem Kommandanten geradewegs in die Arme gelaufen, wären wir wahrscheinlich noch immer auf freiem Fuß.

„Lasst uns für die richtige Gelegenheit beten", sagte ich zu Uschi und Hella. „Wenn der Moment gekommen ist, werden wir es wissen."

Wir blieben still auf unseren Matratzen liegen, während die Zeit verstrich und die Nerven der Frauen in der Baracke bis zum Äußersten gespannt waren.

Am nächsten Morgen platzten die Wachen in unsere Baracke und befahlen uns, innerhalb von drei Minuten alles zusammenzupacken und in der Mitte des Lagers Aufstellung zu nehmen. Die erste Verwirrung über den Befehl verwandelte sich sofort in ein wildes Durcheinander, während die ungeduldigen Wachen weiter ihre Befehle brüllten. Männer und Frauen wurden in zwei voneinander getrennten Lagerabschnitten versammelt. Immer wieder leuchteten die Explosionen russischer Panzergranaten am Horizont auf. Die heranrückende *Rote Armee* hatte zwei Gesichter, je nachdem, wie wir die Propaganda verstehen wollten.

Wir zitterten in der Morgenkälte, als plötzlich drei große Pferdewagen aus dem Nichts auftauchten. Den Frauen wurde befohlen aufzusteigen. Für mich war das ein weiteres Geschenk Gottes, denn ich hätte mit meinem entzündeten Bein nicht laufen können. Als wir auf die Wagen kletterten, bemerkten wir, dass die Männer offenbar im Lager blieben.

Uschi war außer sich, als sie sich neben mich setzte, weil sie von Helmut getrennt wurde.

„Sie werden Helmut töten", schrie sie, während Hella und ich versuchten, sie zu trösten. Sie starrte rüber, um Helmut zu sehen, während weitere fünfundzwanzig Frauen auf den Wagen kletterten. Unsere Freundinnen Trautel Lindberg und Ursel Engel setzten sich neben uns.

„Du musst auf Gott vertrauen, Uschi", flehte ich sie an, als die Wachen uns zur Eile mahnten. „Er ist unsere einzige Hoffnung. Helmut wird es schaffen."

„Für dich ist es leicht, das zu sagen, Anita!"

„Uschi, ich vertraue meine Mutter jeden Tag Jesus an", beharrte ich.

Die Kutscher der Pferdewagen waren polnische Kriegsgefangene, die als Zwangsarbeiter auf den nahe gelegenen Höfen gearbeitet hatten. Unser Kutscher war ein junger Pole mit pechschwarzem

Haar. Auf Befehl eines Aufsehers gab er den Pferden einen Klaps und wir fuhren rasch aus dem Lager auf die Kopfsteinpflasterstraße. Ich hörte die verzweifelten Schreie der Frauen, die von ihren Männern getrennt worden waren. Die männlichen Häftlinge waren bald nicht mehr zu sehen, während unser Wagen über die mit tiefen Furchen versehene Straße rumpelte. Ich versuchte Gunther oder Christian auszumachen, doch die Gesichter der Männer waren zu weit entfernt, als dass ich sie hätte voneinander unterscheiden können.

Hinter unseren drei Pferdewagen fuhren nur zwei Aufseher – auf Fahrrädern! Sie gaben ein absurd komisches Bild ab, wie sie sich abmühten, über die von Schnee bedeckte Straße zu strampeln und mit den Pferdewagen mitzuhalten. Sie fuhren und fielen hin, fuhren weiter und fielen wieder hin, bis sie endlich ihr Gleichgewicht fanden.

„Das ist die ideale Situation, um zu fliehen", flüsterte ich Uschi, Hella, Trautel und Ursel zu. „Die beiden Wachmänner können uns unmöglich alle im Auge behalten."

„Und Anders ist nicht bei ihnen", rief Hella aus. „Er ist bei den Männern geblieben."

„Wann sollen wir los?", fragte Uschi, deren Wangen noch vor Tränen glänzten.

„Nicht jetzt", sagte ich, als die anderen mich ansahen. „Gott wird uns den richtigen Zeitpunkt zeigen. Wir müssen auf genau diesen Augenblick warten."

„Aber wie werden wir wissen, wann dieser Moment gekommen ist?", fragte Hella.

„Ich werde es wissen", erwiderte ich.

Die meisten Frauen auf den Pferdewagen starrten wie blind vor sich hin. Sie waren durchgefroren und verängstigt und hatten jegliche Hoffnung verloren. Diejenigen, die von ihren Männern getrennt worden waren, gaben sich der Verzweiflung hin.

„Uschi, hast du noch ein paar Zigaretten?", fragte ich.

Uschi nickte.

„Ich werde versuchen, unseren polnischen Kutscher zu bestechen", sagte ich leise. „Habt ihr Geld? Auch wenn es nur ganz wenig ist?"

Uschi war vor ihrer Inhaftierung wohlhabend gewesen, doch es war Hella, die einen Zwanzig-Reichsmark-Schein hervorzog.

„Gut", sagte ich. „Wenn der Zeitpunkt gekommen ist, lasst ihr mich machen."

„Anita, das wird niemals klappen", beschwor mich Hella. „Zigaretten und Geld reichen nicht. Wir werden erschossen, wenn er geschnappt wird."

Nach mehreren Stunden Fahrt wurde das Donnern der Geschütze leiser. Wir kamen an einem kleinen Bahnhof vorbei und nur wenige Kilometer weiter sollte unser Ziel liegen: Stacheldrahtzäune umschlossen das Lager, in dessen Mitte riesige, hässliche Baracken standen. Es sah aus wie ein verlassenes Todeslager. Wir waren überrascht, wie viele dieser Lager über die deutsche Landschaft verstreut waren. Scheinbar war niemandem in Deutschland das ganze Ausmaß des Vernichtungssystems der Nazis bewusst.

Das riesige Eingangstor öffnete sich und zwei der drei Pferdewagen fuhren in das Lager. Unser Wagen blieb einen Moment draußen stehen, während die beiden Aufseher miteinander sprachen.

„Dein Plan ist verrückt", sagte Ursel zu mir. „Trautel, Uschi und ich werden in den Wald fliehen. Du und Hella, ihr kommt mit uns."

„Ich kann nicht. Mein Bein wird es nicht schaffen."

„Ich bleibe bei Anita", beharrte Hella.

Als die beiden Aufseher sich weiter unterhielten, sprangen Trautel, Uschi und Ursel vom Wagen und rannten in den nahe gelegenen Wald. Die anderen Frauen sahen ihnen nur schweigend hinterher. Sie waren zu erstarrt und verängstigt, als dass sie selbst hätten reagieren oder es ihnen gar gleichtun können. Wir beobachteten, wie sie durch die Schneehügel stapften, hielten den Atem an und hofften, dass die Wachen sie nicht sahen. In weniger als einer Minute waren sie im Dickicht des Waldes verschwunden. Hella und ich sahen einander an und seufzten erleichtert, als der Wald die drei Frauen verschluckte.

Schließlich trennten sich die beiden Aufseher und einer kam zu uns herüber.

„Was machen wir jetzt?", flüsterte Hella verzweifelt.

„Jetzt oder nie."

„Ich brauche zwei von euch, um ein paar Sachen für das Lager abzuholen", befahl der Aufseher.

Ich reagierte sofort. „Hella und ich machen das."

„Die anderen steigen vom Wagen. Sofort ins Lager! Kutscher, bringen Sie die beiden Frauen zur Fabrik unten an der Straße und sorgen Sie dafür, dass sie die Vorräte mitbringen." Er händigte dem Kutscher eine Liste aus. „Ich werde in Kürze dazustoßen."

Unsere Herzen fingen ganz aufgeregt an zu rasen, als wir erkannten, dass Gott uns eine perfekte Fluchtmöglichkeit vorbereitet hatte. Wenn es uns nur gelang, den Polen zu bestechen!

„Los, beeilt euch!", befahl der Aufseher ein letztes Mal.

Als die letzte Frau vom Wagen gestiegen war, fuhr der Kutscher die Landstraße hinunter auf ein kleines Fabrikgebäude zu. Hella und ich krochen nahe an ihn heran.

„Zum Bahnhof", bat ich inständig, wobei ich ihm die Zigaretten und das Geld zeigte. „Bitte, bring uns sofort zum Bahnhof!"

Nur Gott allein konnte diesen unmöglichen Plan gelingen lassen. Was hatte der Kutscher schon zu gewinnen, abgesehen von ein paar Zigaretten und etwas Geld? Außerdem lief er Gefahr, schwer bestraft zu werden. Doch plötzlich lächelte er amüsiert und gab dem Pferd einen Schlag mit der Peitsche. Hella und ich fielen fast der Länge nach hin, als der Wagen mit voller Fahrt nach vorn preschte. Der Pole ließ die Zigaretten und das Geld wortlos in seine Hosentasche gleiten. Auf seinem Gesicht leuchtete Begeisterung auf. Vielleicht war ihm gar nicht bewusst, was er da tat. Doch wer weiß, vielleicht hatte Gott uns einen Engel geschickt!

„Erinnern Sie sich, wo der Bahnhof ist?", fragte ich ihn.

Er nickte. Hella und ich klammerten uns am Wagenrand fest, während der Pferdewagen in Windeseile weiterpreschte. Das Lager wurde kleiner und war bald ganz aus unserem Blickfeld verschwunden.

„Diesmal wird es klappen, Hella!", sagte ich zuversichtlich. „Gott würde uns nicht diese perfekte Gelegenheit geben und dann zulassen, dass wir wieder geschnappt werden."

Die Wärme der Sonne vermochte es an diesem Morgen nicht die kalte Luft zu durchbrechen; der Wind blies weiter eiskalt in unsere Gesichter. Doch das war uns egal, die Aussicht auf Freiheit erfüllte uns von innen mit Wärme.

Der Bahnhof befand sich nur wenige Minuten vom Lager entfernt, wir bekamen ihn schon bald zu sehen. Etwa ein Dutzend Dorfbewohner schlenderten vor dem Bahnhof umher und im Bahnhof selbst waren noch ein paar mehr.

Am Bahnsteig stand ein langer Güterzug, der fast ausschließlich aus Flachwagen bestand. Auf jedem Flachwagen befand sich ein Panzer. Mehrere deutsche Soldaten schienen den Zug zu inspizieren. Sie gingen auf dem Bahnsteig neben dem Zug her und trugen ihre Gewehre über der Schulter.

„Bleib hier stehen", bat ich den Polen, als wir nur wenige Meter vom Bahnhof entfernt waren. Hella und ich kletterten vom Wagen. Mein Bein schmerzte, als ich aus Versehen mit dem Gewicht darauf landete. Es war, als wollte Gott mich in diesem Moment daran erinnern, wie perfekt er diese Flucht im Pferdewagen arrangiert hatte, denn mit meinem geschwollenen Bein hätte ich einfach nicht laufen können.

Der Pole wendete rasch den Pferdewagen und fuhr fort. Gott hatte uns diesen Kutscher geschickt, um uns unserer Freiheit einen Schritt näherzubringen! Er hatte so wenig gefordert und tatsächlich sein Leben für uns riskiert. Ich werde nie vergessen, wie seine Augen geleuchtet haben, als er die Aufregung auf unseren Gesichtern sah. Als er losfuhr, drehte er sich noch einmal um und winkte uns zu. Hella und ich fragten uns, welches Schicksal wohl vor diesem verkleideten Engel lag.

Wir beobachteten das Treiben aus einiger Entfernung, als wir plötzlich Schritte hinter uns vernahmen. Wir drehten uns um und sahen in die Gesichter von Uschi, Ursel und Trautel, die aus dem Wald herbei und auf uns zugelaufen kamen. Gott hatte den Zeitpunkt ihrer wie auch unserer Ankunft am Bahnhof perfekt inszeniert. Und ich war mir ganz sicher, dass Gott die Kontrolle über unseren Fluchtplan hatte.

Uschi, Ursel und Trautel hörten ungläubig zu, als Hella und ich von unserer Flucht mit dem polnischen Kutscher erzählten.

„Wir müssen uns jetzt als fliehende Dorfbewohner ausgeben", sagte ich. „Ich werde einen der Soldaten fragen, ob wir auf dem Güterzug mitfahren dürfen. Es ist zu gefährlich, auf einen anderen Zug zu warten. Lasst mich nur machen."

„Anita, sie werden uns *niemals* auf diesem Zug mitfahren lassen", sagte Hella.

„Es ist einen Versuch wert. Vertraut mir."

Als wir bewusst zwanglos auf den Bahnhof zugingen, versuchten wir jedes Anzeichen von Furcht auf unseren Gesichtern zu unterdrücken. Sicherlich durften wir eine gewisse Angst zeigen, denn man konnte in der Ferne russische Artillerie hören. Doch wir mussten um jeden Preis vermeiden, zu viel Panik zu zeigen.

Ich ging geradewegs auf einen gut aussehenden Soldaten zu, der neben einem Flachwagen stand, auf dem ein demolierter Panzer stand. Er lächelte mich an, als ich auf ihn zukam.

„Meine Freundinnen und ich haben schreckliche Angst vor den Russen", sagte ich. „Würden Sie uns erlauben, auf diesem Zug mitzufahren?"

„Wollt ihr etwa in einem demolierten russischen Panzer reisen?", fragte er. „Es wäre ein langer, kalter Weg bis zum nächsten Halt."

„Das ist in Ordnung. Lieber das, als von den Roten gefangen genommen zu werden."

Den Soldaten schien die Aussicht darauf, einen Panzer mit fünf Mädchen zu teilen, zu amüsieren.

„Ich muss das erst mit meinem befehlshabenden Offizier besprechen", erwiderte er. „Wenn er einverstanden ist, bin ich es auch."

Der Soldat ging ins Bahnhofsgebäude hinein, während die Mädchen ein paar Meter entfernt standen und die Situation nervös verfolgten. Ein paar Augenblicke später kehrte der Soldat mit einem breiten Grinsen zurück.

„Er ist einverstanden, dass ihr mit mir fahrt", verkündete er. „Ich heiße Waldemar Stricker. Wie heißt ihr?"

„Ich bin Anita, und das da drüben sind meine Freundinnen." Ich drehte mich um und winkte den anderen zu kommen. „Hier sind Uschi, Hella, Ursel und Trautel. Unsere Familien sind vor einer Woche aus dem Dorf geflohen, und wir hoffen, sie in Sorau zu treffen."

Die Lügengeschichte, die ich auftischte, war aus der allgemeinen Angst vor der heranrückenden Roten Armee inspiriert. Erst drei Monate später sollte ich am eigenen Leib erfahren, wie begründet diese Furcht war. Doch Gott war bereits dabei, einen Plan für meine Befreiung vorzubereiten – beginnend mit der Blase an meiner Ferse.

„Nun, dann klettert auf den Wagen, ich helfe euch. Wir fahren geradewegs durch Sorau."

Als unsere Freiheit immer näher rückte, vergaß ich beinahe den ständigen Schmerz in meinem Bein. Waldemar half uns beim Hinaufklettern und danach beim Einsteigen in den Panzer. Wir saßen dicht beieinander, denn für uns fünf standen nur drei Plätze zur Verfügung. Dann ließ sich Waldemar selbst in den Panzer hinab und quetschte sich noch mitten zwischen uns fünf. Wir hätten beinahe laut losgelacht angesichts der absurden Situation und unserer Anspannung: Wir flüchteten tatsächlich im Beisein eines deutschen Soldaten, versteckt in einem russischen Panzer. Wir versuchten, die Tränen zu unterdrücken, die uns möglicherweise verraten hätten.

„Möchtet ihr ein paar Butterbrote?", fragte Waldemar.

Unsere Augen leuchteten! „Oh, Waldemar! Gott segne dich!", rief ich aus.

„Bist du gläubig?", fragte er, als er in seine Tasche griff, um das Essen hervorzuholen.

„Ja!"

„Ich auch!", rief er aus.

Oh, wie gut Gott doch ist! Hatte er uns einen weiteren verkleideten Engel geschickt? Am liebsten hätte ich Waldemar viele Fragen gestellt: Wie konnte er bloß eine Sache unterstützen, bei der es um die Vernichtung eines ganzes Volkes ging, wenn er gläubig war? Wie konnte er nur diesem Teufel Hitler dienen? Und unschuldige Menschen töten, indem er diesen schrecklichen Krieg unterstützte?

Als wir langsam durch die Landschaft fuhren, öffnete ein anderer Soldat die Luke des Panzers und ließ sich ins Innere hinab.

„Ich habe heißen Tee dabei", sagte er lächelnd und war offenbar ganz amüsiert über die Anwesenheit von uns Mädchen im Panzer.

Er stellte sich als Klaus vor und schaffte es, sich so hinzusetzen, dass wir alle gerade genug Platz hatten. In den Augen der beiden Soldaten war keinerlei Misstrauen zu erkennen. Sie waren liebenswürdig und freundlich und schienen es zu genießen, auf der langen Fahrt nach Sorau weibliche Gesellschaft zu haben.

„Sag mal, meine kleine Freundin", sagte Waldemar zu mir gewandt, „du zitterst ja. Lass mich dich ein wenig wärmen." Er zog seine Uniformjacke aus und legte sie um meinen Körper, dann legte er seinen starken Arm um mich, um mich noch mehr zu wärmen. Klaus folgte seinem Beispiel und tat dasselbe für Hella.

Ich hätte so gern über den Krieg gesprochen, aber es war zu gefährlich. Waldemar und Klaus hätten sonst bald herausgefunden, wer wir tatsächlich waren. Klaus war nicht gläubig und wirkte nervös, wenn ich von Gottes erfahrener Fürsorge sprach. Also stellten wir den beiden Soldaten jede Menge Fragen und erfuhren, dass sie zu den wenigen Glücklichen gehörten, die von der russischen Front abgezogen worden waren. Sie berichteten uns von der Tragödie, wie Tausende deutscher Soldaten auf dem Feldzug nach Moskau erfroren waren.

Die deutschen Strategen hatten in den Sommermonaten 1941 mit einem schnellen Sieg in Russland gerechnet. Stattdessen waren sie auf eine verbissen kämpfende Rote Armee gestoßen, sodass sich die Kämpfe bis in den Winter zogen. Die deutschen Soldaten und Gerätschaften fielen dann der Kälte zum Opfer, während die russische Armee perfekt für den winterlichen Angriff gerüstet war. Es war eine fatale Fehleinschätzung seitens der Wehrmacht, so wie Mutter es mir vorausgesagt hatte.

Der Panzer, in dem wir saßen, hatte Dutzende von Einschlaglöchern. Als es zu schneien begann, fielen dicke Flocken auf uns herab. Und irgendwann übermannte uns die Erschöpfung und wir lehnten uns an die breiten Schultern der Soldaten, wo wir einschliefen. Wir hatten sie allerdings zuvor gebeten, uns bei der Ankunft in Sorau zu wecken.

Irgendwann wurde ich vom Ruckeln des Zuges wach. Ich lugte durch die Einschlaglöcher und sah, dass es stockfinster war.

„Wo sind wir?", fragte ich verschlafen.

„Etwa vierzig Kilometer vor Berlin", erwiderte Waldemar.

„Warum habt ihr uns nicht in Sorau aussteigen lassen?", fragte ich verärgert.

„Meine kleine Freundin", sagte Waldemar und legte seinen Arm noch fester um mich, „ich wollte euch nur schützen. Mein kleines Radio hier hat berichtet, dass die Russen im Begriff stehen, eine

Offensive auf Sorau zu starten. Wir sind schnell durch die Stadt gefahren. Wir hatten keine Zeit zum Anhalten und ihr hättet ganz sicher nicht vom fahrenden Zug springen können."

Tränen traten in meine Augen, da ich an Vater dachte. Er hatte mir mehrmals davon erzählt, wie friedlich es in Sorau war. So friedlich, dass er keinen Gott brauchte. Und ich fragte mich, ob die aktuelle Lage ihn dazu bringen würde, Gott um Gnade anzuflehen.

„Wir steigen aus, um eine kleine Pause einzulegen", verkündete Waldemar. „Wir befinden uns auf einem kleinen Bahnhof, wo wir die Toiletten benutzen können und ein wenig Proviant bekommen."

Der Schmerz in meinem Bein war schlimmer geworden, und ich wusste nicht, wie ich aus dem plumpen russischen Panzer hinausklettern sollte. Doch Waldemar und Klaus hoben uns alle behutsam durch die Luke.

„Ich glaube, ich kann nicht laufen", sagte ich zu den Soldaten und rollte mein Hosenbein hoch, um ihnen mein Bein zu zeigen. Es war doppelt so dick wie normal.

„Was ist passiert?", fragte Waldemar.

„Es hat mit einer Blase angefangen, die sich entzündet hat. Es ist immer schlimmer geworden."

„Du brauchst Hilfe für dein Bein", sagte Waldemar, als er sich herabbeugte, um die hässliche blaue Verfärbung in Augenschein zu nehmen. „Sonst wirst du es verlieren."

Waldemar hob mich auf seine Arme und trug mich rüber zur Damentoilette. Dann gab er mir eine saubere Zahnbürste, Zahnpasta, ein Stück Seife und ein sauberes Handtuch. Was für ein Luxus! Klaus versorgte Hella mit den gleichen Sachen. Nachdem sie uns in der Damentoilette allein gelassen hatten, kicherten wir über die absurde Situation.

„Ich glaube, es sind Schutzengel!", sagte ich. „Gott hat sie geschickt, um uns in die Freiheit zu führen, ich weiß es einfach."

„Anita, was sollen wir bloß tun?", fragte Hella. „Wir können nicht nach Berlin gehen. Die Stadt liegt in Schutt und Asche, es ist viel zu gefährlich."

„Ich weiß", sagte ich.

„Wir könnten versuchen, meine Verwandten in Bautzen zu finden", schlug Uschi vor.

„Meinst du, dort ist es sicherer?", fragte ich.

„Bautzen ist eine kleine Stadt. Die Alliierten werden sicher nicht versuchen, sie einzunehmen", erwiderte Uschi. „Vielleicht können wir bis zum Ende des Krieges dort bleiben."

„Sind deine Verwandten Juden?", fragte Hella.

„Nein."

„Gut! Dann sind sie womöglich am Leben und wohlauf", sagte ich voller Begeisterung. „Ich stimme für Bautzen."

„Ich glaube, Ursel und ich werden versuchen, nach Rostock zu kommen", sagte Trautel. „Ich habe dort Freunde, die uns verstecken können."

„Wir sollten lieber zusammenbleiben", sagte Hella. „Gemeinsam sind wir sicherer."

„Nein, ich habe mich entschieden", erwiderte Trautel. „Ich will nach Rostock."

Als wir aus der Toilette kamen, warteten Waldemar und Klaus auf uns. Man hatte ihnen ein wenig heißen Tee, Brötchen mit Butter und zwei Eier geben – es war eine Hungerration für Soldaten. Und doch teilten sie den wenigen Proviant liebenswürdig mit uns. Waldemar bestand darauf, dass ich eines der Eier aß, um Kraft zu bekommen. Während wir aßen, legte er wieder schützend den Arm um mich.

„Waldemar", sagte ich, „da wir nicht in Sorau aussteigen und unsere Familien finden konnten, haben wir beschlossen, nach Bautzen und nach Rostock zu gehen. Kannst du uns helfen, dahin zu kommen?"

Ein ernster Ausdruck trat auf die Gesichter der beiden Soldaten. Unsere Gesellschaft war offensichtlich ein Höhepunkt in ihrer Zeit als Soldaten gewesen.

„Ich bin traurig, dich fortgehen zu sehen, Kleines", erwiderte Waldemar. „Ich hatte gehofft, unsere Freundschaft würde länger dauern."

„Aber wir müssen unsere Familien finden", sagte ich. „Das verstehst du doch, nicht wahr? Wir kennen niemanden in Berlin. Trautel hat Freunde in Rostock und Uschi hat Verwandte in Bautzen."

„Rostock liegt in Schutt und Asche, fürchte ich", sagte Waldemar. „Die Alliierten haben die Stadt heftig bombardiert."

„Wir werden trotzdem hingehen", erwiderte Trautel.

„Nun, in Ordnung", sagte Waldemar. „Unser nächster Halt ist in Fürstenwalde, einem Vorort von Berlin. Ihr beide könnt dort einen Direktzug nach Rostock nehmen. Anita, ihr anderen müsst in Fürstenwalde einen Zug nach Dresden nehmen und dort umsteigen, um nach Bautzen zu kommen. Richtet euch auf lange Wartezeiten an den Bahnhöfen ein. Die Züge fahren nicht nach Fahrplan. Die Alliierten haben viele Bahnstrecken bombardiert. Jetzt kommt, wir müssen in unsere Sardinenbüchse zurück."

Waldemar und Klaus hoben uns wieder in den Panzer zurück und wir fuhren rund zwanzig Kilometer ruhig weiter. Waldemar kritzelte eine Adresse auf ein Stück Papier und drückte es mir in die Hand, als wir die letzten Kilometer mit den Soldaten zurücklegten.

„Das ist meine Adresse, Anita", sagt er. „Du wirst mir doch schreiben? Nur Gott weiß, wann sich unsere Wege wieder kreuzen. Ich bete, dass es bald sein wird."

„Ich werde dir schreiben", versprach ich. „Und ich werde jeden Tag für dich beten."

Waldemar beugte sich zu mir und küsste mich auf die Wange. Kurz darauf hielt der Zug am Bahnhof Fürstenwalde an und Waldemar und Klaus hoben uns aus dem Panzer heraus.

„Sie waren wundervoll!", rief Hella, nachdem der Zug aus unserem Blickfeld verschwunden war. „Ich glaube, Anita hatte recht, als sie von Engeln sprach."

Ich hatte ursprünglich geplant, Mutters Geld für ihre Freiheit zu verwenden, doch die Gelegenheit hatte sich nie ergeben. Also kaufte ich nun die Freiheit für Uschi, Hella und mich: Zugfahrkarten für die Fahrt nach Dresden und von dort nach Bautzen. Es blieb sogar ein wenig Geld übrig – für einen möglichen Notfall. Gott sorgte wirklich für alle unsere Bedürfnisse.

Ursel und Trautel besaßen von ihrem Arbeitslohn im Lager noch gerade genug für die Fahrkarten nach Rostock. Es war ein weiteres Wunder – in der Regel hatten unsere Aufseher immer einen Grund gefunden, unseren mageren Lohn selbst einzubehalten. Insofern war das wenige Geld, das Mutter mir damals zurückgelassen hatte, ein besonderes Geschenk Gottes, denn Hella, Uschi und ich hatten nie etwas von dem versprochenen Lohn gesehen.

Im Laufe des Vormittags lief der Zug nach Rostock ein und wir verabschiedeten uns von Ursel und Trautel. Uschi, Hella und ich hingegen mussten fast sechs Stunden auf den Zug nach Dresden warten. Es war fast dunkel, als wir einstiegen. Ich lehnte mich in dem schmutzigen, überfüllten Zug zurück und erfreute mich an meiner Freiheit.

Ich musste an all die Menschen denken, die ich liebte: Mutter, Vater, Steffi, Christian, Rudi, Gerhard, Wolfgang, Joachim, die Rosens, Ann, Gunther und meine drei Tanten. Die Trennung war mit das Schlimmste gewesen und die Ungewissheit über das Schicksal der geliebten Menschen machte das Ganze für mich noch schwerer. Wenn Berlin nicht völlig von Bomben zerstört gewesen wäre und wenn ich dort Verwandte gehabt hätte, dann wäre ich gern dorthin gegangen, um Ruth Conrad und ihre Familie wiederzusehen, die mich während meiner Zeit bei Frau Michaelis so großzügig miternährt hatte. Doch es schien das Richtige zu sein, nach Bautzen zu fahren, das möglicherweise vom Krieg verschont geblieben war. Ich musste mich auch dringend um medizinische Hilfe für mein entzündetes Bein kümmern.

Wir kamen nach Mitternacht am Bahnhof Arnsbach, einem Vorort von Dresden, an. Es war Dienstag, der 13. Februar 1945. Eine Weile saßen wir schläfrig am Bahnhof und warteten auf unseren Anschlusszug nach Bautzen. Dann gab es plötzlich Fliegeralarm. Voller Panik begannen die Menschen zum Bunker neben dem Bahnhof zu rennen. Auch Hella und ich liefen dorthin, aber ich wusste, dass ich es mit meinem verletzten Bein nicht die vielen Treppen hinunterschaffen würde. Hella und Uschi sahen mich entsetzt an, als ihnen bewusst wurde, dass ich hinter ihnen zurückblieb.

„Ich schaffe es nicht", sagte ich. „Geht ohne mich. Bitte, geht. Macht euch keine Sorgen um mich!"

Ihre Gesichter waren vor Furcht und Sorge verzerrt, doch als wir die erste Bombe durch die Luft zischen hörten, drehten sie sich um und liefen zum Bunker.

Ich rannte auf die Straße, da ich es für sicherer hielt, nicht in einem Gebäude zu sein. Nur zu oft wurden Menschen unter zusammenstürzenden Häusern begraben. Als ich hochschaute, sah ich Dutzende von Bomben und schließlich hörte ich ihr scheußlich pfeifendes Geräusch, kurz bevor sie einschlugen. Die Erde um mich herum bebte.

„Lieber Gott", betete ich, „ich kann dies hier nur mit deiner Hilfe überstehen."

Plötzlich flammten überall riesige Feuer auf und Dresden verwandelte sich in einen einzigen, orangefarbenen Feuerschein. Wie Donner nach Blitz ertönten die ohrenbetäubenden Detonationsgeräusche der Bomben. Und riesige Zerstörung begrub Tausende deutscher Zivilisten unter sich. Ich befand mich mitten in dem berühmten *Feuersturm* von Dresden, als sich die vielen Einzelfeuer orkanartig zu einem Flächenbrand mit extremer Hitze entwickelten. Riesige Rauchsäulen verdeckten den Mond und die Sterne.

Aus dem Nichts strömten Hunderte von verstörten Einwohnern auf die Straßen. Viele waren verletzt und weinten vor Schmerz und Trauer. Verstörte Kinder suchten nach ihren Eltern.

Ich vergrub mein Gesicht in den Händen und weinte um Deutschland und seine gepeinigte Bevölkerung. Wie würde ich mit diesen Erinnerungen für den Rest meines Lebens zurechtkommen? Am liebsten hätte ich alle leidenden Einwohner Dresdens in meine Arme geschlossen und ihnen von der rettenden Kraft Gottes erzählt. Für viele war das zu spät, doch manche befanden sich wie vor einem Abgrund, und ich war mir sicher, sie würden auf die Botschaft hören.

Irgendwann war der Luftangriff endlich vorbei. Eine gespenstische Stille lag nun über der brennenden Stadt. Es war die Stille des Todes, die nur von den schwachen Rufen eingeschlossener und sterbender Menschen durchbrochen wurde. Mehr als 135 000 Menschen starben bei diesem Luftangriff.

Der Bahnhof war nicht direkt getroffen worden, und die verängstigten Menschen, die im Bunker neben dem Bahnhof Zuflucht gesucht hatten, kamen heraus, nachdem Entwarnung gegeben wurde. Als Hella und Uschi die Zerstörung um uns herum sahen, konnten sie es kaum fassen, dass ich überlebt hatte. Noch weniger konnten sie es begreifen, dass ich mitten auf der Straße unverletzt geblieben war, während um mich herum die Häuser zusammenfielen.

„Ich habe einen großen Gott", sagte ich. „Aus irgendeinem Grund will er, dass ich überlebe. Das ist die einzige Erklärung."

Die Sirenen der Krankenwagen heulten stundenlang in jener Nacht, als Deutschland versuchte, die Verwundeten und Sterbenden zu versorgen. Da der Bahnhof als behelfsmäßiges Krankenhaus genutzt wurde, beobachteten wir, wie die Verletzten hineingetragen wurden. Hunderte Opfer wurden von einer Handvoll Ärzte und Krankenschwestern, die diesen Feuersturm überlebt hatten, versorgt.

In dieser Nacht prägte sich das Leid Unschuldiger aufgrund der Unfähigkeit anderer Menschen, auf der Erde Frieden zu bewahren, unauslöschlich in meine Seele ein.

14.

IM KRANKENHAUS

Bautzen war eine kleine, saubere Stadt, die bisher von der Zerstörung des Krieges verschont geblieben war. Wir fanden Uschis Verwandte, die uns hegten und pflegten und mich umgehend ins örtliche Krankenhaus brachten. Es wurde von Nazis geführt, und ich gewann dort den Eindruck, dass sie immer noch nicht den Traum vom „glorreichen" Dritten Reich aufgegeben hatten.

Die Oberschwester, Fräulein Grete, musste meinen Strumpf aufschneiden, der an meinem geschwollenen Bein bereits festklebte. Durch die Entzündung hatte ich mittlerweile über vierzig Grad Fieber.

Während Fräulein Grete mit meinem Bein beschäftigt war, sah sie mich mit einem Blick an, der mich beinahe wie mit der Nazianstecknadel auf ihrer Schwesterntracht durchbohrte. Offenbar schätzte sie es nicht, dass ich auf ihren Hitlergruß nicht geantwortet hatte. Sie gab mir ein kurzes Krankenhausnachthemd und ging mit mir zu einem Zimmer am Ende des Flurs. Ich legte mich zwischen die sauberen weißen Laken, während ich beinahe im Fieberwahn war. Ich schien auf der Prioritätenliste des Personals recht weit unten zu stehen, denn ich wartete stundenlang auf die Behandlung. Schließlich verlor ich jegliches Zeitgefühl, während ich nur noch halb bei Bewusstsein war. Oft hörte ich Schritte auf dem Flur, doch sie kamen nie in mein Zimmer.

Zwei Tage später wurde ich notoperiert: Die Ärzte bohrten zwei Löcher in meinen Fuß, damit der Eiter abfließen konnte. Da Äther aufgrund der Kriegssituation besonders kostbar war, gab man mir eine zu geringe Dosis, und ich wachte mitten in der Operation auf. Mitten im Schmerz hörte ich Fräulein Grete sagen: „Sie hat etwas gesagt, nicht wahr, Herr Doktor?"

Ich war vor Angst wie gelähmt, denn ich spürte, dass ich wohl, ohne dass es mir bewusst war, etwas über mich preisgegeben hatte. Meine Befürchtung bestätigte sich in den kommenden Tagen und Wochen, denn das Pflegepersonal vernachlässigte mich. So ließ man mich viele Stunden ohne Aufsicht und gab mir keinerlei Schmerztabletten. Nach wie vor weigerte ich mich, auf Fräulein Gretes „Heil Hitler!" zu antworten. Sie wiederum verweigerte mir daraufhin die notwendigen Verbandswechsel für meine Wunde. Außerdem sorgte sie dafür, dass der Arzt nur alle zwei bis drei Tage zur Visite kam. Aufgrund dieser Behandlung und der Tatsache, dass ich eine Medikamentenallergie entwickelte, musste ich sechs lange Wochen der Einsamkeit und Vernachlässigung im Krankenhaus überstehen. Nur die häufigen Besuche von Hella machten das Ganze erträglich.

Mein Bein wurde im Laufe von vier Operationen eilig und nicht fachgerecht genäht. Das Ergebnis waren sechs hässliche rote Narben. Vor der letzten Operation sagte ein Arzt: „Anita, wir müssen noch weitere Drainageschläuche in dein Bein einfügen. Das ist sehr heikel, weil wir nahe an einer Arterie arbeiten müssen. Sollte es Komplikationen geben, müssen wir vielleicht dein Bein amputieren."

Wie sehr sehnte ich mich nach Mutters tröstenden Worten während der langen Stunden des Wartens auf die Operation! Was würde diese Naziärzte daran hindern, mein Bein zu amputieren, da sie mich offensichtlich nicht mochten? Ich konnte nur mit meinem himmlischen Vater sprechen und mich einmal mehr völlig auf ihn verlassen. Doch wieder einmal erwies er mir treu seine Liebe, denn ich erfuhr, dass der Tag meiner Operation der freie Tag von Fräulein Grete war. Wenigstens würde sie nicht im Operationssaal dabei sein und einer Amputation Vorschub leisten können.

Erneut gab man mir gerade genug Äther, um leicht betäubt zu sein, sodass ich die Stimmen der Ärzte und Schwestern fast während des gesamten Eingriffs hören konnte. Der Schmerz war so schlimm, dass ich hoffte, in Ohnmacht zu fallen.

Nach der Operation lag ich mit zusammengebissenen Zähnen da und fühlte mit der Hand unter die Bettdecke. Gott sei Dank, mein Bein war immer noch da! Ich war davon überzeugt, dass Gott mir mein Bein erhalten hatte, weil ich noch den langen Weg nach Theresienstadt vor mir hatte.

Als man mich in mein kleines Krankenzimmer zurückschob, spürte ich mein Bein wieder. Meine Augen füllten sich mit Tränen, als mir bewusst wurde, dass ich durch Gottes Gnade unversehrt geblieben war.

An jenem Abend kam Hella zu Besuch und brachte wie immer Neuigkeiten vom Krieg mit.

„Die Alliierten sind fast in jeder größeren Stadt, auch in den Randgebieten von Berlin. Der Krieg wird in einigen Tagen zu Ende sein, doch die schlechte Nachricht lautet: Die Russen rücken auf Bautzen zu. Sie könnten jeden Tag hier ankommen.“

Wir hatten gehofft und gebetet, der Krieg würde ohne die Invasion der Russen in Bautzen zu Ende gehen, denn wir hatten nach wir vor Angst vor ihnen und wussten nicht, wie sie mit uns umgehen würden. Würden sie plündern, verbrennen und vergewaltigen, oder würden sie befreien und wiederherstellen? Man hatte uns jahrelang mit schrecklicher Propaganda über die Russen gefüttert. Nach Hitlers Ansicht waren sie genauso verabscheuungswürdig wie die Juden. Wie sollten die Russen wissen, dass Hella, Uschi und ich Opfer und nicht Täter des Regimes waren? All diese Fragen wirbelten in meinem Kopf herum, während ich weiter auf meinem Krankenbett lag.

Hella berichtete mir auch, dass US-Präsident Roosevelt in dieser Woche gestorben war. Ich war traurig, dass dieser Mann, der eingegriffen und unsere Befreiung beschleunigt hatte, den Sieg nicht mehr erleben würde.

Als ich die Bettdecke zurückschlug und Hella meine hässlichen Wunden zeigte, die lebenslange Narben zurücklassen würden, keuchte sie.

„Keine Sorge, Hella!", sagte ich ruhig. „Diese Wunden und Narben sind Erinnerungen, dass ich gerettet wurde. Gott hat mir in diesen Wochen hier im Krankenhaus diese klare innere Überzeugung gegeben. Er sagt ja, dass *alle* Dinge uns zu unserem Besten dienen – das schließt auch diese Narben mit ein."

Hella kam täglich ins Krankenhaus und half mir, wieder laufen zu lernen. Ich arbeitete fieberhaft daran, die Kraft in meinem Bein wiederherzustellen, damit ich endlich die lange Reise in die Tschechoslowakei auf der Suche nach Mutter antreten konnte.

Mehr als sechs Wochen nach meiner Aufnahme im Krankenhaus wurde ich entlassen. Am Morgen der Entlassung erwachte ich mit neuem Lebensmut; die lange Prüfung war vorbei. Doch noch bevor ich meine Sachen zusammensuchen konnte, hörte ich Fräulein Gretes Stimme hektisch auf dem Flur schreien.

„Aus dem Bett! Alle, die aufstehen können, sollen sich schnell anziehen und zum Luftschutzkeller laufen!", rief sie. „Die Russen sind in Bautzen! Beeilt euch!"

Ich zog mich weiter an, während das verängstigte Personal und die Patienten bereits hin und her hasteten. Ich aber war noch immer geschwächt und hatte nicht viel Kraft in meinem Bein. Doch den unerklärlichen Frieden Gottes spürte ich auch in dieser Situation.

Als ich nach der Krücke griff, die man mir gegeben hatte, hörte ich Schüsse auf der Straße. Dann und wann ertönten auch Kanonenschläge. Wir wussten alle, eine russische Kanone konnte ein ganzes Gebäude in Schutt und Asche legen.

Langsam ging ich durch den Flur, indem ich mich mit einer Hand an der Wand und mit der anderen auf die Krücke stützte. Als Fräulein Grete mich sah, riss sie mir die Krücke aus der Hand. Beinahe wäre ich auf den Boden gefallen.

„Die alte Dame dort drüben braucht die Krücke", sagte sie. „Geh und hilf ihr, in den Luftschutzkeller zu kommen."

„Lieber Herr, gib mir bitte doppelte Kraft", betete ich. Nur Gott allein konnte mich stärken und stützen, als ich mit der alten Frau die Stufen zum Luftschutzkeller hinunterhumpelte.

Rund einhundert Patienten und Angehörige des Pflegepersonals liefen, rannten oder wurden in Rollstühlen zum Luftschutzkeller geschoben, der sich tief unter dem Krankenhaus befand. Verzweifelte Menschen stießen erbarmungswürdige Schreie aus, als ihre kranken Körper sich dagegen wehrten, in den kalten, feuchten Keller umzuziehen.

Gott hatte Mitleid mit uns, denn in dem Moment, als die Tür des Luftschutzkellers zufiel, hörten wir den Einschlag von Granaten auf der ersten Etage des Krankenhauses. Wir dachten, es wäre ein Unfall; die Russen würden sicherlich nicht absichtlich ein Krankenhaus zerstören, das sich um kranke Zivilisten kümmerte. Doch dann ließ ein weiterer Einschlag das Gebäude erzittern. Den ganzen Tag lang hörte man das Geschützfeuer in den Straßen; deutsche Soldaten versuchten, die Stadt zu retten, doch niemand konnte mehr die Alliierten aufhalten.

Ich machte mir große Sorgen um Hella und Uschi und ihre Verwandten. Doch ich konnte sie nur Gott anbefehlen, so wie ich es immer wieder mit geliebten Menschen tun musste.

Acht Tage lang kauerten wir in dem von Kerzen beleuchteten Luftschutzkeller, während die Deutschen vergeblich versuchten, Bautzen zu retten. Zu viert mussten wir Patienten uns ein Bett teilen. Wir konnten uns in dem Bunker kaum bewegen, sonst hätten wir jemanden zu Boden gestoßen. Einige Patienten fluchten, andere weinten oder flehten um Hilfe, doch das Personal hatte nur wenige Medikamente mit nach unten nehmen können. Wir hatten wenig zu essen, und es sah ganz danach aus, als ob uns ein qualvoller Aufenthalt in diesem Luftschutzkeller bevorstünde. Niemand hatte ernsthaft damit gerechnet, dass eines Tages so viele Menschen in diesem Keller zusammengepfercht würden.

Ich versuchte, die drei älteren Frauen, mit denen ich das Bett teilte, zu trösten.

„Kennen Sie Jesus?", fragte ich eine nach der anderen. „Er hat uns ewiges Leben versprochen, und deshalb brauchen wir uns nicht zu fürchten. Er hat gesagt, selbst wenn wir durch das finstere Tal gehen, brauchen wir keine Angst zu haben, weil er bei uns ist."

Sie hörten zu, während ich ein paar Bibelverse zitierte, die ich auswendig kannte. Meine Bibel hatte ich in den Wirren unserer Flucht aus dem Lager verloren. Ich griff in meine Hosentasche, um meine wenigen Besitztümer zu ertasten: eine Zahnbürste, ein kleines Stück Seife, einen zerbrochenen Kamm und die Reste des Geldes, das Mutter mir gegeben hatte.

„Hitler ist mein Gott geworden", bekannte eine der Frauen. „Wir dachten, er sei der Retter Deutschlands. Er hat uns so viel versprochen …"

„Ich habe erst in den letzten Monaten begriffen, dass er ein Demagoge ist", gab eine andere zu. „Solch ein Traum. Solch ein Albtraum. Wird Gott uns je vergeben können?"

„Ja, das kann er!", erwiderte ich. „Das ist seine Spezialität. Er könnte sogar Hitler vergeben, wenn er ihn darum bitten würde. Gott ist so voller Gnade."

„Ich habe früher an Gott geglaubt", bekannte eine ältere Frau. „Aber jetzt ist es schwierig, an ihn zu glauben. Ich habe so viel Hässliches gesehen. Ich habe in Berlin gelebt und bin mit meiner Tochter nach Bautzen geflohen. Wissen Sie, Berlin ist nur noch ein leeres Gerippe. Fast alle meine Freunde sind tot."

„Und Ihre Tochter?", fragte ich. „Geht es ihr gut?"

„Wie soll ich das wissen, wo ich hier eingeschlossen bin? Ich höre das Geschützfeuer und die Kanonen draußen. Keine Ahnung, ob meine Tochter und ihre Familie davon betroffen sind."

„Die Geschütze sind auf die deutschen Soldaten gerichtet, nicht auf unschuldige Zivilisten", sagte ich in dem Versuch, die alte Dame etwas zu trösten. „Ich werde jetzt für Ihre Tochter beten. Möchten Sie mit mir beten?"

„Ja, das möchte ich", sagte sie.

Am vierten Tag der Kämpfe wurde es draußen plötzlich still. Offenbar war der Kampf auf die eine oder andere Weise ausgegangen.

Wir bekamen rasch Klarheit, als ein Dutzend russischer Soldaten in den Luftschutzkeller stürmten. Alle saßen vor Angst wie festgefroren da, während die Russen das klägliche Häuflein taxierten. Sie trugen große Gewehre mit Bajonetten und berieten sich untereinander, wobei sie die Frauen unter dem Personal und den Patienten besonders beäugten. Dann zogen sie nacheinander ein paar Frauen aus der Gruppe und warfen sie auf den Boden. Und während wir übrigen voller Grauen zusehen mussten, wurden mehr als ein Dutzend Frauen vergewaltigt.

Zwei groß gewachsene Soldaten kamen auf mich zu. „Oh, Gott, hilf mir", betete ich laut. Sie zogen mich vom Bett, warfen mich auf den Boden und begannen, mir die Kleider vom Leib zu reißen. Es war eine Szene wie aus der Hölle, als sich die verdorbene menschliche Natur vor meinen Augen personifizierte.

Dann sahen die beiden Soldaten einen Augenblick lang auf mein nicht bandagiertes Bein mit den schlimmen, roten Narben, die noch nicht verheilt waren. Sie verzogen das Gesicht, tuschelten miteinander, schüttelten dann ihre Köpfe und ließen von mir ab, um ein attraktiveres Opfer zu suchen. So verlief die angekündigte Rettung durch meine Beinwunde!

Nachdem der Horror etwa eine Stunde später vorbei war, saßen wir alle in einer Art Schockstarre da und fragten uns, was wir tun und wohin wir gehen sollten. Gefunden, besiegt, ausgeliefert. War es das? Die Verzweiflung hatte an diesem Tag mehrere Gesichter: Angst, Verwirrung, Qual, Einsamkeit. Und ich fragte mich: Litten alle Deutschen auf diese Weise, wenn sie unter den Druck der Alliierten gerieten?

Ich sah eine Frau weinend auf dem Boden in der Ecke sitzen. In der Dunkelheit des Luftschutzkellers konnte ich nicht erkennen, wer es war. Ich humpelte zu ihr, um zu sehen, ob ich ihr helfen oder wenigstens zuhören konnte. Es war Fräulein Grete. Und ich betete, Gott möge mir Demut und Mitgefühl schenken, um sie zu trösten.

Schüchtern kniete ich mich neben sie und legte einen Arm um ihre Schultern. Sie stieß mich nicht fort, obwohl sie wusste, wer ich war. Stattdessen lehnte sie ihren Kopf an meine Schulter und weinte. Mit bebender Stimme erzählte sie mir, dass die russischen Soldaten sie viermal vergewaltigt hatten.

„Möge Gott ihnen gnädig sein", sagte ich.

Sie sah mit roten, geschwollenen Augen zu mir hoch. „Wie kannst ausgerechnet du mich trösten?", fragte sie. „Ich wollte dich doch töten, als ich dich bei der Operation reden hörte und wir herausfanden, dass du Jüdin bist."

„Jesus hat uns aufgetragen, auch unsere Feinde zu lieben und denen Gutes zu tun, die uns verfolgen", erwiderte ich. „Er hat sogar die geliebt, die ihn ans Kreuz geschlagen haben, und er hat seinen himmlischen Vater gebeten, ihnen zu vergeben."

Fräulein Gretes Kummer hatte nicht nur mit der Vergewaltigung zu tun, die sie erlitten hatte; er lag auch darin begründet, dass ihre Vision vom glorreichen Vaterland zerbrochen war. Sie hatte begriffen, dass Hitler, der Rattenfänger, dem sie gefolgt war, ein Betrüger war. Das Dritte Reich hatte sie durch seinen Zusammenbruch unendlich schmerzhaften Verrat fühlen lassen.

„Es heißt bei euch: ‚Liebe deinen Mitmenschen und hasse deinen Feind!' Doch ich sage euch: ‚Liebt eure Feinde und betet für die, die euch verfolgen!'" Matthäus 5,43–44

15.

DAS ENDE EINER REISE

Geh jetzt nach Hause, Anita", sagte der Arzt zu mir. „Wir können nichts mehr für dein Bein tun. Es heilt gut."

Wo ist zu Hause?, dachte ich. Bautzen war nur noch eine Ruine und ich konnte Hella, Uschi und ihre Verwandten nicht finden. Ich hörte davon, dass auch Sorau völlig zerstört worden war. Irgendwie würde ich schon nach Theresienstadt gelangen, um Mutter zu suchen, sagte ich mir. Ob zu Fuß, per Anhalter oder mit dem Zug.

Tags zuvor hatte der Führer sich eine Kugel in den Kopf gejagt, während die Russen auf den Stufen des Reichstags in Berlin standen und die rote Flagge hissten. Wie Pastor Hornig vorausgesagt hatte, hatte Hitler erst aufgegeben, als der Feind auf seiner Türschwelle stand.

Der Führer war tot, und Deutschland lag in Trümmern, doch wenigstens war der Krieg vorbei. Die zwölfjährige Herrschaft der Nazis war bei Weitem nicht an den Traum des *Tausendjährigen Reiches* herangekommen. Nur wenige von Hitlers Zielen waren erreicht worden. Und tatsächlich war es nicht nur Deutschland, das wieder auf die Beine kommen musste; die ganze Welt mühte sich ab, wieder Boden unter die Füße zu bekommen.

Ich humpelte mit meinem schmerzenden Bein zum nahe gelegenen Bahnhof in Bautzen. Auf dem Weg dahin begegnete mir überall Zerstörung, die mich sehr bedrückte. Denn mir war bewusst, dass ein Vielfaches dieser Zerstörung Deutschland und ganz Europa durchzog.

Glücklicherweise besaß ich noch gerade genug Geld, um einen Reisepass zu kaufen und in die Tschechoslowakei zu reisen, doch die Schritte bis dahin waren lang und mühselig. Wohin ich auch kam, stieß ich auf völliges Durcheinander, denn Deutschland war nun ein Land im Chaos. Niemand schien zu wissen, wer für irgendetwas zuständig war.

Auf der Fahrt nach Theresienstadt musste ich lange Zwischenaufenthalte in Kauf nehmen. Man verwies mich dort an Flüchtlingslager, wo ich oft einen halben Tag damit verbrachte, für eine Lebensmittelzuteilung in der Schlange zu stehen. Doch vor allem war da die ständige Frage, ob Mutter das KZ Theresienstadt überlebt hatte.

In der Stadt Asch nahe der tschechischen Grenze wies man mir den Weg zu einem Büro, wo ich einen Reisepass erhalten konnte. Ein freundlicher alter Mann mit dicken Brillengläsern half mir, die Formulare auszufüllen, um in die Tschechoslowakei einreisen zu können. Als er erfuhr, dass ich meine Familie verloren hatte und im Arbeitslager Barthold gewesen war, achtete er voller Mitgefühl sorgfältig darauf, dass ich beim Ausfüllen der Papiere keine Fehler machte. Er schien mich etwas fragen zu wollen und nach

einigem Zögern sagte er: „Warum wollen Sie in die Tschechoslowakei, junges Fräulein?"

„Meine Mutter ist in Theresienstadt", erwiderte ich. „Ich muss
sie finden."

„Wissen Sie irgendetwas über Theresienstadt?", fragte er.

„Nein. Niemand scheint etwas darüber zu wissen."

„Nun, die Russen haben das Lager vor einiger Zeit befreit. Es ist
ihnen auch gelungen, die furchtbare Typhusepidemie unter Kontrolle zu bringen. Tatsächlich haben die Russen das Lager kurz
vor der geplanten Vergasung aller noch verbliebenen Häftlinge
befreit. Den Häftlingen war noch befohlen worden, in Windeseile aus eigener Hand Gaskammern in Theresienstadt zu errichten. Die Nazis hatten gehofft, alle Lagerinsassen vor dem Eintreffen der Russen zu vernichten, doch die Häftlinge versuchten Zeit
zu schinden, während sie die Kammern bauten. Ich möchte Sie
nicht entmutigen, junges Fräulein, aber viele der Gefangenen dort
sind gestorben."

„Ich habe um mein Leben gekämpft, um wieder mit meiner
Mutter vereint zu sein", erwiderte ich.

„Dann sollten Sie jedoch nicht allein in die Tschechoslowakei reisen. Die Tschechen gehen nicht freundlich mit jemandem
um, der Deutsch spricht. Ich rate Ihnen, geben Sie sich als Taub-
stumme aus! Sprechen Sie mit niemandem, solange es nicht absolut unumgänglich ist."

„Ich bin Ihnen sehr dankbar für Ihre Ratschläge", sagte ich,
während er meine Papiere stempelte und zusammenheftete. „Ich
werde tun, was Sie mir empfohlen haben, und ich bete, dass ich
in der Lage sein werde, zu akzeptieren, was auch immer mich in
Theresienstadt erwartet. Ich glaube, Gott wird mich für mein Vertrauen belohnen."

Kurz darauf händigte er mir meinen Pass aus.

„Sie müssen von hier nach Prag fahren und dort in einen Zug nach Leitmeritz umsteigen. Von da sind es noch rund acht Kilometer bis Theresienstadt. Vielleicht müssen Sie diese Strecke per Anhalter oder zu Fuß zurücklegen. Haben Sie Geld dabei?"

„Nein, ich habe Ihnen mein letztes Geld für den Pass gegeben."

„Es tut mir leid, dass ich Ihnen da nicht weiterhelfen kann."

Den Nachmittag verbrachte ich mit dem Anstehen für die Lebensmittelration, danach bestieg ich den Zug von Asch nach Prag. Der Frühsommerabend war herrlich und die Landschaft endlich friedlich. Ich befand mich auf der letzten Etappe einer Reise, die achtzehn Monate zuvor mit der Verhaftung meiner Mutter begonnen hatte.

Als es dunkel wurde, fuhren wir über die Grenze in die Tschechoslowakei, wo Dutzende von Tschechen zustiegen. Ich dachte an die Worte des alten Mannes, sprach mit niemandem und starrte aus dem Fenster. Die jungen Tschechen lachten, als sie den Gang hinauf- und hinunterliefen, und plötzlich fühlte ich mich in der Falle, bedroht von Menschen, die mir vielleicht schaden wollten. Ich sah hinaus in die Dunkelheit, als ich plötzlich eine Hand auf meiner Schulter spürte. Erschrocken wandte ich den Kopf und sah in das Gesicht eines gut aussehenden jungen Mannes mit dunklen lockigen Haaren. Er setzte sich neben mich und begann in einer seltsamen Sprache auf mich einzureden. Ich saß in der Falle.

„Ich verstehe nicht", sagte ich.

„Americanski?", fragte er.

Ich griff in meine Tasche und holte den Pass hervor, in dem alle Details vermerkt waren, auch mein jüdischer Hintergrund. Als er das Dokument betrachtete, leuchteten seine Augen auf und füllten sich dann plötzlich mit Tränen.

„Shalom, meine Freundin", sagte er in gebrochenem Deutsch. „Ich bin auch Jude und komme aus einem Konzentrationslager zurück. Meine Heimat ist Prag. Wohin reist du?"

„Nach Theresienstadt, um meine Mutter zu finden."

„Ich werde dich dorthin bringen, meine Freundin, und darauf achten, dass du den richtigen Zug nimmst. Es ist zu gefährlich für eine hübsche junge Dame wie dich allein zu reisen."

„Oh, du bist ein Engel vom Himmel!", sagte ich. „Gott hat mir schon mehrmals solche Engel geschickt!" Wir umarmten uns, während uns beiden die Tränen die Wangen hinunterliefen, und verstanden uns durch die Sprache der universellen Liebe. Und durch das Leid, das jedem von uns widerfahren war, fühlten wir uns einander unmittelbar nah.

Peter, so hieß der junge Mann, hatte sich in einem Arbeitslager beinahe zu Tode geschuftet. Die meisten seiner Kameraden hatten es nicht überlebt, viele waren verhungert. Peters junges, schönes Gesicht war ausgemergelt und erschöpft.

Ich sagte ihm, dass ich an Jesus glaube, doch das machte für ihn keinen Unterschied, obwohl er ein recht religiöser Jude war. Seine Familie war im Krieg umgekommen, und er fuhr nach Prag, um mehr über seine Verwandten zu erfahren. Mir war bewusst: In das jüdische Getto in Prag oder in das Konzentrationslager Theresienstadt zu gehen, war so, als ob man in eine Brandruine ginge um zu sehen, ob noch jemand am Leben war.

In Prag stiegen wir in einen Zug nach Leitmeritz um. Dort angekommen, fand Peter einen jungen Polizisten, der mich auf den restlichen acht Kilometern nach Theresienstadt begleiten würde. Peter gab mir 150 tschechische Kronen. Das waren zwar umgerechnet nur ein paar Mark, aber trotzdem gab mir das ein gutes Gefühl.

Ich drehte mich zu dem tschechoslowakischen Polizisten, der die acht Kilometer in seinem Jeep fahren wollte. Ich erklärte ihm meine Situation und erzählte ihm von meiner Mutter. Seine schönen braunen Augen sahen mich besorgt an, als ich meine übersprudelnde Begeisterung über die letzte Etappe meiner Reise mit ihm teilte. Es war derselbe besorgte Blick, den mir auch der alte Mann zugeworfen hatte, und die darin enthaltene Botschaft war klar: „Kind, mach dir keine zu großen Hoffnungen."

Ich drehte mich um, um Peter zum Abschied zuzuwinken, doch er war verschwunden!

„Glauben Sie an Engel?", fragte ich den Polizisten, als ich in die Dunkelheit sah.

„Ich weiß nicht", antwortete er.

„Ich glaube daran", sagte ich leise. „Ich glaube, ich bin wieder einem begegnet. Er hieß Peter. Wissen Sie, ich kenne noch nicht einmal seinen Familiennamen."

„Junges Fräulein, beten Sie, dass der Gott, der Ihnen Engel schickt, Ihre Mutter am Leben erhalten hat. Wer im Lager nicht verhungert oder vor Erschöpfung umgekommen ist, wurde vom Typhus dahingerafft. Kommen Sie, wir fahren jetzt."

Wir ruckelten rund zwanzig Minuten über die unbefestigte Straße. Ich versuchte, das Geplauder des freundlichen Polizisten auszublenden, der so liebenswürdig war, mich nach Theresienstadt zu fahren. Ich wollte einfach mit meinen Gedanken etwas allein sein.

Während wir fuhren, begann es leise zu dämmern. Ich schätzte, dass es ungefähr sechs Uhr morgens war. Ich war von der Anstrengung der letzten Wochen völlig erschöpft. Und dann plötzlich konnte ich in der Ferne Theresienstadt ausmachen. Das Lager war fast zu einer richtigen Stadt gewachsen, einer von dicken

Steinmauern umgebenen Stadt. Etliche der Überlebenden waren nach dem Kriegsende in Theresienstadt geblieben, weil sie einfach nicht wussten, wohin sie gehen sollten und auf Verwandte warteten, die vielleicht kommen und sie abholen würden.

Als wir auf das Eingangstor zufuhren, sank mein Mut. Ein riesiger Totenkopf mit gekreuzten Knochen war darauf gemalt, darunter die Aufschrift: „Zugang strengstens verboten." Zwei russische Wachleute sahen mich prüfend an, was nicht auf Mitgefühl hoffen ließ.

„Bitte", sagte ich zu einem der beiden, „ich bin wochenlang gereist, um hierherzukommen und meine Mutter zu suchen. Ich habe so viel durchgemacht. Bitte! Ich flehe Sie an, lassen Sie mich ein."

„Wir haben den strikten Befehl, niemanden hereinzulassen", erwiderte er. „Sehen Sie das Schild? Dieser Ort steht unter Quarantäne. Es hat eine furchtbare Epidemie gegeben."

„Das ist mir egal. Ich nehme das Risiko auf mich. Ich muss sehen, ob Hilde Dittman noch lebt."

„Ich habe meine Befehle, Kleine."

Plötzlich brachen der Kummer und das Leid der vergangenen Jahre nur so aus mir heraus. Ich fing an verzweifelt zu schluchzen, barg meinen Kopf in den Händen und ließ Jahre der Traurigkeit in Tränen herausfließen.

„Ich habe gehört, die Epidemie sei bereits vorüber", sagte mein Polizist zu der Wache. „Warum darf sie nicht hinein? Sie hat einen sehr langen Weg hinter sich."

Die beiden Wachen beratschlagten irgendetwas miteinander, während ich weiter wie ein kleines Kind weinte. Ich betete, Gott möge bei diesen Männern, die mir den Zugang verwehrten, einen Funken Mitleid bewirken.

„In Ordnung", sagte dann einer der beiden und öffnete das Tor. „Fahren Sie sie zum Hauptbüro, das ist das weiße Gebäude am Ende des Weges. Danach drehen Sie um und verlassen das Gelände."

„Oh, vielen Dank!", sagte ich mit verweintem Gesicht.

Mein liebenswürdiger Polizist, mein Chauffeur, fuhr durch das Tor und ließ mich vor dem Hauptbüro aussteigen. Auf den wackeligen Stufen vor dem Eingang stehend, sah ich noch, wie er schnell zum Tor zurückfuhr.

Das Gelände des Lagers wirkte seltsam leer. Doch es war noch früh am Morgen. Von der obersten Stufe überblickte ich das weitläufige Lager – es erstreckte sich über mehrere Blocks in verschiedene Richtungen. Ich lauschte in die gespenstische Stille, die nur vom Rascheln einer russischen Flagge unterbrochen wurde, die neben dem Eingang im Wind wehte.

Ich drehte mich um und betrat das Gebäude, als eine ältere, grauhaarige Frau zur Arbeit erschien.

„Entschuldigen Sie bitte", sagte ich, als sie auf ihren Schreibtisch zuging, um ihren Arbeitstag zu beginnen. „Bin ich hier richtig, um mich nach einem ehemaligen Häftling zu erkundigen? Ich bin Anita Dittman und ich suche meine Mutter Hilde."

„Der Name ist mir nicht bekannt", sagte sie. „Lassen Sie mich nachsehen."

Sie nahm einen Ordner zur Hand und blätterte sich durch Hunderte von Namen. Als sie an das Ende der Liste gelangte, runzelte sie die Stirn.

„Sie befindet sich nicht auf der Liste", sagte sie, „aber ich könnte noch woanders nachsehen. Warten Sie hier."

Sie ging in einen Nebenraum und blieb für rund zehn Minuten verschwunden. Diese Minuten des Wartens waren die schlimmste

Qual seit Langem. Mein Kopf pochte vor Hunger und Erschöpfung und von der Anspannung des Augenblicks. Trotz des relativ kühlen Junimorgens brach mir der Schweiß aus.

Lieber Gott, gib mir Kraft, die Antwort zu ertragen, betete ich im Stillen. *Ich kann einfach nicht glauben, dass ich so weit gekommen bin, um jetzt enttäuscht zu werden!*

Die ältere Frau kam aus dem Nebenraum zurück. Sie lächelte und sagte: „Hilde Dittman lebt und ist wohlauf. Sie lebt hier im Lager, zusammen mit einigen anderen Frauen. Hier ist ihre Adresse. Ich glaube, sie wohnt im dritten Stock. Es ist ein altes Gebäude ganz am Ende der Straße."

„Oh, vielen Dank, Gott segne Sie!", sagte ich und nahm überschwänglich den Zettel mit der Adresse entgegen. „Dies ist der glücklichste Tag meines Lebens! Danke, dass Sie nachgeschaut haben!"

Ich konnte spüren, wie die Sonne auf mich herablächelte, als ich mit schnellen Schritten auf die Adresse zuging. *Hilde Dittman lebt und ist wohlauf.* Diese Worte hallten in meinen Ohren wieder und wieder nach.

Was würde ich Mutter als Erstes sagen? War ihr Glaube in den letzten anderthalb Jahren stark geblieben? Wir würden Wochen brauchen, um all das nachzuholen, was wir voneinander versäumt hatten. Ich explodierte fast vor Aufregung und Vorfreude, als ich unterwegs nach der Adresse Ausschau hielt.

Ein paar Überlebende waren nun auf der Straße zu sehen. Ich ging davon aus, dass die meisten von ihnen nichtgläubige Juden waren, die verzweifelt eine Botschaft der Hoffnung brauchten. Sie hatten schließlich alles verloren und ihre erschöpften Gesichter spiegelten ihre tiefe Trübsal wider. Sie waren alle furchtbar dünn und weit über ihre Jahre gealtert. Wie würde Mutter wohl aussehen?

Schließlich stand ich vor dem Gebäude, in dem Mutter wohnen sollte. In dem Moment trat eine jüdische Frau in mittleren Jahren aus der Tür, um die Morgensonne zu genießen, und begrüßte mich.

„Ich bin Anita Dittman", sagte ich. „Wohnt meine Mutter hier?"

„Oh, ja, allerdings!", erwiderte Hennie Rosenberg mit aufleuchtendem Gesicht.

„Sie hat uns so viel von dir erzählt, dass ich den Eindruck habe, wir beide wären alte Freundinnen. Komm mit mir nach oben."

Wir gingen eine scheinbar endlose Flucht von Treppen nach oben, bis wir die oberste Etage des alten, übel riechenden Gebäudes erreichten.

„Sechs von uns teilen sich einen winzigen Raum, seit der Krieg vorbei ist", erklärte Hennie und entschuldigte sich: „Es ist ein ziemliches Durcheinander, wie du dir sicher vorstellen kannst."

Endlich standen wir schwer atmend auf dem obersten Treppenabsatz. Hennie öffnete die Tür und ging vor mir hinein. Dann hielt sie mir die Tür auf und ich sah Mutter auf der Bettkante sitzen. Sie trug den rosafarbenen Bademantel, den ich ihr damals noch in die Synagoge gebracht hatte!

Als wir einander erblickten blieben wir für einen Moment wie erstarrt, wir beide waren unfähig, uns zu bewegen. Doch sogleich füllten sich Mutters Augen mit Tränen. Sie war blass und schätzungsweise zwanzig Kilo leichter als früher, doch ihre Augen hatten noch immer diesen Glanz, den ich von früher kannte. Dann gingen wir aufeinander zu, ohne ein Wort zu sagen. Mutter legte ihre Hände auf meine Schultern und sah mich einen Moment lang an, bevor wir in Tränen ausbrachen und uns ganz fest umarmten. *Danke, Gott, tausend Dank!*

„Vor einer Stunde fuhr ein Bus von hier Richtung Breslau ab. Ich hätte ihn nehmen und mich auf die Suche nach dir machen können, aber ich hatte den Eindruck, dass du hierhin kommen würdest, und wenn du kriechen müsstest.“

„Dann hast du meinen Zettel erhalten?“

„Nur, weil ich in der Woche, bevor du ihn geschickt hast, beinahe verhungert wäre. Als das Brot ankam, das du geschickt hattest, war dieses schimmelig. Aber ich war so hungrig, dass ich nach ein paar essbaren Stellen suchte und diese auch fand. Dabei stieß ich auf deinen Zettel. Das genießbare Brot hat mich noch tagelang ernährt. Und seit diesem Tag, als ich von deiner Verhaftung erfuhr, haben ein paar Glaubensschwestern hier in Theresienstadt jeden Tag für dich gebetet: Frau Bott, Frau Czech und noch einige andere.“

„Steffi Bott und Gunther Czech waren mit mir zusammen im Lager. Haben ihre Mütter überlebt?“

„Ja, sie sind beide hier. Aber fast 90 Prozent der Lagerinsassen sind ums Leben gekommen. Die Russen haben uns Übrige vor der geplanten Vergasung gerettet.[1] Jetzt erzähl mir von dir, Anita.“

---

1 Anmerk. des Verlags: Entscheidend für die Rettung von Theresienstadt war der Besuch der Delegation des internationalen Komitees des Roten Kreuzes am 6. April 1945, am 8. Mai wurde das Lager mit 17.472 Überlebenden durch russische Truppen befreit.

Während Mutter und ich auf ihrer schmalen Pritsche saßen, hörten die fünf jüdischen Zimmergenossinnen aufmerksam zu, als ich meinen achtzehnmonatigen Leidensweg beschrieb.

Ich spürte, dass die anderen Frauen nicht gläubig waren, und versuchte, in meinen Erlebnissen besonders herauszustellen, wie Gott mich geführt hatte. Sie lauschten mit weit geöffneten Augen und in andächtiger Aufmerksamkeit. Sie keuchten vor Entsetzen, als sie meine hässlichen roten Narben sahen, freuten sich aber mit mir, dass sie mich vor den Russen beschützt hatten. Nur Mutter war diejenige gewesen, die stets an mein Durchhaltevermögen und meine Fähigkeiten geglaubt hatte, dass ich es unter solchen Umständen bis nach Theresienstadt schaffen würde.

Anschließend hörte ich den Frauen zu, wie sie mir von den schrecklichen Erlebnissen in Theresienstadt erzählten. Die „Duschen" waren beinahe fertig und das Zyklon-B-Gas bereits geliefert, als die Russen das Lager stürmten.

„Vielleicht schickte Gott uns in Gestalt eines Mannes vom Roten Kreuz einen Engel", sagte Mutter. „Irgendwie ist es ihm jedenfalls gelungen, vor Kriegsende in das Lager hineinzukommen. Die Nazis haben versucht, die im Bau befindlichen Gaskammern zu verbergen, aber der Mann hat sie gesehen. Er ist im Auto zu den herannahenden Russen geprescht und hat sie angefleht, sofort hierherzukommen. Die Russen haben auf ihn gehört und sind sofort gekommen. Mit ihnen kamen Ärzte und Krankenschwestern, um unsere Kranken und Sterbenden zu versorgen. Es herrschte eine furchtbare Typhus-Epidemie im Lager."

„Ach Mutter, ich weiß über Engel bestens Bescheid!"

Einige der grausamsten medizinischen Experimente der Nazis wurden an Häftlingen in Theresienstadt durchgeführt. Diese Experimente hatten keine legitime Grundlage und dienten vor allem dazu, die Opfer zu verstümmeln und ihnen Schmerz zuzufügen. Ein Naziarzt konnte bei einem solchen Experiment je nach Laune beschließen, das Opfer gnädig mit einer Luftinjektion in die Venen zu töten. Andere Häftlinge wurden zu Tode geschlagen. Wieder andere starben durch die schwere körperliche Arbeit, doch die meisten starben vor Hunger.

Für die Menschen, die keinen Trost im Glauben fanden, war der Tod ihr einziger Freund. Für Christen aber war ihr Glaube an Jesus ihre ganze Kraft.

In Theresienstadt wurden nicht nur Juden inhaftiert, obwohl sie den weitaus größten Anteil ausmachten. In jedem Lager befanden sich auch die „Unerwünschten": Kommunisten, Zigeuner, Jehovas Zeugen, geistig Behinderte und Geisteskranke. Außerdem ergötzten sich die Nazis daran, viele Homosexuelle einen Kopf kürzer zu machen.

Blut, Tränen, Terror – die Ereignisse, die sich in Theresienstadt, Dachau, Auschwitz, Buchenwald, Bergen-Belsen, Treblinka, Ravensbrück und anderen Konzentrationslagern zugetragen haben, würden noch viele Bände füllen. Satan ließ keine abscheuliche Methode aus, um die Menschen leiden zu sehen. Frau Rosenberg erzählte mir, wie die Straßen von Prag regelrecht vor Blut überflossen, als die Nazis die Stadt stürmten, um ihre Opfer zu fangen. Familien mussten hilflos mit ansehen, wie Babys oder Kleinkinder geschlagen und vom frei herumlaufenden Teufel in Gestalt von SA-Männern getötet wurden.

Mutter hatte viele Stunden gearbeitet, oft musste sie nächtelang Böden schrubben. Sie hatte während ihrer achtzehnmonatigen Haft auch andere Aufgaben zugeteilt bekommen, denn die Nazis sorgten dafür, dass jeder Häftling hart arbeiten musste, um nicht getötet zu werden. Schmutz, Ratten, Läuse und Flöhe waren die einzigen Dinge, mit denen die Häftlinge fest rechnen konnten. Und so zu leben, ließ viele Häftlinge wie Tiere werden; sie waren bereit, einen Freund für ein Stück Zucker umzubringen.

Eine Woche nach meiner Ankunft fand Steffi Botts Mutter ihre Tochter wieder und beide fielen sich glücklich in die Arme.

Einen Monat später brachten die Russen uns alle nach Bayern in ein Auffanglager für Heimatlose, in dem es vor Juden aus ganz Europa nur so wimmelte. Sieben Monate lang teilten Steffi und ich und unsere Mütter ein Zimmer in dem Lager, während unsere Papiere bearbeitet wurden und man uns ein neues Zuhause zuteilen würde. Verwandte der Botts, die in New York lebten, hatten zugesagt, ihre Reise nach Amerika zu finanzieren.

Aufgrund der finanziellen Probleme Englands konnten wir nicht dorthin ausreisen, um Hella wiederzutreffen. Stattdessen half uns das amerikanische christliche Flüchtlingskomitee, nach Amerika auszureisen.

Im Mai 1946 verließen wir das Auffanglager und fuhren mit einem Viehlastwagen nach Bremen. Die Dächer der Wagen waren mit großen Löchern ausgestattet, die uns mit frischer Luft versorgten, bis es eines Nachts heftig regnete. Unsere Matratzen, unser Proviant, unsere Kleider und unser Gepäck waren völlig durchnässt.

Nach weiteren Verwaltungsabläufen in Bremen fuhren wir schließlich nach Bremerhaven. Am 7. Juni 1946, einem strahlend sonnigen Tag, gingen Steffi, unsere Mütter und ich gemeinsam mit fast neunhundert anderen Flüchtlingen an Bord der *S. S. Marine Flasher*, deren Ziel Amerika war. Gemischte Gefühle machten sich bei uns breit, als die deutsche Küste aus unserem Blickfeld verschwand, denn mit diesem Land waren so viele – gute wie schlechte – Erinnerungen verknüpft. Wir standen an Deck und blinzelten in die Sonne, als wir Deutschland hinter uns ließen. Elf Tage lang fuhren wir über den Ozean. Die Reise war für uns alle von Gefühlen der Freude, der Angst vor dem Unbekannten, Abenteuerlust und auch neuen Freundschaften begleitet.

Am 17. Juni 1946 sagte man uns, wir würden am nächsten Morgen in New York eintreffen. Alle jungen Menschen an Bord blieben die Nacht über wach, um im Morgengrauen einen ersten Blick auf Amerika zu erhaschen. Wir plauderten und lachten und warteten die ganze Nacht über aufgeregt auf dem Oberdeck.

Als dann die ersten Sonnenstrahlen flüchtig den Horizont berührten, konnten wir die Freiheitsstatue erblicken, die in den nebligen Himmel ragte. Niemand sagte ein Wort.

Und eine Stunde später, als wir an der Freiheitsstatue vorbeifuhren, standen wir sprachlos an Deck. Es war mehr als passend, dass die Worte einer Jüdin, der amerikanischen Dichterin Emma Lazarus, auf diesem Kunstwerk eingemeißelt sind und in dem Moment neunhundert heimatlose jüdische Flüchtlinge in der Freiheit willkommen hieß. Jeder von uns hatte in den letzten dreizehn Jahren Tag für Tag sehnsuchtsvoll von dieser Freiheit geträumt.

„Gebt mir eure Müden, eure Armen,
eure geknechteten Massen, die frei zu atmen begehren,
die bemitleidenswerten Abgelehnten eurer gedrängten Küsten;
schickt sie mir, die Heimatlosen, vom Sturme Getriebenen,
hoch halt' ich mein Licht am gold'nen Tore!
Sende sie, die Heimatlosen, vom Sturm Gestoßenen zu mir.
Hoch halte ich meine Fackel am goldenen Tor."
                    Emma Lazarus, deutsche Übersetzung der Inschrift.

Epilog

Von vielen unserer Verwandten und Freunde hörten wir nie wieder etwas. Wir konnten nur vermuten, dass sie zu der riesigen anonymen Zahl der sechs Millionen getöteten Juden zählten, die in Massengräbern verscharrt oder in den Krematorien verbrannt wurden. Dies war wahrscheinlich das Schicksal von Tante Käthe, Tante Friede, Tante Elsbeth und anderen Verwandten und Freunden.

Doch in den Folgejahren konnten wir einige Kontakte wiederherstellen:

Vater hatte den Krieg überlebt und starb 1974 an Krebs. Auch *Hella* starb 1965 an dieser Krankheit. Ich habe meinen Vater nie wiedergesehen, obwohl wir über Briefe miteinander in Kontakt blieben. Doch er wehrte jeden Versuch ab, als ich ihm von Jesus erzählen wollte. Bei meiner Schwester war es genauso. Leider, was ich sehr bedauere, starben beide als Atheisten.

Die *Wolf-Brüder* kamen kurz vor Kriegsende ums Leben.

Christian Risel fand seine Eltern wieder und blieb nach dem Krieg in Deutschland. Er wurde Apotheker und wir haben uns noch jahrelang geschrieben.

Auch *Gunther Czech* überlebte und blieb in Deutschland.

Und schließlich überlebten auch *Pastor Ernst Hornig* und seine wundervolle Frau den Holocaust. Pastor Hornig wurde 1976 von einem Lastwagen erfasst und hat sich nie wieder richtig von diesem Unfall erholt. Seine Frau starb ebenfalls vor vielen Jahren.

Die Gläubigen der Gemeinde der *St.-Barbara-Kirche* in Breslau gehörten zu den wenigen deutschen Helden der Nazizeit. Viele Pastoren und Kirchen hatten sich den Nazis gebeugt und ihre Augen und Ohren vor den vielen Häftlingen und Opfern des Naziregimes verschlossen. Satan war es gelungen, sich bis in das Herz vieler deutscher Kirchen vorzuarbeiten, sodass viele Kirchenleute – sowohl Pastoren als auch Laien – Kompromisse mit den Nazis eingingen. Die Mentalität der im klassischen Japanisch beheimateten drei weisen Affen, über Schlechtes hinwegzusehen – „nichts Böses hören, nichts Böses sehen, nichts Böses sagen" –, hatte das Land durchzogen und die Menschen für den Umgang mit Juden und anderen „Unerwünschten" blind gemacht. Als man nach dem Krieg die Deutschen darüber befragte, was sie gesehen hatten, litt plötzlich die Nation an einer Art Amnesie. Vielleicht aus einer Art Selbstschutz, um die schrecklichen Leiden der Nazizeit zu vergessen.

Das Land, das Beethoven, Bach, Mozart und viele andere berühmte Männer und Frauen hervorgebracht hat, wofür die Welt für immer dankbar sein wird, verübte und unterstützte – ob nun aktiv oder passiv – auch das Massaker im Dritten Reich.

Doch auch die Deutschen erlebten schwere Verluste, denn das Land war nach Kriegsende ein einziger ausgebrannter Krater. Drei Millionen deutsche Soldaten kamen um, eine weitere Million siechte in Gefangenenlagern in Sibirien dahin. Mehr als eine halbe Million Zivilisten starben bei den Luftangriffen auf deutsche Städte.

Doch welche Nation wäre nicht imstande, eine solche Gewalt-
herrschaft auszuüben? Während Deutschland sechs Millionen
Häftlinge tötete, kamen in Russland zwanzig Millionen ums Leben.
Stalin fügte später zahllose weitere Opfer hinzu. Und der *Bambus-
vorhang* zwischen Nord- und Südkorea hält Millionen Menschen
gefangen. Vergleichbare Misshandlungen und Folter geschehen
noch heute an Menschen in Dutzenden anderen Ländern.

Dass der Geist Adolf Hitlers noch lebendig ist, scheint offensichtlich zu sein, denn es ist der Geist Satans. So wie Deutschland
den Lügen Hitlers glaubte, glaubt die Welt vielen Lügen Satans,
dem Vater aller Lüge. Ironischerweise betrog Hitler sich selbst, indem er seine schwersten Angriffe auf unbewaffnete Juden abzielte,
anstatt sich auf die gut ausgerüsteten Armeen zu konzentrieren,
die ihn schließlich besiegten. Selbst in den letzten Worten vor seinem Tod sprach er noch von der Bedrohung durch das interna-
tionale Judentum.

Dieser Geist schürt auch heute das Feuer des Antisemitismus.
Während die russischen Juden seit dem Zusammenbruch des
Kommunismus weniger verfolgt werden, riskiert ein Jude auf den
Straßen vieler europäischer Länder sein Leben, insbesondere in
Frankreich. Manche Stimmen sagen, der Antisemitismus im heu-
tigen Europa sei vergleichbar mit dem von 1939. Juden aus Europa
fliehen teilweise wieder aus Angst nach Israel. Und im Vereinigten
Königreich haben antisemitische Angriffe seit 2004 um fast die
Hälfte zugenommen.

Und so seltsam es auch scheinen mag, immer wieder gibt es
Leute, die behaupten, der Holocaust habe nie stattgefunden, während manche von ihnen sogar selbst einen zweiten Holocaust pla-
nen. Das Leugnen des Holocausts hat in den letzten Jahren wieder
zugenommen.

Antisemitismus trägt oft seltsame Züge, doch im Endeffekt werden die Juden noch immer von vielen Menschen, Gemeinschaften und Nationen verflucht und verfolgt, auch wenn diese keine Hakenkreuze tragen.

Doch die allergrößte Botschaft ist die, dass Gott bereit ist, sogar einem Adolf Hitler, einem Eichmann, einem Himmler, Heydrich, Goebbels oder Höß zu vergeben. Gottes Liebe und Vergebungsbereitschaft ist so unendlich groß. Gott kann den verdorbensten Menschen verändern, sofern dieser anerkennt, dass er den einen Retter, Jesus Christus, braucht.

Doch auch wenn die Bösen sich nicht auf Gott einlassen und sich weiter mit dem Bösen, Satan, verbünden – Gottes Volk braucht keine Angst zu haben. Gott befreit! Und falls er uns nicht befreit, dann sorgt er zumindest für uns. Und wenn er dies auf der Erde nicht mehr tut, dann empfängt er uns in seinen ewigen Armen. Gott ist und bleibt souverän! Alle Ehre gebührt ihm.

„Sie streunen umher auf der Suche nach Fraß,
und wenn sie nicht satt werden, knurren sie wütend.
Ich aber singe von deiner Macht.
Früh am Morgen juble ich dir zu, weil du so gnädig bist.
Du bietest mir Schutz wie eine sichere Burg;
zu dir kann ich in der Not fliehen. "

Psalm 59,16–17

Die amerikanische Originalausgabe erschien unter dem Titel
„Trapped in Hitler's Hell" im Verlag WND Books®, Washington D. C.
WND Books is a registered trademark of WorldNetDaily.com,
Inc. Published by arrangement with Lighthouse Trails Publishing Inc.,
P. O. Box 908, Eureka, MT 59917, USA. All rights reserved.
© 2014 by Anita Dittman und Jan Markell
© der deutschen Ausgabe 2018 by Gerth Medien in der
SCM Verlagsgruppe GmbH, Dillerberg 1, 35614 Asslar

Die Bibelzitate wurden, wenn nicht anders vermerkt,
der folgenden Bibelübersetzung entnommen:
Hoffnung für alle®, Copyright © 1983, 1996, 2002, 2015 by Biblica Inc.®.
Verwendet mit freundlicher Genehmigung des Herausgebers Fontis, Basel.
Alle weiteren Rechte weltweit vorbehalten.
Außerdem verwendet wurde:
Elberfelder Übersetzung 2006, © 1985 und 1991 und 2006 SCM R. Brockhaus
im SCM-Verlag GmbH & Co. KG, Witten. (ELB)

2. Auflage 2021
Bestell-Nr. 817497
ISBN 978-3-95734-497-7

Umschlaggestaltung: Anna-Lisa Offermann
unter Verwendung von Shutterstock
Satz und Gestaltung: Uhl + Massopust GmbH, Aalen
Druck und Verarbeitung: GGP Media GmbH, Pößneck
Printed in Germany

www.gerth.de

Eins der letzten Bilder, das 1939 entstand und die beiden Schwestern gemeinsam zeigt. Anita (l.) war zu diesem Zeitpunkt zwölf Jahre und Hella siebzehn Jahre alt.

Hella mit einem Nachbarskind und
Anita (3 Jahre alt), 1930, vor dem Krieg.

Hella und Anita, 1930.

Hella, Hilde Dittman und Anita, 1934.

Breslau,
Kirche St. Barbara

Ein Zufluchtsort für viele verfolgte Juden in Breslau. Die von Pastor
Ernst Hornig geleitete lutherische St. Barbara-Kirche in Breslau.
Von 1525 bis 1945 war die Kirche evangelisch. Sie wurde in der Schlacht
um Breslau schwer beschädigt und anschließend wieder aufgebaut.

Fotos: © privat

Der gelbe Davidstern (Judenstern),
den Juden während der Naziherrschaft
tragen mussten.

In solchen Waggons wurden Millionen Juden und Nichtarier
in Konzentrationslager deportiert.

Das Konzentrationslager Theresienstadt erfüllte vier Aufgaben: Es war ein Gestapogefängnis, ein Transitlager auf dem Weg in die großen Vernichtungslager, es diente im Rahmen der Judenpolitik der Vernichtung von Menschen und – zeitweilig – der NS-Propaganda als angebliches Altersgetto.

Hella, Mutter Hilde und Anita (9 Jahre alt).

Als Anita Dittman sechzehn Jahre alt war, wurde ihre Mutter Hilde von der Gestapo abgeholt und ins Konzentrationslager nach Theresienstadt deportiert.

Hilde und Anita Dittman, 1947 in Iowa.

Fritz Dittman, 1965.

Anita Dittman kurz nach ihrer Ankunft
in den Vereinigten Staaten von Amerika.